Gabriele Gelien

Eine Lesbe macht noch keinen Sommer

Ariadne Krimi 1039
Argument

Lektorat: Else Laudan

Literaturnachweise für Zitate:
Dietlinde Gipser: Kriminalität der Frauen und Mädchen. In: Hermann Mannheim (Hg.): Vergleichende Kriminologie. Stuttgart 1974
Heidi Reichelt: Parthenogenese/Weibliche Potenz. In: Tag für Tag. Frauenkalender 1990
Hans Joachim Schneider (Hg.): Kriminalität und abweichendes Verhalten. Bd.1. Weinheim, Basel 1983

April 1993

Rentzelstraße 1, 2000 Hamburg 13
Telefon 040/45 36 80 — Fax 040/44 51 89
Titelgraphik: Johannes Nawrath
Signet: Martin Grundmann
Texterfassung durch die Autorin
Fotosatz: Comptext, Berlin
Druck: Clausen & Bosse, Leck
ISBN 3-88619-539-2

VORSTELLUNG DES KRIMIPERSONALS

GABRIELE Hauptdarstellerin und lesbische Heldin des Krimis, muß diesen Fall im Knast auf zensierten Speiseplänen handschriftlich aufzeichnen, weil sie Suse, der Frau ihres Lebens, das Fahrrad im Wert von mehr als 500 DM geklaut und zu Schrott gefahren hat und nun Geld braucht, um ihr ein neues zu kaufen.

KUNZ der erste männliche Darsteller mit Sympathiegehalt, ist mit dem aufzuklärenden Fall total überlastet, wäre aber auch ohne nicht relaxter.

EVA-MARIA Heteraschnalle und Gabrieles Therapeutin, gibt den Fall später wegen »hoffnungsloser Unzugänglichkeit der zu Therapierenden« auf.

LISA Gabrieles Liebesbeziehung mit großer Wohnung inklusive Badewanne und Zentralheizung, weswegen Gabrieles Eltern dort während des katholischen Kirchentages wohnen werden. Des weiteren erhält Gabriele von ihr den Dietrich, mit dem sie Suses Rad knacken und klauen wird. Lisas Bedeutung für Gabriele wird hiermit Nachdruck verliehen.

SUSE muß sich wegen Körperverletzung vor Gericht verantworten und wird zur Zahlung einer Schmerzensgeldbuße von 800 DM verurteilt, weil sie der trügerischen Ansicht war, den Fahrraddieb entdeckt und verprügelt zu haben (was für Gabriele bedeutet, einen Bestseller schreiben zu müssen, um der Zahlungsaufforderung Folge leisten zu können!).

GISELA V-Frau oder Verbündete? Freundin oder Feindin? War es Liebe, also subversiv, weshalb sie mit C. vögelte, oder diente es der Aufrechterhaltung des »imperialistisch patriarchalen Schweinesystems«?

BORIS zweiter und letzter männlicher Darsteller mit allerdings schwindendem Sympathiegehalt, natürlich hackeschwul!

HANNE das ist die, die Gabriele zur Vervollständigung ihres privaten Chaos gefehlt hat und noch für viele schlaflose Nächte im Knast sorgen wird.

DES WEITEREN tauchen auf und unter:

Eine hysterische Schülerin; Mitglieder des katholischen Kirchenchors; diverse Postboten; unzählige Verbrecher, selbstverständlich alle männlichen Geschlechts und teilweise tot; ein bissiger Hund und einige, die jedoch nicht soweit kommen zuzubeißen; eine blondbläulich dauergewellte Berlinerin; mehrere unerwähnt gebliebene Ober; eine unglaublich attraktive Rechtsanwältin; Frau Hartz, eine Kioskbesitzerin, bei der frau selbstverständlich das Republikanergeschmeiß, nicht aber die *Emma* kaufen kann; und viele, viele mehr, ganz zu schweigen von Gabrieles Familie.

EINLEITENDER KOMMENTAR

Um es gleich vorneweg zu sagen: Mich hat die Muse weder geküßt noch angelächelt oder sonstwie inspiriert! Die ist mir noch nie über den Weg gelaufen, und unter normalen Umständen würde ich auch keinen Gedanken darauf verwenden, daß sie derartiges tun sollte, aber ich bin jetzt schon seit 5 (in Worten: FÜNF!) Tagen im Knast. Sicher, man (bitte jetzt keine Diskussionen über »man«, »frau«, »mensch« oder sonstiges in der Art! Alles, was ich mit »man« meine, ist: nicht ich!) kann dem Positives abringen — beispielsweise ist meine Unterkunft hier heller und lichtdurchfluteter als meine Schöneberger Hinterhofwohnung, und da ich dort Parterre wohne, sind die Fenster vergittert, während hier frischgeputztes Panzerglas die Sonne ungehindert einströmen läßt.

Richtig, ich habe jemanden umgebracht, noch dazu einen Mann, welch Sakrileg! Und das Schlimmste daran ist, es war leider der kleinste aller Fische dieser Verbrecherbande, den ich um die Ecke gebracht habe, so etwas Peinliches kann natürlich nur jemandem wie mir passieren. Nein, ich bin keine Detektivin, ich lese noch nicht einmal Krimis, mein logisches Denkvermögen ist katastrophal und beschränkt sich zu 79,5 % auf hypochondrische Wahnvorstellungen. Überhaupt bin ich in diese Geschichte hineingerutscht wie so manche Ratte in die berühmte Fischstäbchenschneidemaschine von Bremerhaven: unvorbereitet und ohne mein Zutun, etwas neugierig nur. Wie gesagt, ich bin nun seit fünf Tagen hier. Die Knastleitung hielt es für »nicht leistbar«, mir eine Schreibmaschine zur Verfügung zu stellen. Nun habe ich also einen Stapel Papier mit dem Speiseplan der nächsten Woche vor mir. (Mittwoch hätte es Mohnbeugerl zum Dinner geben sollen!) Seit neuestem bekommen Knackis nämlich keinen Mohnkuchen oder sonst irgend etwas mit Mohn, weil dieser die Urinwerte angeblich verändert. Man (s.o.) stelle sich vor: wegen 63 Fixerknackis kommen alle anderen — abertausende — nun um den Genuß dieses Kuchens! Deswegen jedenfalls darf ich großzügigerweise den zensierten Speiseplan vollkritzeln. Meine Lektorin (Selbstverständlich habe ich eine zur Hand. Sie heißt Else und ist extrem weitsichtig, was die Sache nicht erleichtert! Aber das Schwierigste an ihr ist, daß sie ganz eigenartig korrigiert. Scheinbar drückt sie ihren Unmut wie auch ihre Begeisterung und jede andere noch so differenzierte Kritik per Kaffeeflecken aus. Das braucht mich jedoch derzeit noch nicht zu beschäftigen, und in die Quere kommen wir uns auch nicht, weil es hier keinen Kaffee gibt. Ansonsten ist die Frau maßlos überarbeitet, und so kann ich mich mit einiger Wahrscheinlichkeit der Hoffnung hingeben, daß mein chaotischer Einstieg in ihrem Chaos untergeht.) wird sich ein Loch in den Bauch freuen bei meiner Sauklaue, und wenn ich erst beginnen muß, auch die speiseplanbedruckte Seite vollzuschreiben, und sich die wichtigsten Fakten zwischen Mohnbeugerln und Labskaus verstecken ...

KRIMI: DIE ERSTE (KLAPPE), ZWEITER VERSUCH (in Zukunft: 1/2)

Wie ich heiße, läßt sich sowohl auf dem Buchrücken als auch auf dem Titelblatt und der Rückseite ersehen, und ich heiße wirklich so! Ich meine, das, wovon ich berichten werde, ist alles tatsächlich geschehen, und sämtliche Personen gibt es, bei einigen leider, wirklich. Bedauerlicherweise sind die meisten Frauen bekannter als ich. Welche Insider-Frau kennt nicht Felicitas Kelig, den Gipfel aller Rechtsanwältinnen? Sie, also die Möchte-gern-Insider-Frau, darf sich nicht länger als solche empfinden! Oder die werte Elisabeth Kattelans, die (leider nicht mehr dicke) Notruffrau, die immer überall dabei ist und mitmischt — angefangen von Halina Bendkowskis grandiosem Geburtstagsfest bis hin zur Organisation der Walpurgisnacht! Die, weil sie meint, mit Anne Krein rumzocken zu müssen, keine Zeit für mich hat. Oder die drahtige, imposante Alexandra Goy im Scheffel ihrer spektakulären Fälle, ich erinnere bloß an Ute und Melanie Loh auf Zypern, die sie übrigens nicht vertreten hat. Die Dame schwirrte im Auftrag des republikanischen Anwaltsvereins gen Süden. Und wer war mit von der Partie? Selbstverständlich Lisa Kattelans, die, als Delegation des Notrufs für vergewaltigte, belästigte und ich weiß nicht was noch Frauen, Lesben und Mädchen, begleitend und betreuend dabei sein mußte. Ich habe bei all diesem Subgetümmel jedesmal die Ehre, mich als Freundin VON Lisa vorstellen zu dürfen, und ich weiß nicht, ob es feministischer ist, die Freundin von einer Frau statt die eines Mannes zu sein. Von bleibt von und hat noch immer nichts mit meiner werten Person zu tun. Selbst diese hyperengagierte Lektorin habe ich über Lisa aufgegabelt, ansonsten würde das Manuskript auch sofort und ohne Durchsicht im Müll landen. Allerdings ist meine Unbekanntheit nicht im geringsten verwunderlich, ich bin völlig unengagiert, neige dazu, von nichts etwas wissen zu wollen, und gehöre außerdem der bodenständigen

Liberalfraktion an, was bei diesem Kriminalfall erstmalig problematisch wurde, weil Lydia von der Fraktion »Gnadenlos lesbisch e.V.« deswegen erst nicht mit mir zusammenarbeiten wollte und einige Lügen auftischte, die es mir wirklich und bis zum Schluß unmöglich machten, zu durchschauen, wo der Verbrecher langläuft und wer keiner ist. Aber auf das Fraktionsgeklüngel und die zentralste aller Fragen, nämlich: Welche Frau darf es ab wann wagen, sich Lesbe zu schimpfen? und die sich endlos daran anknüpfenden Zuordnungs- und Abgrenzungsprobleme komme ich später noch zu sprechen. Wegen all dieser weiblichen Berühmtheiten habe ich also beschlossen, mir keinen anderen Namen zuzulegen. Auch das Photo aus dem Bilderzyklus »G:V« (welches selbstverständlich nicht die Abkürzung für Geschlechtsverkehr ist, sondern für »Gabriele gegen die Verbrecher« steht!) stimmt mit meinem wahren Aussehen überein. Irgendwann, wenn dieser Fall gelöst und ich wieder frei bin, wird also Lisa nur mehr die Freundin von Gabriele Gelien sein, so oder ähnlich stelle ich mir Emanzipation jedenfalls vor.

1/3 ANGABEN ZUR PERSON

Auch ich bin, wie die meisten, etwas neurotisch. Wie bereits erwähnt, werde ich der »bodenständigen Liberalfraktion« zugeordnet, und mein derzeitiger Status ist der einer »Junglesbe«. Beides zusammen wird vielen, die mit der Einordnung lesbischer Lebensformen vertraut sind, vieles erklären. Für die, die unser Modell zur Bewältigung des Polymorphen innerhalb der eigenen Spezies nicht kennen, werde ich mich näher erklären:

»Junglesbe« bin ich

(a) aufgrund meines Alters, 23 Jahre,
(b) weil mein Coming-out (siehe x) erst vor drei Jahren soweit gediehen war, daß ich mit einer Frau vögelte, und
(c) mir damit das Aufsteigen in den Rang der »Altlesben« ermöglicht werden soll.

Zu a) muß gesagt werden, daß auch eine 65jährige Frau noch als »Junglesbe« deklariert werden kann,
zu b), daß lediglich die URlesben (siehe y) das Durchschnittsalter unterbieten, und
zu c), daß mir die Möglichkeit, einen höheren Rang zu erlangen, auch genommen werden kann, nämlich dann, wenn meine bodenständig liberale Einstellung vom Ausschuß »lesbische Interpretation zur erkennungsdienstlichen Besonderheitserfassung«, kurz »LIEBe« (siehe z), als homophob eingestuft wird.

(x) ist der Zustand, in dem so manche Frau sich über Jahre hinweg befindet. Angefangen von der ersten Ahnung, erotische Träume mit Frauen oder Puddingknie gegenüber Frauen, bis hin zur dramatischen Formulierung »Lesbe«, was zu Beginn oft gleichbedeutend ist mit »Igitt!!« oder »Was ist denn das um Himmels willen?«, bis »es« dann endlich passiert. Bei mir dauerte das jedenfalls Jahre.

(y) sind Frauen, die schon zu der Befruchtung, aus der sie dann entstanden, als dieses fremde Y-Chromosom sich heranschlängelte, spürten, da stimmt was nicht, da ist die Kacke am Dampfen. (Else, hier wird nichts gestrichen! Gerade dieser Punkt, ich meine das Chromosom, wird mich gegen Ende der Ermittlungen noch ziemlich irritieren!) Aber spätestens im Kindergartenalter, also mit zarten vier Jahren, ist Urlesben klar, daß sie welche sind.

(z) »LIEBe« wird mit besonderer Betonung des kleingedruckten »e«s ausgesprochen, ist also dem kategorischen Imperativ gleichzusetzen. Ich bekam erst über Lisa Kontakt zu LIEBe;

weil wir relativ früh, nach vier Wochen schon, beschlossen, gemeinsam alt werden zu wollen und unsere letzten Jahre im lesbischen Altersheim zu verbringen, mußte auch ich durchgecheckt werden. Ich meine, immerhin habe ich die Prüfung bestanden, werde also noch als Lesbe eingestuft (allerdings fällt unter die Rubrik, in der auch ich gelandet bin, sämtlicher Müll, den LIEBe nicht ausschließen kann, weil der ausschlaggebende Fakt, also das Vögeln mit einer Frau, noch erfüllt wird!), und somit habe ich jetzt, gemeinsam mit Lisa, einen Altersheimplatz für das Jahr 2050 ergattert. Das einzige Problem ist nur, daß mir der Status »Lesbe« jederzeit aberkannt werden kann und, zum wiederholten Mal: Es gibt keine Einstufung mehr unterhalb der »bodenständigen Liberalfraktion«.

Das »bodenständig« begründet sich folgendermaßen; ich übernehme der Einfachheit halber jetzt den Originaltext von LIEBe:

> *Solange Gabriele Gelien sich über Lesben mokiert, die zur Zeit ihrer Menstruation nur in Rot gekleidet gehen und sich bei nächtlichem Vollmond zum Blutungstanz am Wannsee treffen; solange sie den Kursen des dreizehnten Mondes, wie zum Beispiel: »Wir telefonieren mit unserer Gebärmutter« oder »Wir essen unsere Plazenta«, keine politische Bedeutung beimessen kann, ist sie als bodenständig, d.h. relativ toleranzunfähig, einzustufen.*

Es gibt natürlich Abertausende von hetera-, bi- und asexuellen Frauen, die genau denselben Gruppierungen angehören können, aber um die geht es hier nun einmal nicht. Ich muß ehrlich gestehen, ich war betroffen von der Beurteilung. Natürlich ist die Plazenta eines der wichtigsten Grundbestandteile der kosmetischen Industrie, kein einziges Krankenhaus würde den Mutterkuchen einer soeben entbundenen Frau wegwerfen, aber daß ich gleich als bodenständig eingestuft werde, nur weil ich mir witzelnd vorstelle, wie die Frauen sich Stückchen um Stückchen einverleiben, das finde ich schon ziemlich streng. Und dieser Kurs »Wir telefonieren mit unserer Gebärmutter«, also nein! Ich stelle mir vor, wie sich die armen Frauen die Finger wund wählen, nur um die automatische Ansage »Kein Anschluß unter dieser Nummer!« oder das permanente Besetztzeichen zu hören zu bekommen, und wie das mit der entstehenden Telefonrechnung funktionieren soll, wenn sie durchkommen, ist mir auch nicht klar. Egal, weiter im Text.

> *Sprüche wie »Eine Lesbe macht noch keinen Sommer« erhärten den Verdacht, daß Gabriele Gelien uns nicht hundertprozentig zugewandt ist. Auch ihre nur teilweise feministische Sprache zeugt von einer patriarchalen Infizierung, die Gabriele Gelien nicht geneigt ist zu kurieren.*

Tut mir leid, ich muß mich schon wieder einklinken, ich gehe jetzt einfach mal davon aus, daß jemand völlig Unwissendes liest, was ich hier von mir gebe, und dann muß ich natürlich einiges erklären. Mein feministischer Sprachgebrauch, um den es hier geht, läßt meiner Meinung nach überhaupt nicht zu wünschen übrig. Auf die Prüfungsfrage von LIEBe, wie ich einem Nußknacker feministisch gerecht werden könnte, antwortete ich nämlich: »Gar nicht, der Nußknacker an sich ist ein ithyphallisches Symbol (man sieht, ich habe mich gut vorbereitet), und die Umbenennung in 'Nußknäckin' würde seinen geschichtlichen Ursprung nur verschleiern.«

Und: diese Antwort war falsch. Aber allmählich reicht's. Das »liberal«, nur kurz umrissen, ergibt sich daraus, daß ich

(a) mit einem Mann zusammen wohnte, als ich durchgecheckt wurde, und mir jetzt schon wieder einen männlichen Mitbewohner angelacht habe,

(b) nicht daran interessiert bin, ob er im Stehen oder im Sitzen pinkelt,
(c) zu meinem Sprachgebrauch Sprüche wie »TurboTITTEN-oberaffengeil« und sogar »Dose« gehören.

Der Ausschuß war, wie man an c) ersehen kann, also wirklich sehr gönnerhaft mir gegenüber. Aber jetzt endlich zurück zu meiner Neurose, die der einzige Grund dafür ist, warum ich in diese verbrecherischen Kreise geriet.

1/4 TRARI TRARA, DIE POST IST — selten — DA

Täglich, außer sonn- und feiertags, gebärde ich mich von circa elf bis vierzehn Uhr wie ein scharf abgerichteter Wachhund. Seit fünfzehn Jahren.

Ein gewisses Mißtrauen hegte ich schon immer gegen diese sogenannten Postboten. Wenn mein Briefkasten zwei Tage nichts bekommt, passe ich den Knaben am dritten Tag spätestens ab und betrachte ihn genau. Bei einem Briefträger mit ausgebeulten Jackentaschen bin ich mir sicher: der Schuft steckt die schönsten Briefe — wer weiß, es gibt genug dieser briefmarkensammelnden Kreaturen — ein. Ein Postbote mit akkurat geschnittenem Schnauzbart kann meinen Argwohn nur stärken.

Als ich von meinem lesbischen Glück noch nichts wußte, bemühte ich mich sehr um nette Flirts mit diesen stets jungen Männern. »Mr. Postman« pfeifend, eilte ich ihnen entgegen und hoffte, dadurch meinen Briefkasten gefüllt zu bekommen. Ja, trotz allem glaubte ich an eine gewisse Zauberkunst dieser Postfritzen! Später, als ich von meinem lesbischen Glück wußte, es aber als das größte Unglück betrachtete (weil sich keine meiner erbarmte und ich ständig an Lesben geriet, die sich weigerten, sogenannte »Entwicklungshilfe« zu leisten!), bekamen meine Postbotenverhältnisse tragisch hysterische Züge. Anstelle von Elvis' Frage »Are you lonesome?« sang ich dem Menschen »I am lonesome« entgegen, um schnell zu Beatles' »Mr. Postman« überzugehen. So posttraumatisch verhielt ich mich bereits zu einer Zeit, in der ich ohne Telefon in Norwegen lebte und tatsächlich jeden Tag einen lieben Brief vorfand. Zudem konnte ich mir meine Arbeitszeit frei einteilen, das bedeutete, solange der Briefträger noch nicht dagewesen war, dachte ich erst gar nicht daran, arbeiten zu gehen.

Inzwischen hat sich vieles verändert. Ich bin telefonisch erreichbar, und auf dem Anrufbeantworter kann man mir jederzeit eine Nachricht hinterlassen. Ich wohne in derselben Stadt wie meine besten Freundinnen. Die Hälfte meiner Post kommt nun von der Post selbst.

Als Alpträume mit verlorengegangenen, in Feuersbrünsten verbrannten Briefen mich allnächtlich erschöpften, als ich zwei Wochen lang nicht einmal mehr Post von der Post bekam, als der Briefträger so entnervt von meiner täglichen Tour war, daß er sich zum Zahntechniker umschulen ließ; da begab ich mich schließlich in psychotherapeutische Behandlung.

Es dauerte lange, bis ich die innerliche Stärke entwickelte, mich an ein frühkindliches Erlebnis, das diese Postneurose in mir ausgelöst hatte, zu erinnern. Es war der Herbst, in dem ich vier Jahre alt war. Ich saß bei meiner Großmutter (die ein wirkliches Biest ist!) auf dem Schoß, unter einem Tannenbaum. Sie brachte mir ein Kinderlied bei:

Kommt ein Vogel geflogen,
setzt sich nieder auf mein Schoß,
hat ein Zettel im Schnabel,
von der Mutter ein Gruß.

Und auf eben diesen Zettel wartete ich. Woche für Woche, jeden Montag, erklärte ich Eva-Maria, meiner Therapeutin, daß diese Erklärung absolut lächerlich, hirnrissig und aus der Luft gegriffen sei. Meine Mutter war jedoch zwei Monate vor diesem Ereignis gestorben, und irgendwann brach dann mein Widerstand. Eva-Maria wertete es als therapeutischen Erfolg, daß mein Zustand sich verschlimmerte. Seitdem mein schnauzbärtiger Briefbote vor fünf Monaten die Flucht ergriffen hatte, versah eine wirklich schräge und zudem unsympathische Gestalt den Dienst. Es konnte bei dermaßen überfüllten, riesigen Taschen nicht sein, daß für mich nicht ein einziger Brief dabei war. Aber davon abgesehen hatte ich in mühseliger Arbeit mit Hilfe meiner Therapeutin also herausgefunden, daß es meine Neurose nur verstärken würde, wenn ich meinen Traum — Postbotin zu werden — verwirklichen würde. Es dauerte noch einmal Monate, bis ich dieses Schicksal soweit akzeptierte und gleichzeitig von meiner Halbtagsbeschäftigung (selbstverständlich in aller Herrgottsfrüh, um vor dem Briefträger wieder zu Hause zu sein!) als Erzieherin so restlos bedient war, daß ich mich um einen Schulplatz zur Erlangung der allgemeinen Hochschulreife auf dem zweiten Bildungsweg bewarb. Als mir dann ein Platz zugewiesen wurde und ich, nur wenige Monate später, zum ersten Mal in der Schulaula saß, war ich sehr unsicher, ob ich richtig handelte. Und kaum befand ich mich mit vierundzwanzig weiteren jungen Leuten in dem sehr kleinen Klassenzimmer und betrachtete den Lehrer, ahnte ich schon: eine ganz neue Katastrophe wird über mich hereinbrechen und meine, von der Postneurose mal abgesehen, relative Ausgeglichenheit schachmatt setzen. Ich fand schnell heraus, daß der Homosexuellenanteil meiner Klasse bei genau sechzehn Prozent lag; allerdings handelte es sich, abgesehen von mir, ausschließlich um Männer. Zudem war die ganze Klasse überzeugt davon, daß auch unser Tutor, Kunz, ein wirklich sympathischer Mittdreißiger, schwul war. Und schon bald geschah etwas sehr Merkwürdiges. Ich begann erotisch, ich wiederhole, EROTISCH von ihm zu träumen. Nun gut, dachte ich mir und erklärte Eva-Maria, daß dies aus mehreren Gründen ganz normal sei. Zum einen hatte ich plötzlich wieder mit Männern zu tun — bevor ich in die Schule kam, kannte ich keinen einzigen mehr, außer meinem damaligen Mitbewohner, und der war Theologiestudent und zählte nicht. Zum anderen lebe ich in einer heterosexistischen Welt, und all die Filme, Plakate, Gespräche und Pärchen in der U-Bahn, diese Welt, mit der ich nichts zu tun habe, die aber ständig um mich herum gelebt wird, die mir als das Wahre, Gesunde und Lebenswürdige gepriesen wird, muß ich irgendwie verarbeiten. Erotische Träume mit dem Knaben, der mir spätabends mathematische Probleme bereitet, sind die Folge.

»Aber warum Kunz und nicht irgendein Mitschüler?« fragt Eva-Maria mich.

»Vielleicht, weil er schwul ist«, antworte ich schulterzuckend. Sie fragt natürlich, weshalb ich nicht erotisch von ihm träumen würde, wenn er heterosexuell wäre. Ich mustere sie nachsichtig; es ist schwierig, ja oft unmöglich, einer Heterafrau das Innenleben einer Lesbe klarzumachen.

»Eva-Maria«, beginne ich seufzend, »du weißt, daß ich, aus welchen Gründen auch immer, nicht zur Spezies der Urlesben gehöre, was ich auch sehr bedauernswert finde. Ich habe, nach wie vor, mit mehr Männern als Frauen gevögelt, weil ich lange Jahre

a) meinte, dies sei eine Sache der Gewöhnung, und

b) damit versuchte, mir meine merkwürdigen Phantasien auszutreiben; ich hatte mit Männern was am Hut, um nichts mit mir zu tun haben zu müssen. Seit ich mir gestatte, meine wahre sexuelle Orientierung, mein Leben, meine Sexualität zu leben, und nun erstmalig vor einem ganz anderen Hintergrund, nämlich dem lesbischen, mit Männern zu tun habe, genieße ich es zum Beispiel, hemmungs- und gefahrlos zu flirten.

Mit Männern! Wäre Kunz 'n Hetero und zudem von mir angetan, wäre es zum ersten genau das, was ich nicht will, und außerdem müßte ich das können, was ich eben nicht kann, nämlich Grenzen setzen!«

Eva-Maria fragt selbstverständlich, warum ich das müßte. Die Antwort, ich bin Lesbe, reicht natürlich nicht aus.

»Weil ich mit Männern sexuell verkehrte, um meine Eigenarten, Träume etc. zu ignorieren! Zudem kann meine lesbische Identität wohl auch erschüttert werden. Bei dieser Gesellschaft, den Vorgaben über normale Beziehungen und dem permanenten Druck, diesen zu entsprechen, diesem ganzen Rhabarber ist das auch nicht weiter verwunderlich!« Vielleicht sei ich bisexuell, überlegt Eva-Maria, und ich grübel darüber nach, ob es nicht vielleicht doch sinnvoller wäre, sich von einer lesbischen Therapeutin, mit vermutlich anderen Fragestellungen, drangsalieren zu lassen. Eva-Maria hebt die Arme, als wolle sie sich ergeben, und wiederholt, daß ihr völlig egal sei, ob ich lesbisch, bi, hetera oder überhaupt nicht fühle. Ihre Aufgabe sei lediglich, mir bei dem behilflich zu sein, was mich beschäftigt. Ich beschließe zur Abwechslung, ihr diesmal zu glauben.

Abends sitze ich in der Schule und bin tierisch entnervt. Keine Post, dafür 'ne Scheißtherapie und nun auch noch einen absolut nervbolzigen Kunz an der Tafel. Nur eine Bewegung im Raum, schon hält er inne, stöhnt, greift sich an die blasse, hohe Stirn und seufzt sein ständiges:

»Ej Leute, können wir nicht, einmal wenigstens, zusammenarbeiten?« Kunz ist ein wirklich nicht zu überbietendes Geräuschsensibelchen, heute ganz besonders. Irgendwann explodiere ich dann und pampe zurück, mein Mundwerk ist der einzige Grund, weshalb ich zur Klassensprecherin gewählt wurde, und er entschuldigt sich, ist gestreßt und hat privaten Ärger. Wenn jemand den falschen Beruf gewählt hat, dann Kunz. Ich kann mir nicht vorstellen, daß er davon ausging, erwachsene SchülerInnen seien leichter zu handhaben als jugendliche. Jedenfalls habe ich auch privaten Ärger, soll sich der Pampheini doch krank schreiben lassen, wenn er überlastet ist, und bin nur froh, kurz darauf diesen Tag beenden zu können.

Und?, was habe ich gesagt: privater Ärger (dabei ist die Post eine staatliche Institution!) knüppeldick, schon drei Tage später. Eine Mahnung vom Kinderschutzbund, ich hätte das vor sieben Wochen angeforderte Informationsmaterial nicht bezahlt! Erst freute ich mich, ein Brief im Kasten und endlich mal wieder Gelegenheit, mein Ritual, gemütlich mit Kaffee und Zigarette die Post zu lesen, zelebrieren zu können. Aber: Ich habe die angeforderten Prospekte nicht erhalten. Genau das antworte ich, sehe meinen Heilungsprozeß gefährdet und fordere von zwölf Institutionen Informationsmaterial an, obwohl ich befürchte, dadurch eine Rechtfertigung meiner Postunterschlagungsmacke zu bekommen. Meine gesamten Bemühungen unter Eva-Marias Anleitung und tatkräftiger Unterstützung würden damit vollends zerstört. (Geduld Else, noch ein paar Seiten und Sybille Kühl ist endlich tot!)

Also zurück zu meiner Postneurose. Ein grauer Dezembervormittag. Mit hochgeschlagenem Lodenmantel (Ich bin gebürtige Münchnerin! Den Kragen habe ich natürlich hochgeschlagen, nicht den Mantel.) lauer ich dem Knaben auf, halte mich unter der Treppennische versteckt und beobachte, wie er in jeden Briefkasten teils mehrere Briefe steckt, nur meiner geht leer aus. Dann verfolge ich ihn, in unauffälligem Abstand, Haus für Haus. Ich bin sehr aufgeregt, aber ich werde ihm noch auf die Schliche kommen! Abschließend liefert er sein Wägelchen bei der Post ab, seine Jackentaschen sind auf keinen Fall leer, und mit dem Fahrrad fährt er Richtung Friedenau. Ich hinterher! In einer kleinen Seitenstraße macht er halt, sperrt das Rad ab und betritt einen stinknormalen

Berliner Altbau. Leise tapse ich hinterher. Im dritten Stock schließt er eine Tür auf und macht sie (Gott, was habe ich denn gedacht?) hinter sich zu. Mir bleibt nichts anderes als abzuwarten. Ich setze mich in das gegenüberliegende Café und komme mir vor wie in einem Krimi, da gibt's günstigerweise auch stets Cafés oder Kneipen gegenüber der zu beobachtenden Häuser. Wenn ich das Eva-Maria erzähle, hält sie mich für total bescheuert. Ich habe sowieso verstärkt das Gefühl, daß ihr meine Postneurose am Arsch vorbeigeht; meine nächtlichen Kunzträume jedenfalls interessieren sie bedeutend mehr.

Schon eine halbe Stunde später — Zeitung hochheben, mich zu verbergen, leider habe ich vergessen, zwei Löcher hineinzuschneiden — kommt der Postfritze wieder raus. Auch ohne Fernglas kann ich feststellen, daß seine Jackentaschen nun flach sind. Aber halt, dafür trägt er jetzt einen Aktenkoffer, setzt sich in ein grünes Auto, von Automarken habe ich natürlich keine Ahnung, und düst ab. Ich bestelle noch einen Kaffee und komme mir ziemlich lächerlich vor, zudem inzwischen fünf große Briefe der angeschriebenen Organisationen mit Informationsmaterial, das mich gar nicht interessiert, bei mir eingegangen sind.

Dann: Schulweihnachtsfeier. Bei Sekt, Wein und lockerem Beisammensein stellen wir fest, daß alle Männer unserer Klasse einen Ohrring tragen. Nur Kunz nicht. Er mag kein Metall im Mund, sagt er und fügt hastig »Auch bei Frauen nicht!« hinzu. Ich grinse erstaunt, was soll das? Wir Homophilen tauschen Blicke. Ist das eine Richtigstellung? Ist er ein versteckter Schwuler? Das kann ich nicht glauben! Eher ist er keiner, als daß er verheimlichen würde, einer zu sein. Zufälligerweise sitze ich neben ihm, und so erfahre ich, bereits zum drittenmal, von einem mehrjährigen Verhältnis Kunzens mit einer ehemaligen Schülerin. Und einen Tag später erreicht mich der empörte Anruf eines Mitschülers, daß Kunz mit mir geflirtet hätte.

»Aber sicher«, witzel ich, »der ist bloß so schwul, wie ich lesbisch bin!«

Ziemlich entnervt von mir und meinem pubertären Gespinne verabschiede ich mich für dieses Jahr von Lisa und Suse, stelle einen zweiwöchigen Nachsendeantrag und fahre mit neun Päckchen nach Hause. Wie jedes Jahr feiere ich meinen Geburtstag, Weihnachten und Silvester im trauten Kreis der Familie.

Ich bin keine sentimentale oder sonderlich gefühlsschwülstige Frau. Im Gegenteil wird mir vorgeworfen, »hoffnungslos unzugänglich«, »cool« oder gar »maskulin« zu sein. Aber wenn man (s.o.) im Knast sitzt und mit niemandem reden kann, außer dem Pfarrer, der von Gottes schwer durchschaubaren Wegen spricht und einen mit seinen gläubigen Augen fragend anblickt, angemessenerweise hätte ich, immerhin habe ich jemanden umgebracht, losheulen und um Vergebung bitten müssen; also wenn man im Knast sitzt, verschleiert Sehnsucht alle Erinnerungen. Viel lieber wäre ich jetzt, selbst unter den gleichen Umständen wie Weihnachten, zu Hause, und das, obwohl es wirklich katastrophal war.

Ich komme pünktlich zum Abendessen, habe natürlich wie immer den Hausschlüssel vergessen und mein Bimmeln wird nicht gehört. Also klettere ich über die Mülltonne in den Garten und komme über die Veranda ins Haus. In der glasüberdachten Veranda schläft im ausgebeulten Kinderwagen Gernold, der Jüngste. Um Gernold gab es Streit, seit klar war, daß er in Mamas Bauch gedieh. Wir alle, also immerhin sechs, waren strikt dagegen, daß auch dieses Kind einen Namen mit dem Anfangsbuchstaben »G« bekommt. Aber Mama, Gisela, und Papa, Gustav, hatten sich wieder durchgesetzt. Es ist ein ziemlich blöder Zufall, daß sowohl meine Mutter als auch die V-Lady Gisela heißen: Nicht mehr nur blöde, sondern wirklich tragisch sind andere Gemeinsamkeiten, die sich zwischen den beiden noch auftun werden! (Mein einziger Trost in dieser ganzen Misere ist, daß meine leibliche Mutter Hannelore hieß.) Gernold ist inzwischen zwei Jahre alt und Mama vierzig, Gott sei es getrommelt und gepfiffen, daß er wahrscheinund hoffentlich der letzte bleiben wird. Ich betrete also die Veranda, Gernold schläft und stinkt, aber nicht derart wie Kleinkinder ab und zu möffeln, sondern er stinkt bestialisch nach scharfer Chemie und trägt eine dicke weiße Windel mit Flecken um seinen zarten Kinderkopf. Im angrenzenden Wohnzimmer sitzen Gudrun, Gitti und Gunther vorm Glotzophon, alle mit Windeln um den Kopf. Die Ballerei »Ein Colt für alle Fälle« ist interessanter als ich, außerdem habe ich mächtigen Hunger, und wir würden zwei Wochen Zeit haben, uns aneinander zu freuen. In der Küche sitzen Grit und Gerda mit um den Kopf gebundenen Windeln vor Schälchen mit Griesbrei, und auf dem Arbeitstisch steht — eine Anstaltspackung Chemie gegen Läusebefall der Kopfhaut. Mama kommt, die Arme voll Bettwäsche, von oben, mit einer Windel um den Kopf. Papa, mit aufeinandergestapelten Matratzen und Windelturban, hinterher.

»Nimm dir was zu essen, Kind!« begrüßen sie mich, und kaum sitze ich, kommt Mama vom Wäschekeller hoch und beginnt meinen Kopf abzusuchen. Vorsichtshalber werde ich ebenfalls verwindelt und darf anschließend neun Betten frisch beziehen. Dann, als ich gerädert im Bett liege, kommt Mama, setzt sich mit diesem verdächtigen Gesichtsausdruck an mein Bett und fragt, verlegen lächelnd: »Na, wie findest du das?«

»WAS???«

»Jetzt tu nicht so rum! Grit hat eine G-Namensliste aufgesetzt und dir vor zwei Wochen zugeschickt. Gunther ist extra dir zuliebe in die skandinavische Bibliothek gegangen und hat in zig Büchern herumgeblättert!«

»Mama, der Brief ist nicht angekommen!« seufze ich, und es hätte mir überhaupt nicht leid getan, wenn sich mit dem

Untergang dieses Briefes auch der Inhalt erledigt hätte. »Wann ist es denn diesmal soweit?«

»Ende Juli, das trifft sich gut, da hast du gerade Sommerferien und kannst kommen!«

Egal, alles, was ich sagen wollte, war, daß ich nach nur einer Woche Knast schon so mies draufgekommen bin, daß ich lieber noch einmal dieselben Weihnachtsferien mit einer zum siebten Mal schwangeren Mutter erleben würde. Damals allerdings war ich schon nach einer knappen Woche geflohen, und das gestaltete sich ziemlich kompliziert, weil ich den befristeten Nachsendeantrag nur in Berlin und persönlich stornieren konnte und somit drei Briefe mit fünftägiger Verzögerung und sicher einige gar nicht ankamen.

Es wird Februar (also der Februar, in dem ich dreiundzwanzig Jahre jung bin, der im Jahr 1990 liegt und mich noch in den Knast bringt) und damit vollends dramatisch. Von nun an habe ich tagsüber Unterricht. Das frühe Aufstehen macht mir nichts aus, doch der Unterricht geht bis vierzehn Uhr und dienstags sogar bis halb vier. Schon am zweiten Schultag werde ich natürlich krank. Schuld daran hat selbstverständlich der Postbote. Seinetwegen werde ich es nie zu etwas bringen! Die Vorstellung, daß ich nun drei Jahre lang nie zu Hause sein werde, wenn er kommt, macht mich wirklich krank. Und tatsächlich!

Als ich gestern um die Zeit seines Erscheinens in der Schule saß, habe ich prompt einen Eilbrief mit Rückschein verpaßt. Im Grunde ist dies eine geniale, wenn auch teure Erfindung. Der Eilbriefsender bekommt nämlich, durch meine Unterschrift, die an ihn zurückgesendet wird, die Sicherheit, daß ich den Brief erhalten habe. Und ich schlage dabei meinem dubiosen Postmenschen ein Schnippchen. Allerdings stelle ich dann fest, daß ich auf diesen Brief ohne weiteres hätte verzichten können. Oma, meine grätzgreuliche Oma, schreibt mir, bestimmt zum hundertsten Mal, daß ich sie endlich in ihrem Domizil bei Nürnberg besuchen solle, außerdem hätte sie einen jungen, äußerst attraktiven Mann aus Berlin engagiert, um sich einen japanischen Garten anlegen zu lassen. Ich traue dieser Schnepfe nichts anderes zu, als daß sie mich mit eben jenem Herren, den sie unter Garantie absichtlich aus Berlin zu sich beordert hat, verkuppeln will. Ich habe mich bisher standhaft geweigert, diese Frau zu besuchen, und werde es auch weiterhin tun! (Else, nerv mir bloß nicht damit rum, daß das ein Krimi und keine Autobiographie werden soll. Sybille befindet sich gerade im Todeskampf, ich weiß da bloß noch nix von!) Außerdem beschreibt Oma eine ganze Seite mit ihren Wehwehchen, obwohl sie ganz genau weiß, daß ich, sobald ich das gelesen habe, dieselben Wehwehchen spüre! Biest! Also, eine wahrhaftig schlimme Zeit beginnt. Ich heule Eva-Maria was vor, gehe in mich, betrachte das ganze, soweit möglich, tiefenpsychologisch, und nichts, absolut gar nichts, verbessert sich. Von fünf Schultagen bin ich durchschnittlich drei krank. Wenn an diesen Tagen ein Brief für mich kommt, hat es sich gelohnt, kommt keiner, überkommen mich Schuldgefühle und ein schlechtes Gewissen, wegen des Schwänzens. Und — Eva-Maria fährt für drei Wochen in Urlaub. Der werte Kunz hält jede Stunde, die er uns hat, also dienstags, mittwochs, donnerstags und freitags Moralpredigten, weil im Schnitt ein Drittel der Klasse fehlt. Und ich fehle am häufigsten. In einem ernsten Gespräch unter vier Augen gelobe ich Kunzens durchdringend blauen Besserung, fehle prompt am nächsten Tag und den Rest der Woche.

Ich sitze zu Hause, den Wecker in der Hand, und spähe nach dem Postboten aus. Wenn ich die Augen schließe, sehe ich Kunzens mahnenden Zeigefinger, jetzt hätte ich Unterricht bei ihm. Ein wirklich unlösbarer Konflikt. Sitze ich wegen des Postfritzen zu Hause, vermisse ich Kunz, sitze ich bei ihm im Unterricht, vermisse ich allen Ernstes diesen zwielichtigen

Postheini. Die offizielle Abkürzung dieser Art zu leben ist LL und steht für »lesbische Lebensweise«. (Mir persönlich fehlt dabei das »L« in der Mitte für »lustige«.) Schließlich raffe ich mich auf und gehe ihm entgegen. Im Tante-Emma-Laden bei Frau Hartz kaufe ich zwei Flaschen Sekt und erkundige mich, ob er wenigstens schon bei ihr gewesen ist. Die geschwätzige, hellblondierte Tussi schüttelt den Kopf. »Wissense schon det Neueste?«

»Klar, ich hab' die Zeitung von vorn bis hinten gelesen, inklusive Kleingedrucktes«, antworte ich abwehrend.

»Grauenvoll, nich wahr? Wenn ick mir nur vorstell, die iss jeden Tag bei mir einholen jegangen, hat zwee Häuser weiter jewohnt und nu — einfach tot! Aba, ma ehrlich, bei den Emanzen weeß man och nie ...«

»Was ist denn passiert?«

Sie betrachtet mich mitleidig. »Frollein, Sie lesen eben doch die falsche Zeitung, in Ihrer *taz* steht es natürlich nich!« Ich nicke friedfertig, habe vor einem halben Jahr beschlossen, mich nicht mehr mit ihr über das Zeitungsangebot zu streiten. Sie drückt mir die *BZ* in die Hand, als Werbegeschenk. Ich setze mich auf eine Bank im gegenüberliegenden Park, so daß ich das Tor zu meinem Haus im Blick habe, entkorke den Sekt. Trinke, rauche und informiere mich über Heiner M.s Sexpraktiken, bis ich auf Seite drei ein durchaus mögliches Ergebnis seiner Techniken zu lesen bekomme:

Sybille K., Sozialarbeiterin eines Kindernothilfsdienstes, wurde vergewaltigt und ermordet gestern nachmittag in der Damentoilette eines (den Druck-, Tipp- und/oder Rechtschreibfehler habe ich aus politischen Gründen übernommen) Schule aufgefunden. Schreiend sei Luise L., zwanzig Jahre alt, durch die Gänge gelaufen, bis zwei kräftige Schüler, bla, bla, bla. Sybille K. sei auf sehr radikale, nicht nachvollziehbare Art gegen Männer vorgegangen. Man schließe bei ihr die Beteiligung an illegalen Aktionen nicht aus. Das Tatmotiv sei, wie der Täter auch, völlig unbekannt, eine heiße Spur sei nicht auffindbar.

Ich entkorke die zweite Flasche, mir ist übel, und versuche mit großen Schlucken den ekelhaften Geschmack im Mund herunterzuspülen. Ich vermeide grundsätzlich nicht nur diese Art von Schreibstil, sondern auch von solchen Dingen überhaupt etwas mitzubekommen. Mit Lisa, meiner Beziehungskiste (»Kiste« ist völlig untertrieben, wir mußten schon vor einem halben Jahr wegen Platzmangel zur Ausquartierung, sprich Lagerhaltung übergehen), gibt das öfters Streit, weil sie es grundsätzlich wichtig findet, über Gewalt gegen Frauen genauestens Bescheid zu wissen. Ich hasse es, wenn sie vom Notruf für vergewaltigte Frauen nach Hause kommt und mich mit ihrem »Weißt du schon, daß ...?« begrüßt. Das einzige, was es mir beschert, solches zu wissen, sind grauenvolle Alpträume, in denen ich wild um mich schlage, bis Lisa mich, manchmal sogar empört darüber, wie ich diese Frauenrealität verarbeite, aufweckt. Also, der Postbote hat tatsächlich etwas für mich. (Schon wieder von Oma, sie stellt die These auf, daß ich der Nagel zu ihrem Sarg werde, wenn ich sie nicht bald besuche.) Um mich von der blutrünstigen Schilderung abzulenken, leere ich, nach Hause torkelnd, die zweite Flasche und antworte sofort (Liebe Oma, komme nächste Woche mit meiner Freundin Lisa, die dich unbedingt kennenlernen möchte!). (Diese Antwort garantiert mir nämlich ein Telegramm (= Post!), in dem steht, daß Lisa ihre Türschwelle niemals überschreiten wird.) 'Das Leben ist hart aber ungerecht!' denke ich, stumpfsinnig am Schreibtisch sitzend, bis ich mich endlich aufraffe und zu Lisa radel. Und, was habe ich gesagt?, sie begrüßt mich mit einem sensationsgeilen

»Weißt du schon, daß ...?«, obwohl sie heute gar nicht im Notruf war.

»Nein«, sage ich großzügig, und Lisa dreht sich erstaunt und empört gleichzeitig um.

»Wann gehst du eigentlich in die Schule? Sybille ist bei euch ermordet, vergewaltigt und gefunden worden!«

»Na, dann ist der Unterricht vermutlich eh ausgefallen!«

Lisa nimmt mich endlich in die Arme, und wir küssen uns, aber nicht lange. »Die war bekannt wie 'n bunter Hund! Hat im ...«

»Mir nicht!« unterbreche ich rabiat, mir wird schon wieder übel, und ich habe knallharte Therapieentzugserscheinungen. Selbst die bescheuertsten Fragen würden mir nun gut tun. Ich werde gebadet, Lisa seift mich kräftig ein, und wir streiten uns wie jedesmal über die Menge des Shampoos, das sie auf meinem Kopf verteilen darf. Seit wir zum ersten Mal nach München zu meinen Eltern gefahren sind, das ist jetzt bald ein Jahr her, lasse ich mir die Haare wachsen. Ich wollte nämlich unbedingt, daß Lisa in den Eisbach am Englischen Garten springt, und zwar genau an der Stelle, wo er am reißendsten ist, hinter dem Haus der Kunst. Damals war Lisa noch richtig schön dick, außerdem ist sie einen Kopf kleiner als ich, und es war klar, daß sie da alleine nicht mehr rauskommen würde.

»Wenn du mich wirklich liebst«, brüllte ich schließlich, »dann springst du auch für mich in den Fluß!« Und Lisa brüllte zurück, daß ich mir dann auch die Haare wachsen lassen würde. Ich nickte, und Lisa ließ sich hysterisch kreischend fallen. Meine deswegen wachsenden Haare sind, glaube ich, der Hauptgrund, warum Mama sich schließlich mit Lisa abgefunden hat. (Beide können den szenegerechten LKS, das steht für lesbischer Klischeeschnitt, nicht leiden!) Es ist schon merkwürdig, was man sich in einer Beziehung alles einfallen läßt, um eine Berechtigung zu haben, sämtliche Aggressionen, die je auf dieser Erde kursierten, gegeneinander aufzufahren. Aber der Abend mit Lisa wird dann doch noch ganz akzeptabel. Zur Ruhe komme ich aber trotz vögeln, küssen und allem Drum und Dran nicht. Doch nicht Kunz oder der Mord an Sybille K., sondern der Postfuzzi rumort in mir. Wahrscheinlich, schießt mir durch den Kopf, hat die *Emma* längst positiv auf mein Manuskript, das ich ihnen vor einem halben Jahr zuschickte, geantwortet, nur ist die Antwort bei mir niemals angekommen. Und ohne meine Zusage zur Veröffentlichung oder die Bereitschaft zu Gesprächen glauben die natürlich, ich hätte kein Interesse mehr daran, das weibliche Pendant zu Charles Bukowski zu werden. (Vor zwei Jahren, als ich arbeitslos war, überkamen mich kurzfristig Schriftstellerinnenallüren — also wirklich, ich finde, es steht mir nicht, an allen möglichen Scheiß ein -innen anzuhängen — und pleite war ich auch. Deswegen habe ich dann im Kulturhandbuch für Literaturpreise nach den höchstdotierten gesehen. Und der wurde ausgerechnet von *Playboy* ausgeschrieben. Mit satten 20 000 DM! Einer nur schwer zu widerstehenden Summe.)

Ich habe also — es wurde eine Kurzgeschichte verlangt — drei Seiten lang derartig sexistisch rumgeklotzt, daß Suse, feministisch bis zum Anschlag und außerdem die Frau meines Lebens, mir verboten hat, daran teilzunehmen. Also habe ich es an die *Emma*-Damen geschickt, bekam aber kurz danach eine Halbtagsanstellung als Erzieherin und hatte zum einen wieder genügend Geld und zum anderen zu wenig Zeit weiterzuschreiben. Damals wußte ich natürlich noch nicht, daß ich irgendwann im Knast schmoren und mir gar nichts anderes übrigbleiben würde, als mein Seelenleid herauszuschreiben.

1/5 DIE POST UND ROSA LUXEMBURG

Das Klo, in dem Sybille tot aufgefunden wurde, ist noch abgesperrt (wie an der Uni kursiert auch bei uns in der Schule die Macke, das »Frauen + Lesben«-Zeichen auf die Tür zu schmieren. Ich frage mich a) wie lange wir das Klo noch schwesterlich teilen und b) wann die erste bi- oder asexuelle

Frau mit geplatzter Blase jämmerlich vor den Türen verendet, weil sie sich nicht berechtigt fühlt hineinzugehen), und im zweiten Unterrichtsblock kommt ein Kripomensch und stellt ein paar Fragen. Ob jemand von uns sie gekannt hatte, und wer von uns gestern nicht hiergewesen war. Satte vierzehn Arme schnellen in die Höhe, und Kunz bekommt 'ne mittlere Krise. Ich blubber also, nicht als einzige, etwas von Kopfschmerzen, weswegen ich gefehlt hätte, und Kunzens Blicke durchbohren mich. Der dritte Block fällt glücklicherweise aus, und der Briefmensch war noch nicht da. Meine Gedanken bezüglich des Knaben gestern nacht haben mich sehr beunruhigt. Ich verstecke mich ein zweitesmal in der Treppennische und lauere ihm, hinter einer Kiste versteckt, auf. Alles, was ich von ihm zu sehen bekomme, ist der Unterkörper und ein wenig von der Jacke. Einmal zögern seine Bewegungen, er öffnet die Jacke, ich höre ein Rascheln, und schon wirft er weiter Briefe ein. Ich beschließe, aktiv zu werden. Sobald er verschwunden ist, sehe ich schnell in meinen Kasten, gähnende Leere, und fahre zur Post. Ich stelle mich am Informationsschalter an und erkläre dem Beamten meinen Verdacht. Ich werde nach Zimmer 107 verwiesen und sitze Ewigkeiten im kalten Flur.

Während ich warte, sinniere ich über die Post an sich. 1974 wurde eine Sonderbriefmarke mit Rosa Luxemburg herausgegeben, eine revolutionäre Sache für diesen Verein, denn die Proteste nahmen kein Ende. Die Wiesbadener Industrie- und Handelskammer nahm einen mit ihr frankierten Brief nicht an. Aus politischen Gründen wurde von einem Ministerium im Zuständigkeitsbereich des Hessischen Wirtschaftsministers, Heinz Herbert Karry, FDP, die Annahme eines Rosa-Luxemburg-frankierten Briefes verweigert. Und das bayerische Verwaltungsgericht in München prüfte sogar eine einstweilige Verfügung gegen diese Briefmarke, und wer weiß, was für Aversionen mein Postbote hat. Vielleicht mag er kein Umweltschutzpapier.

Schließlich werde ich hereingebeten und teile meinen Verdacht mit, obwohl ich mir ganz plötzlich saublöd vorkomme. Ich schlage vor, daß man meine Briefe notieren solle, ich somit nachfragen könnte, falls ich mir wieder einbilden würde, es sei einer unterschlagen worden. Oder man solle mich ganz oben auf die Warteliste für ein Postfach setzen. Die Wartezeit beträgt nämlich mehr als zwei Jahre!

»Ich verstehe Ihr Anliegen wirklich!« erwidert die Beamtin — Eva-Maria versteht auch immer alles sehr gut und tut NICHTS, denn etwas tun läge nicht in ihrem therapeutischen Aufgabengebiet, während ich zum Beispiel nicht so tun kann, als wäre das schöngeblümte Kissen, auf das ich einschlagen soll, meine Oma!

»Aber ich kann Ihnen da leider nicht helfen«, sagt sie mit bedauerndem Gesichtsausdruck. »Herr Riedel ist seit über sieben Jahren bei uns beschäftigt, und bisher hat sich noch niemand über ihn beschwert!« Damit bin ich entlassen.

Liebe Else, heute war ich in der Knastbücherei und habe mit meinem Taschenrechner die durchschnittliche Seiten- und Buchstabenzahl eines Krimis errechnet: 180 Seiten und pro Seite höchstens 3150 Buchstaben! Anschließend habe ich die Buchstaben auf meinen Speiseplanzetteln gezählt und komme so inzwischen auf ungefähr 27 Buchseiten. Daß man im Knast Krimis lesen darf, verwundert mich allerdings schon etwas! Daß es eure Reihe hier nicht gibt, leuchtet dagegen ein. Aber worauf ich eigentlich hinaus will, ist folgendes: Ich muß noch ausführlicher werden, um dieses Limit zu erreichen!

Als ich vom Waschsalon zurückkomme, ist auf dem Anrufbeantworter eine Mitteilung eines Klassenkameraden, seltsamerweise rufen mich nie Klassenkameradinnen an, daß Kunz heute wahnsinnig ungehalten über unser Fehlen war. Von 25 Leuten seien nur zwölf, nochmal drei weniger als der Durchschnitt, dagewesen. Ich blättere im Kalender. Noch drei Tage bis zur nächsten und vorerst letzten Stunde bei Eva-Maria. Meinen lächerlichen Auftritt bei der Post habe ich noch nicht verdaut, und nun kommt noch das schlechte Gewissen wegen meines permanenten Fehlens hinzu. Also springe ich auf und sehe auf der Klassenliste nach der Telefonnummer von Kunz. Er ist nicht zu Hause. Ich packe zusammen und fahre in eine Pizzeria bei ihm um die Ecke, der Knabe wohnt ebenfalls in Friedenau (Klick! macht ein gefallener Groschen), und bestelle ein dunkles Hefeweizen, um mir Mut anzutrinken. Schließlich — Herzklopf — habe ich ihn an der Strippe. »Ich muß mit dir wegen meiner Fehlzeiten reden!« überfalle ich ihn. Kunz fragt, wo ich bin, und zehn Minuten später sitzen wir einander gegenüber. Ich stottere drauflos, irgendwas von wegen psychosomatischer Erkrankung (Eva-Maria beteuert immer wieder, psychische Krankheiten müsse man ernstnehmen wie körperliche, frau auch, und wenn man das nicht tut, kann es einem glattweg passieren, daß diese psychischen Angelegenheiten somatisch, organisch und chronisch werden! Nur wie sich eine Postneurose körperlich auswirken könnte, weiß sie nicht), und deswegen also würde ich so häufig fehlen. Kunz wirkt abgespannt, er nickt zu meinem wirren Geblubber. Psychische Extremzustände scheinen ihm nicht fremd zu sein. Völlig unzusammenhängend fragt er dann plötzlich:

»Sag mal, bist du in mich verliebt?« Ich bin, schlagartig, stocknüchtern, zucke zusammen und grinse blöde.

»Hör mal, du weißt doch, daß ich Lesbe bin!« sage ich und bezweifel, daß das eine Antwort auf seine Frage ist. Genau das erwidert er, und hat auch »das« (es ist immer so wahnsinnig erheiternd, wenn Hetero/a/i-Menschen es noch nicht einmal schaffen, das Wort auszusprechen!) noch nicht registriert. Ich grinse noch immer, und um von diesem heiklen Thema abzulenken, erzähle ich ihm, daß die ganze Klasse von seiner Homosexualität überzeugt sei. Kunz ist schockiert und antwortet rabiat, daß er Schwule nicht leiden könne. Ich stutze, genau das hatte ich von Lesben behauptet, solange ich mich gegen meine wahre Identität sträubte. Ich frage also, ob er die drei Schwulen unserer Klasse nicht leiden könne und widerlege seine Antipathie. Nun lenkt er vom Thema ab und fragt, warum ich Frauen anziehend finde. Meine Güte, was für eine Frage! (Manchmal wünsche ich mir von LIEBe eine Broschüre, in der all die Schwachsinnigkeiten, die Heterosexuelle von sich geben oder wissen wollen, genauso schwachsinnig beantwortet werden!) Ich betrachte ihn mitleidig und erzähle, daß meine Mutter, wie sie mit mir schwanger war, den Führerschein gemacht hat und zweimal durchfiel. Durch diesen Streß und den damit verbundenen erhöhten Testosteronausschuß sei es dann zu dieser Fehlentwicklung gekommen. (Ich habe mir das nicht ausgedacht, dieser wissenschaftliche Ansatz, immer begleitet mit dem überzeugen wollenden Spruch, nicht diskriminierend zu sein, ist derzeit DIE gesellschaftlich anerkannte Erklärung und für mich der einzige Grund — vielleicht ist davon ja tatsächlich ein Fünkchen wahr! Wie bereits erwähnt bin ich Hypochonderin —, weshalb ich noch keinen Führerschein gemacht habe. Sollte ich je in die Verlegenheit kommen, schwanger zu sein — ich werde noch erfahren, daß so etwas tatsächlich ohne vögeln oder ähnliches vorkommen kann, was mich ziemlich schockiert und anhaltend ängstigt! — und es bleiben zu wollen, lasse ich mich zur Lkw-Fahrerin umschulen.)

Kunz nickt betroffen, ich gebe es schulterzuckend auf und frage zurück, warum er Frauen anziehend findet. Daraufhin erzählt er die Geschichte einer ehemaligen Schülerin, die von ihrem Großvater, den sie später totgepflegt hat, sexuell mißbraucht worden und ebenfalls Lesbe war. Allerdings hatte sie sich damit nicht wohlgefühlt, und als er sie einmal zusammen mit ihrer Freundin sah, fiel ihm auf, daß die Frau, mit der sie zusammen war, sehr männlich wirkte. Ich fasse mir an den Kopf, bestelle noch ein drittes Weizenbier und denke zum ersten Mal daran, zur Zitronenfraktion überzutreten. (Aus politischen und wirklich nachvollziehbaren Gründen, siehe Kunzens Hirnwichserei, lehnt die Zitronenfraktion jeglichen Kontakt mit Männern ab.) Ich könnte mein Abitur auch in der Schule für Erwachsenenbildung machen, die haben eine Frauenklasse und seit neuestem sogar einen Menstruationsraum. Ich beschließe an diesem Abend jedenfalls, Erkundigungen einzuziehen.

»Natürlich gibt es Zahlen, die besagen, daß bei sexuell mißbrauchten Frauen dreißig Prozent lesbisch sind, während der Bundesdurchschnitt bei lächerlichen sieben Prozent liegt«, versuche ich ihm auf intellektueller Ebene klarzumachen, daß er Scheiße im Kopf hat. »Das muß aber keinen ursächlichen Zusammenhang haben. Nur, wer derart negative Erfahrungen mit Sexualität gemacht hat, kommt in Zugzwang, sich mit dem Thema und Sexualität an sich zu beschäftigen. Aufgrund unnormaler Erfahrungen kommt die Frage nach sexueller Normalität verstärkt auf. Hast du dich jemals gefragt, warum du Hetero bist?« Kunz schüttelt den Kopf. Man muß sich das einmal vorstellen, der Mann ist 37 Jahre alt! Von diesem Thema ablenkend, kommt er zu dem zurück, welches mir nicht gepaßt hat. Er frage nur sicherheitshalber nach, um mich, falls dem so sei, davon abzubringen. Zur Zeit suche er bei gefühlsmäßigen Angelegenheiten sofort das Weite. Außerdem würde er sich grundsätzlich erst auf sowas einlassen, wenn ein Ende des Schülerin-Lehrer-Verhältnisses abzusehen sei.

»Aha!« kommentiere ich das und errechne mir, daß er vierzig Jahre alt sein wird, wenn ich mein Abitur in der Tasche habe. Auch mit Eva-Marias mühseligem Unterfangen, mir Männer schmackhaft zu machen, unterstützt von meiner verfluchten Oma, wird es mindestens noch so lange dauern, bis sie mich rumgekriegt haben, und dann ist er mir einfach zu alt! Gutes Timing. Ich sitze ihm gegenüber und betrachte ihn, bewußt kühl und möchtegern-locker. Ein schöner Mann. Er fragt, ob ich Männer völlig uninteressant finde. Ich antworte, daß ich ihn zum Beispiel sehr interessant und auch schön finde. Das ist ihm zu pauschal und mir Genaueres zu prekär. Schweigen. Ob ich mich auch so auf die Klassenfahrt freue, fragt er unzusammenhängend. Ich nicke, obwohl ich mir wirklich Amüsanteres vorstellen kann, als mit zwanzig Schwachköpfen inklusive mir aufs hochgepriesene »Land« zu fahren. Wir reden noch ein Weilchen darüber, bezahlen dann, verlassen das Lokal und verabschieden uns mit einer herzlichen Umarmung. Ich radel zu Lisa.

In dieser Nacht träume ich, daß die Post brennt. Ich stürme in den verrauchten Raum, in dem die noch nicht zugestellten Briefe gelagert sind, und bringe sie nach draußen. Als ich den riesigen Berg halb abgetragen habe, sehe ich darunter begraben — Kunz! Er schläft, das Zimmer ist plötzlich rauch- und feuerfrei. Ich streiche ihm eine widerspenstige Strähne seines angegrauten Haares aus der Stirn und bin erstaunt: Männerhaut fühlt sich ganz anders an! (Völliger Schwachsinn!) Ein Flugzeug mit ganz viel Luftpost setzt zur Landung an.

Vor lauter Postneurose und Kunzdrama komm' ich gar nicht weiter, dafür gibt's bei den Ermittlungen gegen mich was Neues. Es war keine Notwehr, bei der Richard Vorke sein Leben ließ, sondern vorsätzlicher, kaltblütiger und hinterfotziger (= Pendant zu vorderschwänzig) Mord. Ich richte mich auf einen längeren Aufenthalt hier ein.

Ich sitze Eva-Maria gegenüber und weiß nicht, wo ich anfangen soll, also verbreite ich Schweigen. Rückwirkend erscheinen mir die drei Wochen ohne ihren therapeutisch anteilnehmenden Blick als das absolute Paradies. Aber es ist ja nur diese Stunde, dann wird sie eine Fortbildung (»Wie formuliere ich mein anteilnehmendes 'Aha' noch anteilnehmender?«) machen, und ich kann nochmal eine Woche pausieren, bevor es wieder ernsthaft und hyperkontinuierlich, was das A und O von Therapie zu sein scheint, weitergeht.

»Okay«, platze ich schließlich heraus, denn es ist erstens harmlos, weil nicht zutreffend, und wird außerdem ihr heteragebeuteltes Herz erfreuen, ich bin mir sicher, daß sie meine sexuelle Orientierung ziemlich irritiert. »Ich bin vielleicht doch in Kunzilein verliebt. Aber nur ganz vielleicht. Viel wahrscheinlicher ist, daß ich durch das Flirten mit ihm einmal das bekommen möchte und auch bekomme, was ich in einer lesbischen Beziehung aufgrund der heterozentrierten Sanktionen nie bekommen werde!« (Gut, daß die Kasse das bezahlt, keinen eigenen Pfennig würde ich dafür opfern!) Eva-Maria stellt zum ich weiß nicht wievielten Mal fest, daß ich zu abstrakt und politische Erklärungen zwar wichtig seien, mir aber in meiner emotionalen Betroffenheit nicht helfen würden. Außerdem versteht sie nicht, was ich meine. Seufzen.

»Als ich siebzehnjährig ein Kleinkind betreute und mit dem Jungen und meinem damaligen Lover durch München bummelte, wurden wir oft als glückliches junges Paar betrachtet. Leute sprachen uns an, wir wurden mit liebevollen Augen besehen. Wenn ich heute mit Lisa S-Bahn fahre, muß ich, bevor ich es wagen kann, sie zu küssen, erst die Leute, die Situation abchecken, ob wir uns das überhaupt leisten können. Wenn wir befürchten müssen, und das müssen wir nicht selten, nicht nur abwertende, obszöne und faschistoide Kommentare zu hören zu bekommen, sondern sogar Handgreiflichkeiten, dann können wir es uns nicht leisten, uns zu küssen. Spontaneität (laut der 17. neu bearbeiteten und erweiterten Auflage des Duden »Rechtschreibung« gehört das »e« wirklich dazu, inzwischen ist der Duden schon wieder — ich weiß nicht wie oft — neu bearbeitet und erweitert worden, wenn ich diese Neuauflage hätte, dürfte ich nach Gutdünken das »e« weg- oder drinnenlassen. Was glauben die eigentlich, wer ich bin? Wenn das so weitergeht, kauf ich mir 'nen Duden, der vor der letzten Rechtschreibreform 1901 aufgelegt wurde. Ab der nächsten Auflage ist es vermutlich schon ein Fehler, Spontaneität zu schreiben.) Also, nochmal von vorne: Spontaneität ist oft nicht möglich!« Eva-Maria nickt und schweigt. »Und die Folge dieses Nicht-spontan-sein-Dürfens ist dann, daß wir uns in unseren vier Wänden sexistisch aufeinanderstürzen, obwohl uns gerade in diesem Moment vielleicht gar nicht nach Sex zumute ist!« (Habe ich von 'ner lesbischen Bekannten mal gehört.) Ich habe, wie meistens, aus dem Fenster gesehen, während ich mich erklärte, und jetzt, als ich Eva-Maria betrachte, erschrecke ich. Sie wirkt betroffen, und damit kann ich viel weniger umgehen als mit Fragen oder Unverständnis.

»Jetzt begreife ich das!« sagt sie, und prompt füllen meine Augen sich mit Tränen.

»Ich leide darunter!« schluchze ich. »Wenn ich mit Kunz zu meinen Eltern, oder noch besser, zu meiner Oma fahren würde, würde sie vielleicht sagen, er ist zu alt, aber grundsätzlich wäre es okay, nur weil er ein Mann ist. Lisa ist grundsätzlich falsch, obwohl sie meinem Alter entspricht, nur weil sie eine Frau ist!« Eva-Maria nickt, ich hoffe, daß sie nun auf meine Oma zu sprechen kommt. Ich will von diesem Schrottthema weg, deswegen bin ich auf meine Eltern und Oma zu sprechen gekommen, denn normalerweise ist Eva-Maria total scharf auf meine Kindheit und Sozialisation. Aber diesmal tut sie mir den Gefallen nicht.

»Trotzdem«, sagt sie, »glaube ich, daß da noch mehr dahinter steckt!«

»Was denn?« schluchze ich wütend. (Jede Frau, die soeben den Genuß erlebt, meinen Krimi zu lesen, ebenfalls lesbisch und vermutlich wie ich ziemlich entnervt von diesem therapeutischen Heterageschwafel ist, sollte den ganzen nächsten Absatz nicht lesen. Nicht nur Eva-Maria wird sich am Rückgrat der Frauenbewegung zu schaffen machen, ich verhalte mich nicht unbedingt kollegialer. Aber aufpassen beim Überblättern, denn noch in diesem Kapitel wird das Rätsel der unterschlagenen Post gelöst!)

»Sigmund Freud«, beginnt Eva-Maria, »geht von einer Veranlagung zur Bisexualität bei jedem Menschen aus.« (Eva-Maria verheimlicht mir gerade, daß Freud von einer Bisexualität beim Neugeborenen ausgeht, sie beim erwachsenen Menschen jedoch als unreif bezeichnet, genauso wie die Homosexualität.)

»Und je mehr man sich das verbietet, desto mehr verstärkt es sich oder muß anderweitig kompensiert oder sublimiert werden. Ich meine ...« meint Eva-Maria. (Wenn ich mir vorstelle, daß wir das Jahr 1990 schreiben, selbst der antiimperialistische Schutzwall nicht mehr ist, aber nach wie vor an dem Freudschen Schwachsinn nicht gerüttelt wird, dann wird mir echt ziemlich übel!)

»Du hast recht, Eva-Maria!« antworte ich trocken. »In Wirklichkeit verhält es sich nämlich so, daß ich in dich verliebt bin! In jeder guten Therapie oder Analyse verliebt sich nämlich die Klientin in den Therapeuten. Das wäre auch völlig okay, wenn ich 'ne Heteraschnalle (für mich hat dieser Begriff wirklich nichts Diskriminierendes!) und du ein Typ wärest. Das wäre geradezu klassisch! Weil ich in diesem Fall meinen Therapeuten ganz für mich haben wollte, träten all meine emotionalen Macken, vor allem die pränatalen und frühkindlichen, zu Tage. Aber weil ich Lesbe bin und du 'ne Hetera, kompensiere ich das dahingehend, daß ich erotisch von meinem Tutor träume. Das ist aussichtsreicher — ich muß ja nur mich umpolen — als in dich verliebt zu sein!« Damit beende ich die Stunde. Hab' die Schnauze voll, gestrichen!

Im Hausflur begegnet mir ein fremder Postbote. Schon wieder einer mit Schnauzbart. Der andere hätte gestern überstürzt 'nen Kurzurlaub angetreten, jemand aus seiner Familie sei todkrank.

»Aber«, versucht er mich zu beruhigen, er meint wohl, ich sei ungehalten darüber, »in drei Tagen ist er wieder da!«

»Aha!« sage ich und inspiziere meinen leeren Briefkasten.

»Ich habe gehört, daß jemand hier im Haus vermutet, der Riedel würde Post unterschlagen«, erzählt er und grinst breit. »Den Tick haben alte Damen öfters. Bilden sich ein, daß der Postbote scharf auf die Liebesbriefe ihrer Opas wäre!«

Ich nicke müde und erkläre, daß ich diejenige bin, die den Briefträger verdächtigt. »Ich vermisse auch keine Liebesbriefe, sondern frauenspezifisches Informationsmaterial!« (ich würde nicht leugnen, daß ich zu Angeberei neige, zumindest nicht in diesem Fall!) rede ich mich in Rage und stürze dann wutschnaubend von dannen. An der Tür hängt ein grünkarierter Zettel:

»Ich ziehe morgen bei dir ein! Gruß Boris« — hätte ich fast vergessen. Boris und ich sind zusammen bereits fünfzig Prozent des Homosexuellenanteils in unserer Klasse, und jetzt, wo der Winter vorbei ist, also die Zeit der Kohlenschlepperei, das Generve mit der Asche, kann er sich vorstellen, das kleine Zimmer zu bewohnen. Ich habe zwar weder eine Dusche noch einen Warmwasserhahn; das Licht, ich meine das von außen, ist auch nicht gerade viel, aber ich wohne im klassischen Homosexuellenbezirk Schöneberg. Die meisten Kneipen, Discotheken und Bars sind bei mir um die Ecke. Auch den Rekord an Fehlzeiten in der Schule haben Boris und ich gemeinsam, und nachdem es ab September ernst wird, ab da gibt es dann Noten, wollen wir uns gegenseitig unterstützen.

»Irgendwie«, grübel ich bei Kaffee und Zigarette, »muß ich, jetzt wo der Knabe (der Postbote, nicht Boris) nicht da ist, in die Wohnung eindringen!« Lisa, die einmal in ihre eigene Wohnung eingedrungen ist, (kein Versicherungsbetrug, sondern pure Dummheit!) fällt mir ein. Ich rufe sie in der Arbeit an, erzähle, mich ausgesperrt zu haben. Sie erklärt, wo ihr Dietrich liegt, und registriert glücklicherweise nicht, daß, wenn ich meinen Schlüssel in der Wohnung liegen habe, ihrer ja auch nicht erreichbar sein dürfte, denn natürlich trage ich den am selben Schlüsselbund. Ich kann mir Zeit lassen, der Postbote ist nicht in Berlin, also bade ich erst friedlich bei Lisa und stehe zwei Stunden später herzklopfend vor der Wohnungstür. Niemand hat mich gesehen. Ruck, zuck, schon öffnet sich das Geheimnis, und ich gerate in eine restlos chaotische Fünfzimmerwohnung. In der Küche stapeln sich leere Bierflaschen, und ich angel mir die letzte volle. Mich aufmerksam umsehend, schlendere ich durch die Zimmer. Auf dem überladenen Schreibtisch entdecke ich — Schulunterlagen zur Französischen Revolution und bekomme einen halben Herzinfarkt. Da liegen Kunzens Unterrichtsbögen. Es ist kurz vor drei Uhr, frühestens in einer halben Stunde kommt er nach Hause. Ein Zimmer ist abgesperrt, und da fällt mir eine Nebensatzbemerkung von ihm ein. Weil er eine so große Wohnung für sich alleine hat, seit sich seine letzte Beziehung von ihm, oder er sich von ihr, getrennt hat, hat er das Zimmer an jemanden zum Möbelunterstellen vermietet. Er wolle mit niemandem zusammenleben, aber auch nicht die gesamte Miete alleine tragen müssen. Mein Herz pocht wie wahnsinnig, als ich mit dem Dietrich die Zimmertür aufschließe. Meine Hände zittern, und ich bekomme sie einfach nicht auf. Im Barschrank finde ich einen Korkenzieher, stecke ihn ein und leere eine noch zu einem Viertel volle Likörflasche in einem Zug. Aber auch mit ruhigen Händen und dem Korkenzieher komme ich nicht weiter. Ich rüttel und reiße am Griff, greife nach einem metallenen Lineal, versuche es in den Spalt zu stecken und den Scheiß aufzustemmen. Wie im Fieberwahn bin ich mir plötzlich sicher, dahinter Briefe, meine Briefe, zu finden. Schließlich bricht das Schloß durch das Holz. Ich atme auf, lausche kurz, trete ein und ziehe die Tür hinter mir zu. Tatsächlich — Briefe liegen gebündelt am Boden und auf einem Tisch. Ich stürze wieder raus und zur Bar, greife nach dem Martini und bin verzweifelt; absolut verzweifelt!

Als ich mit der Therapie begann, war ich nur oder nicht einmal halbherzig davon überzeugt, bezüglich Post, Briefkasten und Postboten 'ne Macke wegzuhaben. Nur sehr allmählich erinnerte ich mich ja an Omas Lied und die ganzen Jahre, die ich mit ihr unter einem Dach leben mußte, woraufhin mir gar nichts anderes übrig blieb, als ziemlich schräg draufzukommen. Ein ganzes Jahr hatte es gebraucht, um zu den Ursachen zu kommen, und nun zerstörte dieser Typ ALLES! Ich hatte recht und keine Postneurose. Und — ich war mir völlig sicher, hätte ich hinter dieser Tür etwas anderes als ausgerechnet Briefe vorgefunden, ich wäre geheilt gewesen, schlagartig!

Erschlagen lehne ich mich gegen die Wand. Auf dem Tisch steht eine Dampfmaschine. Ich weiß nicht, wie solche Geräte heißen, sie erzeugen jedenfalls Dampf, und wenn man einen Brief darunter hält, kann man ihn, ohne daß es später zu sehen ist, öffnen.

Mein erster Gedanke: SPIONAGE! (Es ist schon deshalb nicht verwunderlich, daß ich sofort daran dachte, weil dieses Land, seit ihm die Mauern abhanden gekommen sind, nichts als Stasimitgliedschaftsverdächtigungen von sich gibt und wir Westlichen beim Denunzieren ja auch sehr engagiert mitmachen. Vom größten Coup aller Zeiten, Stasi + RAF, wissen wir allerdings noch nichts, deshalb gehört das auch nicht hierher.)

Deswegen also habe ich die Briefe — meine wohlgemerkt! — bis heute nicht erhalten. Mit dem geöffneten Brief einer Lora gehe ich zurück zu Kunzens Schreibtisch und halte ihn gegen das Licht.

Tatsächlich! Ich entdecke hauchdünne Strichlein, unter einzelnen Buchstaben, nur mit einem lupenscharfen Blick überhaupt zu erkennen. Mein Herz rast, und ich sehe mich in einen hochbrisanten Kriminalfall verwickelt. Vielleicht bedrohe ich mit diesem Einbruch mein Leben! Vielleicht wird das Haus beobachtet und unter dem nächsten Bett liegt bereits ein Mann mit gezücktem Messer!

Meine ganze Kindheit hindurch hatte ich, wenn ich ins Bett mußte, schon vom Flur aus Anlauf genommen und sprang dann, sicher zwei Meter weit, hinein. Ich war felsenfest davon überzeugt, daß, wenn meine Füße kurz vor oder unter dem Bett zu stehen kämen, ein Mann sie sich schnappen würde. Vielleicht unternehme ich deswegen nichts gegen meinen Fußpilz, aber egal.

Ich versuche mir diese furchteinflößenden Gedanken aus dem Kopf zu schütteln und notiere mit zittriger Hand die Buchstaben:

> v, y, h, b, ü, d, , (will sagen, daß das Komma unterstrichen ist) 2, 0, k, ö, h, , 1, 5, ., u, z, ö, v

Teilweise sind Buchstaben eingefügt — y, z und ö vor allem. Sowas nennt sich vermutlich Code, aber wenn man den chiffrierten Briefen das schon ansieht, kann sich der Schreiber nicht gerade beobachtet oder bedroht fühlen.

»Alles, was ich will, sind meine Briefe, der Rest ist mir absolut scheißegal!« murmel ich und mache mich auf den Weg zurück in das Zimmer; ich werde meine Briefe heraussuchen und mich dann aus dem Staub machen, punktum! Auf halber Strecke höre ich einen Schlüssel, der ins Schloß (natürlich, wohin sonst?) gesteckt wird. Schnell stelle ich mich wieder ans Fenster und halte den Brief gegen das Licht. Ich runzel die Stirn, stemme die rechte Hand nachdenklich in die Hüfte und, schwerbeschäftigt wie ich bin, erschreckt Kunzens Eintreten mich zu Tode. Ruckartig drehe ich mich zu ihm und verbeiße mir die Frage, was um Himmels willen er hier zu suchen habe. Kunz sieht abgespannt aus, so ein Lehrerdasein muß, wenn man Kunz sieht, die absolute Tortur sein. Prompt regt sich meine mütterliche Ader, doch hauptsächlich weil er wie im Schock erstarrt noch immer in der Tür steht, sage ich:

»Tut mir leid, ich bin eingebrochen. Ich setze mal Kaffee auf, dann erkläre ich dir alles in Ruhe.« Damit verschwinde ich in die Küche. Der gute Mann liegt, alle viere von sich gestreckt, auf der Couch, als ich mit Kaffee zurückkomme. Er ist vermutlich nur müde, aber ich finde das Bild, das er abgibt, durchaus ansprechend.

»Übernächste Woche wieder!« murmel ich.

»Was ist übernächste Woche?«

»Therapie. Aber egal, ich mußte also in das gut verschlossene Zimmer einbrechen, weil mein Postbote dort unterschlagene Briefe deponiert.« Kunz wird durch den Kaffee ein wenig munterer; was ich denn auf meine Entschuldigung zu schreiben gedenke, fragt er, und ich erröte.

»Hör mal, ich bin, weiß der Geier wie lange schon, bestohlen worden, das ist ja wohl wirklich wichtiger!« Kunz nickt und besieht sich den Buchstabenzettel.

»Mmh — mmh!« Noch jemand, der keine Ahnung von chiffrierten Mitteilungen hat. Kunz kratzt sich am Kopf, eine typische Geste, und sagt, daß er kochen müsse. Also setze ich mich nach drüben und beginne ein Bündel aufzuknoten, durchzusehen und wieder zu verschnüren. Nur eines fällt mir auf: alle Briefe sind von Frauen an Frauen adressiert, und es gibt ein Extrabündel nur mit großen, gepolsterten Umschlägen. Nach einer Dreiviertelstunde ruft Kunz zum Essen. Während ich mir aufhäufe, Kartoffeln, Brokkoli und dunkle Mehlschwitze, lese ich einen Brief, den Lisa mir vor einem halben Jahr aus Kleve geschrieben hat. Als sie zurückkam, entbrannte ein schlimmer Streit. Lisa warf mir vor, daß ich gar nicht auf das, was sie mir darin mitgeteilt hatte, eingehen würde. Anfangs glaubte sie mir nicht, daß der Brief nicht angekommen war, und ich muß gestehen, ich nahm Lisa nicht ab, daß sie mir geschrieben hatte. Wir haben seit unserem ersten großen Streit die Vereinbarung, uns von mancherlei Macken gegenseitig zu verschonen. Das sieht bei uns so aus, daß ich nichts von meinen Postallüren erzähle und Lisa mich dafür nicht mit ihren Finanzgeschäften belästigt, teilweise ist das leider nicht durchführbar, weil sich beides überschneidet. Lisa bekommt täglich mindestens drei Kontoauszüge, hat demnach immer Post, und das trifft mich nun einmal! Egal. Als ich den Brief lese, bekomme ich auf einmal Sehnsucht, ganz dicke, fette Sehnsucht. Ich vergesse das Essen, Kunz, die Katastrophe und beginne zu schwelgen. Ich liebe Lisa! Ein Räuspern schreckt mich auf.

»Das Essen schmeckt ausgezeichnet!« entschuldige ich mich und beende das gedankenlose Auf-den-Teller-Häufen. »Verdammt!« plötzlich kommt mir: »Wenn der Postfritze wiederkommt, sieht er das aufgebrochene Schloß!« Erschrocken stiere ich Kunz an. »Tut mir leid, auch daß ich dich da reingezogen habe.«

Kunz betrachtet mich etwas merkwürdig, manchmal hat sein Blick so etwas Stumpfes, und winkt gelassen ab. »Halb so wild. Ich habe ihm letztens erzählt, daß in Kürze die Heizmeßgeräte abgelesen werden und er deshalb den Schlüssel dalassen müsse. Das hat er vergessen. Außerdem ist in der nächsten Seitenstraße ein Schlüsseldienst. Ich werde ein neues Schloß holen!« Plötzlich putzmunter, ich nehme an, er will mich schnellstmöglich wieder loswerden, springt er auf und verschwindet. Ich beginne ein Päckchen mit bereits umadressierten Briefen durchzusehen. Diese Art der geheimen Mitteilung kostet noch nicht einmal Porto, die Adresse wird einfach durchgestrichen, man schreibt »z.Z. c/o Horst Wiemgke« und die neue Adresse daneben und schmeißt den Brief wieder in einen gelben Kasten. Während ich darüber sinniere, wie ich diese Methode für mich nutzen könnte, klingelt das Telefon. Aufdringlich! Schließlich nehme ich den Hörer ab.

»Wir werden beschattet!« flüstert Kunz. »Was soll ich tun?«
Ich kicher blöde. »Bist aus dem Haus gerannt?«

»Klar, ich will das so schnell wie möglich hinter mich bringen!« stöhnt Kunz, ich kann mir sein gehetztes Umsichschauen geradezu bildlich vorstellen.

»Okay«, sage ich lachend, »wenn sie dich beschatten, dann wissen sie auch, daß ich in der Wohnung bin. Wir haben uns total zerstritten, du hast mich fluchtartig verlassen, und dieses Telefongespräch ist ein Versuch der Versöhnung. Du mußt jetzt bloß zum nächsten Blumenladen düsen, zwanzig gelbe Rosen kaufen und mit vor Verliebtheit blöd grienendem Gesichtsausdruck wieder nach Hause laufen. Ich komme dir dann entgegen!«

»Zwanzig?«

»Ja!« sage ich bestimmt und lege auf. Schnell ordne ich die Briefe im aufgebrochenen Zimmer, reiße mir mein Riesensweatshirt vom Leib und lege dafür Kunzens Bademantel über die mit schwarzen Spitzen bedeckten Schultern, raufe mir die Haare und eile die Treppen hinunter. Ich stürze aufgeregt ins Freie, schlage die Hände über dem Kopf zusammen, laufe auf die Straße, sehe nach links und rechts, stöhne theatralisch auf (vielleicht ist ja doch eine Hetera an mir verlorengegangen?) und gehe müde und mit gebrochenem Herzen langsam zurück. Durch die wirren Haare spähe ich nach unserem Beobachter aus, sehe noch einmal zur Hauptstraße, da kommt Kunz mit einem traumhaft schönen Strauß gelber Rosen. Wir laufen uns entgegen und — direkt in dem Auto, vor dem wir aufeinandertreffen, sitzt jemand.

»Jetzt hab' ich natürlich kein Schloß, Knete alle!« meint Kunz, ganz außer Atem und ziemlich ungehalten.

»Es tut mir so leid!« schluchze ich und umarme ihn stürmisch. Arm in Arm, ich muß ihn festhalten, gehen wir ins Haus.

»Sag mal, spinnst du?« empört Kunz sich im Aufzug und schüttelt mich ab.

»Himmel, du mußt es ja nicht persönlich nehmen! Wir standen doch gerade neben dem Typ im Auto!«

»Quatsch, ich wurde vom Café aus beobachtet!« sagt Kunz.

Ich fühle mich ziemlich irritiert, und etwas komisch zudem. »Wie denn?« frage ich, um mir die Peinlichkeit des Auftrittes aus dem Kopf zu reden.

»Unauffällig natürlich. Er betrachtete mich ganz uninteressiert.«

Ich räuspere mich. »Ich glaube, wir sind beide etwas überspannt!« versuche ich möglichst ernst auszusprechen. »Der Knabe im Café war höchstwahrscheinlich ein einsamer Schwuler, der sich in dich verguckt hat.« Kunz empört sich darüber, und ich treibe es auf die Spitze. »Kann ich verstehen!« Es macht wirklich Spaß, abgrenzungsbedürftige Heteromenschen zu trietzen.

»Und der Mann im Wagen?« fragt Kunz ablenkend.

»Na, der beschattet vermutlich den Knaben im Café, weil er sich in den verliebt hat; blöde Frage, wie kommst du darauf, daß ich mehr weiß!«

Kunz läßt sich in die Couch fallen. »Geht das bei euch immer so ab?«

»Was heißt hier bei uns, wie geht's denn bei euch ab? Nee du, mal im Ernst, wir müssen als erstes herausfinden, ob wir, du oder ich, überhaupt beschattet werden!«

»Zuerst müssen wir kapieren, um was es geht!« kontert Kunz wütend und springt auf. Er schreibt die Buchstaben ab und setzt sich mit grübelnder Stirn an den Schreibtisch. Ich finde im letzten Bündel diesen heißersehnten Brief von der *Emma*. Ungeduldig und fiebrig vor Aufregung reiße ich ihn auf.

Es ist eine Mahnung. Mit dem P.S., daß ich ihnen das ausstehende Geld auch in Briefmarken zuschicken könnte, verabschieden sich freundliche Grüße und meine gesamten Träume einer zukünftigen Schriftstellerinnenkarriere. Ich heule wütend los. Mein Lebensinhalt zerbricht, und das wegen mickerigen zwanzig »PorNO«-Aufklebern, die ich vergessen habe zu bezahlen. Außerdem benutze ich sie sowieso nicht, weil ich entweder gefragt werde, was man denn bitte unter »PorYES« verstehen solle, oder mir kumpelhaft auf die Schulter geklopft wird, weil ich laut männlicher Interpretation dieses Aufklebers nichts gegen Pornographie habe. Scheißdreck verdammter! Ich eingebildete, blöde Kuh habe bis zum heutigen Tag geglaubt, meine Kurzgeschichte würde mit der Empfehlung »lesenswert« von *Emma*- zu *Emma*frau wandern, damit abschließend der Kollektivbeschluß, es zu veröffentlichen, gefaßt werden konnte. »Scheiß Weiber!« schimpfe ich und zerreiße den vermaledeiten Brief. Und ich kann es mir, postpsychisch betrachtet, noch nicht einmal leisten, die Zeitschrift abzubestellen. Es ist die einzig regelmäßige Post, die ich bekomme. Im nächsten Moment fällt mir Opa Müh ein, der sicher seit Stunden auf mich und das gemeinsame Mittagessen wartet. Einmal in der Woche tue ich ein paar Stunden so, als hätte ich einen Großvater. Opa Müh ist 94 Jahre alt, ziemlich senil und der einzige alte Mensch in meinem Haus. Vor einem Jahr klopfte es an meiner Tür, er hatte seinen Schlüssel verloren, ob ich ihm helfen könnte. Opa Müh ist blind, und der Schlüssel war ihm aus der Hand geglitten, mit der er sich auch am Geländer festhielt. In einer dieser tierisch breiten Dielenritzen fand ich ihn (den Schlüssel, nicht Opa Müh), und seitdem ist er (Opa Müh, nicht der Schlüssel) mein Ersatzopa. Meinen Großvater mütterlicherseits habe ich nie kennengelernt. Der hat auf Heimaturlaub meine Oma, schon wieder die, mit der ich ständig herumhadere, vergewaltigt und ist dann in Rußland gefallen, wahrscheinlich unzusammenhängend, also zufälligerweise. Mein stiefmütterlicher Großvater ist gestorben, bevor Mama meine Mama wurde, und der Alte meines Vaters hat lauter Soldatenbilder bei sich im Schlafzimmer hängen, und als ich ihn, siebenjährig, fragte, ob er auch Menschen totgeschossen hat, hat er mir eine gescheuert und geschwiegen. Opa Müh war nie im Krieg, weil er schon vorher blind war.

Himmel, ich schweife ab! Also, ich erinnere mich daran, daß er seit Stunden auf mich wartet, und rufe ihn an, verlege unser gemeinsames Mahl auf morgen mittag. Kunz sieht grimmig zu mir herüber.

»Du hast bis halb vier Uhr Schule morgen!« Ich nicke und sehe über seine Schulter, ob er das Buchstabengeblubber schon aufgelöst hat. Kunz, der Französische Revolutionsmathematiker (er sympathisiert mit Jean Antoine de Condorcet, der nicht nur Staatstheoretiker, Politiker und Mathematiker war, sondern sich auch vehement für das Frauenwahlrecht einsetzte, was Kunz im Unterricht immer besonders hervorhebt, weil es sein vom Feminismus gebeuteltes Herz reinwäscht) hat jedoch Koordinatensysteme und Teilmengen aufgezeichnet. So wird das nie etwas! Jetzt erst fällt mir auf, daß es längst dunkel geworden ist.

Ich schlage vor, in die Cafékneipe zu gehen, dabei können wir dann gleich feststellen, ob wir wirklich beobachtet werden. »Aber halt!« schreie ich plötzlich auf. »Wenn wir beide die Wohnung verlassen, sehen die bestimmt nach, ob wir die Zimmertür aufgebrochen haben!«

»Ich sperre die Wohnung natürlich ab«, meint Kunz.

»Junge, die haben 'nen Dietrich, wie ich auch. Wir räumen alles auf, so wie es war, du entfernst das Heizmeßgerät (weil ich elektrische Geräte nicht anfasse) und klebst 'nen Zettel an die aufgebrochene Tür, daß du leider wegen des Ablesers eindringen mußtest. Ich weiß zwar nicht, ob das glaubwürdig ist, aber es geht nun mal nicht intelligenter.«

Beim Aufräumen stellen wir fest, daß der Brief an Horst Wiemgke und das schon umadressierte Bündel, wie hingeworfen, wohl dem Postboten aus der Tasche gefallen sein muß. Es konnte gut sein, ja es war überhaupt sehr wahrscheinlich, daß J. Riedel, der vertrackte Postfuzzi, nicht bei einer todkranken Verwandten, sondern in uns geheimer Mission unterwegs war und vorher noch alle Spuren beseitigen wollte. Aber WARUM um Himmels willen, ist die nächste

Frage, und ich schüttel den Kopf. Es ist derzeit unmöglich zu entscheiden, mit wieviel Ernsthaftigkeit und Vorsicht diese ganze Geschichte behandelt werden soll. Schließlich sitze ich nicht im Kino, da wäre ich vermutlich aber am besten aufgehoben, und kombiniere in einem Filmkrimi, sondern es geschehen dubiose Dinge und ich kann mir eine Menge einbilden und Verqueres zusammenreimen. Wir machen uns schweigend auf den Weg, und kaum hat Kunz den Knaben, der nun schon einige Stunden im Café zubringt, entdeckt, legt er den Arm um mich und lächelt mir verschwörerisch zu. Ich muß kichern.

»Komm, der sieht sooo nett aus, mußt du ihn so auffällig und brutal frustrieren?« Kunz grumbelt mürrisch. Ich werfe den Brief an Horst Wiemgke ein, natürlich habe ich die neue wie auch die ursprüngliche Adresse notiert, und stelle fest, daß der Typ im Auto weg ist.

2/2 NOCH IMMER MONTAG

Wenn ich heute an diesen Abend zurückdenke, muß ich jetzt noch den Kopf schütteln. Es stellt sich tatsächlich heraus, daß dieser Mensch uns beobachtet. Fatalerweise ist nur das Tischchen genau neben ihm frei. Er liest aufmerksam in einer ausländischen Zeitung, während Kunz und ich darüber streiten, ob der Freistaat Bayern diese Bezeichnung zu Recht trägt. Es ärgert mich maßlos, immerhin bin ich gebürtige Bayerin, und seit ich im Exil lebe, kenne ich auch das Gefühl der Heimatverbundenheit (es überkommt mich wie eine Fieberattacke und ist im Nu behoben, wenn ich dem Anfall nachgebe). Noch mehr aber ärgert es mich, daß ich ihm argumentativ unterlegen bin. Kunz gehört zu der Generation, die in blutjungen

Jahren Mitte der Sechziger nach Berlin ging und engagiert alles in sich aufnahm, was schließlich zu den glorreichen 68ern führen sollte.

Schließlich verweigere ich mich total und stiere blind auf die Zeitung unseres Beobachters, bis ich irgendwann bemerke, daß es eine skandinavische Zeitung ist, hinter der sich unsere Klette verbirgt. Nun weiß jeder, daß ich sowohl Norwegisch wie auch Schwedisch spreche (dort habe ich auch Suse, die Frau meines Lebens, eine leidende Hetera, die sich einbildet, es sei beziehungsmäßig leichter, Lesbe zu sein, aufgegabelt), es ist die einzige Fähigkeit, mit der ich mich profilieren kann, und so versäume ich auch keine Gelegenheit dazu.

Bevor Kunz versteht, weshalb es in meinen Augen blitzt, habe ich schon das Feuerzeug in meinen Schuh gesteckt und frage den Knaben in schwedisch-norwegischem Gemisch, ob er Feuer hat. Der zuckt zusammen, seine Pfeife fällt auf den Boden, ich knie mich nieder, sie aufzuheben, da schießt ein Hund unter dem Tisch hervor, wir haben ihn gar nicht registriert (ein fataler Fehler!), und beißt mich, schnappt zu — in meine Brust!

Ich brülle los, unser Beobachter auch, und zwar — in breit hessischem Dialekt. Der Kellner rast zum Telefon, und ehe ich wieder halbwegs etwas wahrnehme, haben sich Hund und Herrchen aus dem Staub gemacht, eine ältere, mollige Dame reibt mich mit Kölnisch Wasser ein, nickt penetrant mit ihren blondbläulichen Dauerwellen und wiederholt unendliche Male: »Ick kenn det, hab' selbst zehn Jahre jestillt. Tut verdammt weh, wenn die Jören zubeißen!«

Von ihr und Kunz gestützt, dabei kann ich nur wegen des Feuerzeuges in meinem Schuh nicht auftreten, werde ich in einen Krankenwagen verfrachtet. Bis ich dann tetanusgeimpft und von zwei Ärzten schönheitskorrigiert wieder entlassen werde, ist es Mitternacht, und ich habe die Schnauze gestrichen voll.

Noch in selbiger Nacht verfasse ich, zugleich Reaktion auf die Diskussion, in der ich so versagt habe, wie auch als Hausaufgabe für Deutsch, folgende Erörterung:

2/3 IST DIE BEZEICHNUNG »FREISTAAT BAYERN« BERECHTIGT?

Einleitend möchte ich erwähnen, daß Bayern, welches sich selbstbewußt »Freistaat« nennt, das flächenmäßig größte, nach der Bevölkerungszahl zweitgrößte und zugleich das bevorzugte Fremdenverkehrsbundesland ist.

Zur Bezeichnung »Freistaat Bayern« kam es 1919, und zwar (aufschlußreich für alle, die schon immer was gegen uns hatten und von revolutionären Gedanken infiltriert in der Gegend herumlaufen) NACH dem Zusammenbruch der Räterepublik Baiern (aufschlußreich für die, die uns trotz Staatsfeindlichkeit wohlgesonnen gegenüberstehen, ist, daß sich diese Räterepublik bei uns am längsten gehalten hat!) in der Bamberger Verfassung.

Durch diese und die Weimarer Reichsverfassung verlor Bayern fast alle Sonderrechte (dazu habe ich leider nichts Konkretes gefunden), trotzdem war die BVP mit 21 von 459 Abgeordneten die einzig bundeslandgebundene Partei des 1. Reichstages. Noch heute, siebzig Jahre später, wird Bayern im Deutschen Bundestag durch die CSU gesondert vertreten.

Folgende Gründe sprechen meiner Meinung nach FÜR die Bezeichnung »Freistaat«:

Trotz der eingangs erwähnten Relationen wird Bayern in der Bevölkerungsdichte nur von Niedersachsen unterboten (ich ignoriere hiermit die Bundesländer, die bald neu hinzukommen werden, und auf das »Freistaat«getue von Sachsen werde ich auch nicht eingehen!).

Gesonderte Gesetze für HIV-positive Menschen sorgen dafür, daß Bayern von (sinngemäß, weil es mir zu mühselig ist, die Quellen von diesem Schrott aufzustöbern!) asozialem Gesindel (nach Gauweiler), Lesben, Schwulen und anderem Pack (nach Schönhuber) im wortwörtlichen Sinn be*freit* wird. Bis heute hat es beispielsweise noch keinen bayerischen Totalverweigerer gegeben. Prozentual gesehen stehen die bayerischen Burschen, die wegen Kriegs- und Zivildienstverweigerung nach Berlin fliehen (in Kürze trifft hier nur mehr der Imperfekt zu), selbstverständlich an der Spitze, doch politisch betrachtet wird Bayern durch diese Abwanderung unangepaßter Elemente (sinngemäß nach Fellner, das ist derselbe, der kurz nach Tschernobyl ein öffentliches Salatessen veranstaltet hat, um uns zu zeigen, daß dieses Atomzeug keine gesundheitsschädlichen Wirkungen hat) von der Pflicht zur Auseinandersetzung und Anerkennung anderer Ansichten befreit.

Nicht ohne Grund weicht die Bayerische Wahlverordnung auch in einigen Punkten von der bundesweiten ab. Zieht Frau Hansen zum Beispiel von Bremen nach Saarbrücken (wovon ich abrate), kann sie dort bereits nach drei Monaten an Wahlen teilnehmen. Zieht sie jedoch nach München, so ist sie erst nach einem halben Jahr wahlberechtigt.

Bayern geht also, ganz zu Recht, davon aus, daß die Eingewöhnung in dieses Bundesland doppelt so lange dauert wie die in eines der übrigen. Psychologische Studien über die Bewältigung von Schicksalsschlägen haben ergeben, daß ein Großteil dieser betroffenen Menschen erst circa ein halbes Jahr später einen angemessenen Umgang mit solchen Situationen findet.

Würde Bayern also, wie oft gefordert, seine Wahlbestimmungen den bundesdeutschen anpassen, so würde die Wahlbeteiligung der erst seit kurzem in Bayern Ansässigen entweder auf den Nullpunkt zugehen, da diese noch meinen, es sei eh aussichtslos, dem überwiegend schwarzen Block ihre Stimme entgegenzusetzen, oder aber sie wären noch so indoktriniert von dem Bundesland, in dem sie bis vor kurzem lebten, daß unzumutbar extreme Parteien gewählt werden würden.

Dieses meiner Meinung nach nicht erörterungswürdige Thema abschließend, möchte ich die etymologische Bedeutung des Wortes »frei« kurz aufzeigen. Das Adjektiv »frei« entstammt der indogermanischen Wurzel »prai« mit der Bedeutung — schützen, schonen, gern haben, lieben. Aus dieser Grundbedeutung haben die Germanen »frei« als Begriff der Rechtsordnung entwickelt:

Die Personen, die man liebt und daher schützt, sind die eigenen Sippen- und Stammesgenossen, nur sie alleine stehen »frei«, das heißt vollberechtigt in der Gemeinschaft. Wenn man sich zudem klarmacht, daß heutzutage das Wort »Freibank« aussagt, dort und nur dort darf minderwertiges Fleisch verkauft werden, so erlangt auch das Bundesland Bayern die volle Berechtigung, sich Freistaat zu nennen!

2/4 DER ERSTE CASUS KNACKTUS

An den ersten zwei Unterrichtsblöcken nehme ich pflichtschuldig teil. Mathematik mit einem übermüdeten und absolut reizbaren Kunz, der sich trotzdem noch positiv darüber ausläßt, daß ich, obwohl für die gesamte Woche krankgeschrieben, gekommen bin, und, wie man der Überschrift ansehen kann, Latein im zweiten Block. Anschließend fahre ich heim. Der Briefkasten leer, der gesamte Hausflur vollgestellt mit Boris' Möbeln (sein zukünftiges Zimmer mißt neun m^2!). Ich gehe gleich zu Opa Müh. Er hat seinen Platz am Tisch schon mit alten Ausgaben des *Stern* in Blindenschrift bedeckt und sitzt schnarchend vor dem leeren Teller. Richtig, in die Bücherei wollte ich und in der Pfadfinderabteilung nach

Geheimschriften und -sprachen sehen. Ich schalte das Endlosband seines Kassettenrekorders (Radetzkimarsch — das Stück ist es wahrlich nicht wert, richtig geschrieben zu werden) ab und sehe gedankenversunken den noch nicht kochenden Nudeln zu. Auch Kunz hat die halbe Nacht Buchstaben geschüttelt, eine Kopie aller nichtzutreffenden Codes hat er mir mitgegeben. Es wäre eines der frustrierendsten Erlebnisse meines Lebens, wenn ich, nun im Flutlicht der Verbrecher, noch nicht einmal herausfände, WAS sie verbrechen. Sowohl auf dem Hin- als auch auf dem Rückweg folgte mir jemand und gab sich noch nicht einmal die Mühe, unauffällig zu sein. Aber vermutlich ist es immer auffällig, wenn ein elfenbeinbonziger Mercedes einer schneckigen Radfahrerin hinterhertuckert. Ich gehe also davon aus, daß meine Entzifferungsversuche sowieso zum Scheitern verurteilt sind, um meine Frustrationstoleranz hinaufzuschrauben. Opa Müh gähnt und fährt mit der rechten Hand das gestanzte Papier entlang.

»Das Essen ist gleich fertig!« sage ich laut und streiche ihm über seine glänzende Glatze.

»Soll ich dir wieder Anzeigen vorlesen?« fragt Opa Müh. Ich nicke, bis mir einfällt, daß ich »Ja« sagen muß.

Opa Müh beginnt trocken zu kichern. »Mann sucht Frau«, beginnt er, »notfalls katholisch. Aber die nächste ist noch besser. Moment!« Hastig fährt er mit den Fingerspitzen über das hügelige Geschreibsel und kann vor lauter Kichern nicht weiterlesen. Ich gebe ihm und mir Nudeln und viel Käse-Sahnesoße auf den Teller, wälze tausend Probleme zugleich und bin deshalb sehr unaufmerksam.

»Mann, dreißig, lacht gern. Sucht Grund!« gackert Opa Müh und hält die Hand vor den Mund, damit das Gebiß nicht rausfällt.

»Ej Opa Müh!« platze ich auf einmal heraus, »erklär mir doch, wie diese Blindenschrift funktioniert, schnell!« Opa Müh murmelt, ich solle mir Stift und Papier vom Schreibtisch nehmen, ich rase und bin furchtbar schnell wieder zurück.

Mit vollem Mund erklärt Opa Müh, daß ich die ersten zehn Buchstaben des Alphabets hintereinanderschreiben soll.

»Längst getan! Weiter!«

»Muscht Platsch feilaschen jetscht.« (Koordinationsprobleme von Gebiß und Essen)

»Weiter!«

Opa Müh häuft sich den nächsten Löffel auf und nickt bedächtig mit dem Kopf. »Die näschten schehn Buschstaben unter die erschten schehn.«

»Weiter!«

Opa Müh läßt sich nicht zur Eile antreiben. In aller Ruhe erklärt er mir, welche Buchstaben wieviel Punkte und in welcher Anordnung bekommen. Das Raffinierte an diesem Sechs-Punkte-System ist, daß die untereinanderstehenden Buchstaben (wenn ich das richtig verstanden habe, also die Buchstaben A, K und U oder B, L und V) sich nur in jeweils einem Punkt unterscheiden. Mich überkommt das Gefühl, daß ich keine Punktschrift benötige, um den Verbrechercode entziffern zu können. Aber lernen tue ich trotzdem etwas dabei, »wird schon nicht schaden«, wie Mama, eine durch ihr ständiges Kinderkriegen verhinderte Lehrerin, oft zu mir sagte, wenn ich keinen Bock auf Schule hatte. Wir hören noch ein wenig Radetzkimarsch, Opa Müh erinnert sich dabei an seine Kindheit auf dem Land, wird ganz wehmütig, und nach dem Abwasch gehe ich wieder nach unten, um Boris beim Einräumen zu helfen.

Es wird noch Stunden dauern, bis ich die Ruhe finde, den gut versteckten Zettel mit der Geheimbotschaft herauszuholen, um weiterzutüfteln. Da ich davon ausgehe, gekidnäppt zu werden, und eine Durchsuchung meiner Wohnung befürchte, habe ich die Aufzeichnung des Buchstabensalats in meine Kiste »Heterosexuelle Vergangenheit« gepackt. Und die steht absolut unauffindbar im Gasherd, den ich nie benütze. Ich konnte mich damals wirklich nicht überwinden, die Kondome, meine Portiokappe, das dazugehörige Gel und

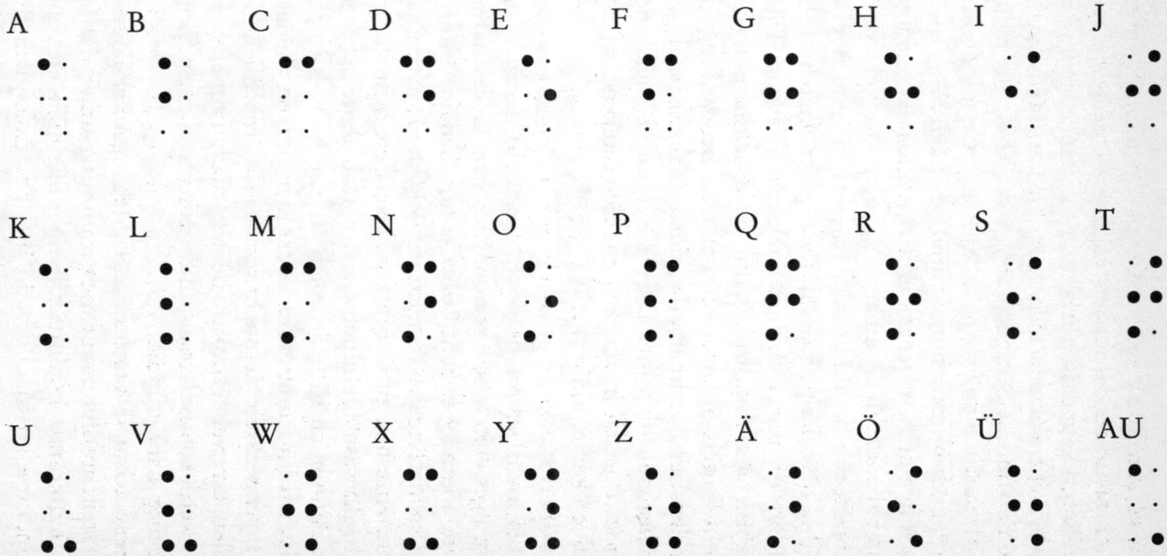
A B C D E F G H I J
K L M N O P Q R S T
U V W X Y Z Ä Ö Ü AU

schlimmeres Heterozubehör wegzuwerfen, und weigere mich auch bis heute, das zu problematisieren.

Also erst am späten Abend, nachdem Boris und ich geklärt haben, wie wir den nun gemeinsamen Haushalt bewältigen (er übernimmt den gesamten Abwasch, dafür bleibt das Klo ausschließlich mir vorbehalten), sitze ich mit der Kiste neben mir am Schreibtisch und tüftel vor mich hin. Stunden später bin ich so uferlos leer in der Birne, ohne das geringste erreicht zu haben, daß ich, nur um mir den Anschein vermitteln zu können, ich bemühte mich, die ersten zehn Buchstaben des Blindenschriftalphabets unter die letzten zehn schreibe und wahllos die vorgegebenen Buchstaben (tut mir leid, daß sich das Wort »Buchstaben« so oft wiederholt, es gibt kein anderes) mit dem genau darunter stehenden Bu...ben auszutauschen. Nach fünf Bu...ben trifft mich fast der Schlag, plötzlich wieder voll mit strotzender Energie und Engagement mache ich weiter, und heraus kommt dabei folgendes:

berlin sl, 20 uhr, 15. april

Ist es nicht irre? Unfaßbar? Geradezu genial? Bombastisch und ich weiß nicht was noch? Ich habe es geschafft! Ich weiß zwar überhaupt nicht, was das nun bedeuten soll, und über die Bedeutung der Abkürzung »sl« werde ich mir noch viele Wochen den Kopf zerbrechen, aber diese Mitteilung hat schon wesentlich mehr Inhalt als: v, y, h, b, ü, d, , 2, 0, k, ö usw.

Unglaublich stolz sehe ich auf die Uhr, es ist längst nach Mitternacht. Kunz wird stocksauer einfach wieder auflegen, wenn ich ihn jetzt noch anrufe, also beschließe ich hinzuradeln. Den Dietrich habe ich noch immer bei mir und komme so, nachdem er auf mein Klingeln und Klopfen nicht hört, in die Wohnung.

»Ej Kunz, raus aus den Federn! Ich habe den Code geknackt!« brülle ich durch die ganze Wohnung und gehe forsch und stolz zur Bar. Ich gönne mir ein großes Glas erlesenen Sherry und warte geduldig darauf, daß Kunz aus dem Bett findet.

Aber — nichts passiert. Schließlich sehe ich nach, der Herr ist ausgeflogen. Kein Wunder, daß er im Unterricht immer so gereizt ist, wenn er nachts und mitten in der Woche die Sau rausläßt.

Frustriert, weil ich nun nicht gelobt werde, verlasse ich die Wohnung. Mein Beschatter hat in der Kneipe auf mich gewartet, dem kann ich auch nicht erzählen, was für ein Intelligenzbolzen ich bin. Gerade als ich in die Hauptstraße einbiege, sehe ich Kunz torkelnd einen Baum auf der gegenüberliegenden Straßenseite umkreisen. Ich rase zu ihm und umarme ihn freudig.

»Kunzilein, ich habe den Code geknackt!« rufe ich und schüttel ihn durch.

»Und?« fragt er und versucht, mir gerade in die Augen zu sehen.

»berlin sl, 20 Uhr, 15. April! Ist es nicht phantastisch?«

Kunz zieht fragend die Schultern nach oben, läßt sie wieder fallen und nuschelt um Deutlichkeit bemüht: »Versteh' ich nicht. Wer oder was ist sl?«

Ich hake mich bei ihm ein, verfrachte ihn in die nächste Kneipe (dieselbe, in der ich ihm von meinen psychosomatischen Schulbesuchsverhinderungsgründen erzählte) und bestelle zwei doppelte Espresso. Kunz kratzt sich nachdenklich hinterm Ohr, eine typische Geste. Nachdem er den ersten doppelten Espresso intus hat, versuche ich es erneut.

»Also, anscheinend werden Briefe von und an Frauen unterschlagen und mit Terminen, wann wer noch außer dem Adressaten sich wo treffen soll, versehen, kommst du soweit mit?«

Kunz betrachtet mich abschätzig und nickt. »Wer oder was ist sl?« fragt er ein zweitesmal.

»Vielleicht eine Abkürzung für ...?« sinniere ich, »SchlüsselLoch, oder vielleicht SalzLager ...!«

»Oder für SumpfLilie«, witzelt Kunz und bestellt sich mit einer winkenden Geste zur Theke ein Bier. Er scheint Stammgast hier zu sein, denn ohne weitere Frage wird ihm eine schäumende sogenannte »Kugel« (kann ich mir auch nicht erklären, warum das Bier hier so genannt wird) kredenzt. Ich beschlagnahme es erstmal, Kunz mustert mich empört und kippt den zweiten Espresso hinunter. Mit gefurchter Stirn überlegt er weiter und beginnt plötzlich zu grienen. »Vielleicht heißt es ja auch — SackLaus oder SexLexikon?«

Das war dann auch schon alles für diesen Abend. Ich erinnerte mich an unser erstes Treffen in dieser Kneipe, bei dem Kunz zwar nüchtern aber auch nicht geistreicher war, und beschloß, mir keine Steigerung seiner Auswüchse reinzuziehen. Würde Eva-Maria diesen Herrn nur einmal zu hören bekommen, dann würde sie nichts unversucht lassen, um mich von ihren bisexuellen Indoktrinationsbemühungen (= massive psychologische Mittel nutzende Beeinflussung im Hinblick auf die Bildung einer bestimmten Meinung oder Einstellung!) wieder abzubringen. (Außerdem hat es fast drei Zeilen gebraucht, das Wort zu erklären, und ich bin erst auf Seite 56. Don't worry Else, es wird noch spannender!)

2/5 DONNERSTAG

Das letzte Kapitel behandelte den Dienstag, und sowohl gestern, als auch an diesem Donnerstag (also übermorgen, entspricht gleich: zwei Tage später!) durfte ich mich immer wieder meines Verfolgers vergewissern. Der Herr, eben jener, welcher am Montag in dem Auto saß, vor dem Kunz und ich uns versöhnten, beunruhigt mich am meisten, wenn ich allein in meiner Wohnung bin und zu lernen versuche, also erledige ich mit bandagiertem Busen lauter liegengebliebene Angelegenheiten. Die Rosen habe ich in der ganzen Aufregung bei

Kunz liegen gelassen, und dieser Hornochse hat sie seiner geifernden Nachbarin vermacht!

Und der Typ immer hinter mir her. Natürlich habe ich Anzeige gegen den unbekannten Hundebesitzer erstattet. Wahrscheinlich ist deswegen auch der andere auf meiner Spur, ob Kunz ebenfalls beschattet wird weiß ich nicht, wir haben uns seit zwei Tagen nicht gesehen. Jedenfalls habe ich mich inzwischen damit abgefunden, eine Klette an mir hängen zu haben. Meiner ökologischen Grundhaltung wegen bin ich fast versucht, ihn anzusprechen, daß ich, wenn wir eh dieselbe Strecke fahren, ja gleich mitfahren könnte, aber dann entscheide ich mich doch, mich weiter unbeobachtet zu verhalten.

Kurz vor acht Uhr abends gehe ich, wie jeden Donnerstag, zur katholischen Matthäuskirche. Keine zwei Monate mehr, dann ist hier Katholikentag.

Ich kann nichts dafür und will auch nichts dagegen tun, aber geistliche Chormusik auf Lateinisch liebe ich ab-göttisch. Natürlich ist das ein strotzkonservativer Haufen, in dem ich da mitsinge, aber die Musik und das Singen an sich machen es wett. Ich bin auch, obwohl ich nun schon seit über einem Jahr regelmäßig komme und mitmache, nach wie vor noch nicht ganz in deren Bund aufgenommen, trotzdem ich immer ganz brav in Rock und Bluse und mit Haarreif erscheine. Nun egal, in der Pause jedenfalls stehen die Raucher (-innen ist hier wirklich nicht angesagt!) um die Theke herum und tilgen das von der letzten Kommunion übriggebliebene Bier. Ich gerate an einen beleibten Tenor, habe mein Feuerzeug weder vergessen noch im Schuh versteckt, aber der Herr ist Kavalier, und so kommen wir ins Gespräch. Ja, ja, ich gehe zur Schule, bin Erzieherin, erst 23 Jahre alt, habe das Leben noch vor mir und bin inzwischen seit zweieinhalb Jahren in Berlin.

Er singt schon seit dreißig Jahren in diesem Chor, noch zwei Jahre, dann wird er endlich pensioniert, aber, sagt er, es sei nicht das Alter, welches den Polizeidienst dermaßen erschweren würde, die Zeiten hätten sich wirklich verändert. Die Leute seien radikaler und brutaler.

Der dürre Barriton (Else, laß den Rotstift stecken! Bei mir wird Barriton wegen genau diesem Menschen mit zwei »r« geschrieben!) klopft ihm kumpelhaft auf die Schulter.

»Du bist einfach in der falschen Abteilung, Hans! Bei der Weiberscheiße würd ick och irre werden.« Hans seufzt, und der Barriton lächelt mich an.

»Det dürfen 'se nich so ernst nehm', Frollein!« Ich nicke, überaus großzügig.

»Aber Frollein darfste zu der och nich sagen!« ermahnt Hans witzelnd den Barriton. »Det is 'ne janz empanzimierte!«

Der so Angesprochene winkt ab. »Jetzt mal im Ernst: Jibt's wat Neues im Fall Kühl?«

»Hör ma uff, ej! (Das ist die konservativ berlinernde Antwort auf »Haste ma 'ne Mark?«) Der Hausmeister hat wohl wirklich nichts mit der Sache zu tun, is' einfach 'n Suffkopp, hat an dem Abend eben verjessen abzusperren. Und seit die Lady uffjeflogen iss, halten die Weiber zusammen wie Pech und Schwefel. Da kann bloß diese Kanalrattenvogelscheuche hinterstecken, und die hat prompt unsren Steppke anjezeigt, weil er ihr beim Versuch, ihr aufzuhelfen, aus Versehen an die Brust jejriffen hat; hör ma uff, ej! Wenn ick bloß man früher bejriffen hätte, daß ...!«

Ich flüchte ins Klo und fühle mich plötzlich total bedroht. Bis eben hatte ich im Hinterkopf, jederzeit zur Polizei gehen zu können, wenn mir das ganze zu heiß wird. Aber irgendwie sieht es nicht so aus, als ob ich dort Hilfe bekommen würde. Und was will und kann ich überhaupt erzählen?

Weiter geht es, und plötzlich, zwischen »Et exsultavit« und »Spiritus meus« fällt mir die Lesbenwoche vom letzten November wieder ein. Suse, die Frau meines Lebens, und ich saßen im Ex, das damals Frauen (auf die moderne Fassung 'Frauen und Lesben' und/oder umgekehrt gehe ich später, wenn ich mich nicht mehr in die Nesseln setzen kann und alle Fettnäpfchen durchhabe, bestimmt und mit bösartiger Wonne noch ein weiteres Mal ein!) vorbehalten war, und plötzlich sprach uns eine Frau an, daß wir doch mit gegen die Kanalratten demonstrieren sollten. Mehr als zwanzig Jahre engagierter Frauenarbeit dürften nicht von denen in Frage gestellt werden. Ich mußte natürlich erstmal nachfragen, wer die Kanalratten waren, und hatte nach drei Sätzen den Eindruck, daß es sich um Befürworterinnen von Sex zwischen Müttern und Töchtern handelte beziehungsweise weiblichen Erwachsenen und weiblichen Minderjährigen. Suse sah mich fragend an, sie hat immer wahnsinnige Entscheidungsfragen, es ist teilweise echt nicht zum Aushalten, und ich durfte mir, weil ich nicht demonstrieren wollte und wußte, daß Suse sich wieder mal nicht entscheiden konnte, schnell 'nen wichtigen Termin aus dem Ärmel schütteln. Ziemlich mies. Ich fügte noch ein »Ich glaub', das ist mir zu heavy!« hinzu, dabei geht es mir gleichzeitig tierisch auf den Senkel, wenn plötzlich auf gefühlsmäßige Überlastung oder persönliche Betroffenheit verwiesen wird. Daß Eva-Maria behauptet, man (frau natürlich auch) würde genau solche Eigenschaften, die man selbst hätte, am stärksten verurteilen, hilft mir da auch nicht weiter. Jedenfalls, seit uns diese Frau, Lydia, damals wegen der Kanalratten angesprochen hat, sehe ich sie ständig irgendwo. Sie macht mir den ganzen Sub verhaßt, weil ich immer aufs neue an mein Verhalten erinnert werde. (Das wirkliche Geständnis findet sich (vielleicht) am Ende des Buches, und das ist hoffentlich auf der Seite 180!)

Sie als Vogelscheuche zu bezeichnen, ist eine absolute Unverschämtheit, aber verglichen mit den Frauen, die von Männern für schön befunden werden, bin ich mir relativ sicher, daß sie von Lydia gesprochen haben. »Virgo virginum praeclara« (das hört sich nur auf Lateinisch gut an, wenn man es übersetzen würde, wäre es ziemlich frauenfeindlich, deswegen lasse ich das) jubilierend, entscheide ich mich, in die Offensive zu gehen.

Mit dieser Entscheidung — ich bezweifel, daß ich eine andere Möglichkeit gehabt hätte — verändert sich dann auch ALLES. (Trotzdem jedoch verstehe ich bis zum Schluß NICHTS!) Ich lasse mich von einer Alt-Hausfrau bis zur Olga mitnehmen, das ist ein Laden nur für Frauen, wo die Wäsche waschen und sich duschen können. Zu spät fällt mir ein, daß ich in der falschen Kluft auftauche, und Wäsche oder wenigstens ein Handtuch habe ich auch nicht dabei. Aber die gesuchte Frau, Lydia von der Fraktion »Gnadenlos lesbisch e.V.«, sitzt tatsächlich an einem der Tische. Eine Flasche Bier in der Hand, die neueste BLAU vor sich, liest sie mit gerunzelter Stirn. Ich zieh mir 'ne Büchse Alk, setz' mich zu ihr, dreh' mir eine. Seit Lydia mitbekommen hat, daß ich mit Lisa zusammen bin, ignoriert sie mich. Lisa gehört ebenfalls der bodenständigen Liberalfraktion an, beziehungsweise eigentlich ist es umgekehrt, ich gehöre ihr an, weil Lisa da mit von der Partie ist. Einige Zeit, über ein Jahr, erdreistete Lisa sich nämlich, einerseits im Knast mit inhaftierten Vergewaltigern zu arbeiten, andererseits jedoch sich im Notruf für vergewaltigte Frauen zu engagieren, und deshalb wurde sie von LIEBe um gewaltige drei Ränge abgestuft, wie zuvor schon erklärt, kann lesbe (das ist jetzt im Sinn von »man« oder »frau« zu verstehen) nicht noch weiter heruntergesetzt werden, und so schnell fliegt sie da, alleine wegen der zu entrichtenden Mitgliedschaftsbeiträge, doch nicht raus. Lisa hat das damals sehr empört, und zwar

(a) weil damit die Mitgliedschaftsgebühr um 30 DM pro Jahr ansteigt,
(b) sich das Anrecht auf den lesbischen Altersheimplatz um zehn Jahre nach hinten verschoben hat und
(c) sie nicht einmal die Möglichkeit hat auszutreten. Es verhält sich mit LIEBe wie mit einer Haftpflichtversicherung, der entkommt man nur dann, wenn man sie finanziell schröpft bis zum Gehtnichtmehr. Bei LIEBe ist es noch

vertrackter, komplizierter und vor allem nicht einmal mit einem finanziellen Anreiz verbunden, es muß nämlich nachweisbar mit einem Mann gevögelt werden, und wer tut sich das schon an? Lisa hat es jedenfalls nicht übers Herz gebracht.

Egal, ich sitze also in völlig unangemessener Montur neben Lydia.

»Lydia«, stöhne ich, »du mußt mir helfen. Ich werde von einer furchtbar schrägen Type beschattet, und eben habe ich das Gespräch von zwei Bullen (ich weiß einfach, bei wem ich was wie formulieren muß, deswegen steht hier jetzt nicht »Polizisten«) belauscht, die sich über dich unterhalten haben.«

Lydia nickt, fast unmerklich. »Und weiter?«

»Mein Postbote unterschlägt Briefe von und an Frauen, chiffriert und sendet sie dann mit einem Termin am 15. April um 20 Uhr bei berlin sl an irgendwelche Männer.«

Lydia pfeift anerkennend durch die Zähne. »Und DU hast den Code geknackt?« fragt sie ungläubig und sieht mich zum ersten Mal an.

»Klar!« prahle ich.

»Hast du den Brief noch?«

»Nee, ich habe ihn dahin geschickt, wo er hingehört, an Horst Wiemgke.«

Lydia stöhnt wie in Todesschmerzen und schlägt sich mit der flachen Hand auf die Stirn, vorbei ist es mit der Anerkennung. »Du brauchst Beweismaterial! Hast du überhaupt geschnallt, um was es geht?«

»Nein, eben nicht«, gebe ich kleinlaut zu. Lydia stöhnt erneut und noch schmerzvoller und setzt großmütig zu einem Versuch an, mir »unwissender Pißflitsche« zu erklären, wie es in der Welt zugeht. »Erinnerst du dich an den Buttersäureanschlag auf die pseudolinke Anwaltskanzlei des Knaben, der immer sagte, er würde keine Vergewaltiger verteidigen, und es dann plötzlich, als der Laden gut lief, doch tat?« Ich nicke.

»Gut, dann muß ich den nicht auch noch aufrollen. Bei der Aktion war 'ne V-Frau dabei. Gisela heißt und ist sie. (Das ist ein Zitat, und ich muß gestehen, manches habe ich bis heute nicht begriffen.) Gisela galt als völlig clean. Eingeschleust über eine Liebesbeziehung, lebte in Köln und lernte dort auf einer Frauenfete eine autonome Berlinerin C. kennen. Kommst du noch mit?« Ich nicke vorsichtshalber, obwohl mich das C. (Lydia spricht es Ce Punkt aus) ziemlich irritiert.

»Die beiden verliebten sich ineinander. Gisela hatte sich ein paar Wochen zuvor als Krankenschwester nach Berlin beworben, bekam eine Zusage und zog vorübergehend zu Ce Punkt. Friede, Vögeln, Freude und so weiter. Gisela fuhr mit Ce Punkt zu ihrer Mutter, die wiederum konnte mit dem Lesbischsein ihrer Tochter irre gut umgehen, fand es tatsächlich normal, obwohl sie eine einfache Hausfrau war. (Noch einmal: Ich zitiere hier, und es war einfach nicht der Zeitpunkt zu sagen, daß es keinen Zusammenhang oder Widerspruch gibt oder ist, wenn eine Frau mit Homosexualität klarkommt OBWOHL oder WEIL sie irgend etwas ist oder nicht ist!) Giselas Mama war also, mit respektvollem Abstand, sehr an der Berliner Frauenszene, besonders dem Bereich autonom und illegal, interessiert und erfuhr ganz im Vertrauen hochinteressante und -brisante Details von zukünftigen geplanten Aktionen. Und wegen dieser so sympathischen Mutter hat dieses Trampel von Ce Punkt restloses Zutrauen zu Gisela gefaßt. Nun ja, nur sieben Wochen später rief eine fremde Frau an, auf der Suche nach ihrer Tochter Gisela.« Lydia sieht mich aufmerksam an und legt, mit dem Kopf nickend, ihre linke Hand aufs Herz. Ich weiß, es müßte nun »Klick« bei mir machen.

»Ce Punkt sagte, Gisela käme übermorgen wieder. Am folgenden Abend lief die Buttersäureaktion, und sie war mit der vertrauenswürdigen Gisela geplant.« Jetzt, endlich und Gott sei's gedankt, macht es »Klick« bei mir.

»Ce Punkt tat so, als sei nichts geschehen, sie konnte und wollte nicht glauben, daß mit ihrer großen Liebe was Faules im Busch sein sollte. Es war geplant, nach dem Anschlag über den Hinterhof zu flüchten, Ce Punkt drängte, endlich zu verduften, die anderen, vor allem Gisela, randalierten begeistert im Büro. Im letzten Moment entschied Ce Punkt sich gegen Gisela. Sie donnerte ihr im Flur zum Hinterhof eine über den Schädel und flüchtete mit den anderen vorne raus. Die Bullen hatten sie natürlich hinten erwartet. Wahrscheinlich haben sie Gisela pseudofestgenommen (was es nicht alles gibt). Jedenfalls ist sie seitdem nicht mehr gesehen worden. Der ganze Krempel steht noch in Ce Punkts Wohnung, und die angebliche Mutter lebt auch nicht mehr in der erst vor wenigen Wochen besuchten Wohnung. Damit sind alle geplanten krummen Dinger verworfen worden, oder was hast du dir dazu gedacht, warum hier seit vier Wochen überhaupt nichts mehr los ist?«

»Nichts habe ich mir dazu gedacht.« (Mir ist noch nicht einmal aufgefallen, daß es friedlicher geworden ist.)

»Nun, weil diese Schlammschlampe von Ce Punkt nicht mehr weiß, was sie in trunkenem Zustand alles ausgeplaudert hat. Es war ja auch nicht nur dieser Abend mit der Mutter, die beiden waren ja anschließend richtig fest liiert. Ich nehme an, daß Gisela den totalen Überblick hat im Moment.« Ich habe währenddessen noch immer nicht kapiert, was das mit mir und meinen Briefen zu tun hat.

»Paß auf«, hilft Lydia mir, »jetzt kommt die Pointe. Hast du das mit dem Mord an Sybille Kühl mitbekommen?« Mir setzt vor Schreck das Herz aus — ein MORD!, und:

»Um Himmels willen, natürlich!«

»Nun ja, Sybille Kühl war mit Ce Punkt befreundint, und ich glaube, insgeheim sogar in sie verliebt, aber das ist reine Spekulation meinerseits. Auf alle Fälle hat Ce Punkt Sybille gebeten, sich in der Rechtsanwaltskanzlei zu verstecken und Photos von Gisela in Aktion, also beim Randalieren und Zerstören, zu machen. Normalerweise hat Sybille sich in ganz anderen Bereichen engagiert, aber es hat tatsächlich geklappt.

Die Vorderfront des Hauses wurde gerade neu gestrichen, und Sybille hat sich in einen großen Karton direkt vor den Bürofenstern gepackt. (Das halte ich für sehr unglaubwürdig!) Was meinst du denn, warum die Aufklärung dieses Mordes keine Fortschritte macht?« Ich zucke unwissend mit den Schultern und habe inzwischen große Mühe, dem ganzen zu folgen.

»Weil Sybille wegen des Belastungsmaterials, ihrem Wissen über Gisela, umgebracht wurde!«

»Von wem denn?« wispere ich absolut entsetzt.

»Na, polizeilich gedeckt von irgendwem.« Sie kichert. »Vielleicht sogar von Gisela, wer weiß! Sybille tot, Film verschwunden, alles paletti!«

Ich zeige ihr einen Vogel. »Du spinnst, Lydia! Sybille wurde noch dazu vergewaltigt! 'ne Frau vergewaltigt doch keine Frau!!« Ich bin echt empört und zudem ziemlich durcheinander. Lydia mustert mich fast amüsiert und klopft mir tröstend auf meine rüschchenbedeckte Schulter.

»Frauen sind die bessere Hälfte der Menschheit, oder was?«

Ich schüttel den Kopf und nicke kurz darauf; schwierige Frage. »Und woher weiß Gisela, daß Sybille im Karton Photos von ihr gemacht hat?«

Lydia beginnt wieder zu stöhnen. »Himmel, wie naiv bist du eigentlich? Du kannst dir sicher sein, daß auf jeder Frauen-VV (vermutlich die Abkürzung für VollVersammlung!?) im Ex eine Zivilbeamtin dabei ist und daß einige dieser grünen Gurken unerkannt ihre Ohren überall und auch hier haben. Und du kannst dir ebenfalls sicher sein, daß längst bekannt ist, wie weit du mit deiner Schnüffelei gekommen bist! Zum einen, falls es dich interessiert, hast du dich bereits strafbar gemacht, zum anderen kannst du nun jederzeit deswegen einfahren und bekommst vielleicht noch ein paar andere Frauensperenzchen angehängt.« Jetzt werde ich richtiggehend froh darüber, daß durch C.s Plapperei nichts Neues mehr verbrochen werden kann. Diese ganzen Aktionen finde ich ja wirklich toll, aber wenn sie mir angehängt werden —?

Lydia schöpft noch einmal nach Atem und holt aus. »Begreifst du denn die politische Dimension des Ganzen nicht?«

Ich ziehe mir 'ne zweite Büchse und schüttel den Kopf. (Würde Lydia mich kennen, dann hätte sie mir, wo ich nach einigen Jahren noch immer nicht die »politische Dimension von weiblicher Homosexualität« begriffen habe, diese Frage nicht gestellt!)

»Okay«, seufzt Lydia, »unter welchem Motto steht die diesjährige Walpurgisnacht?«

»Gegen Staats- und Männergewalt«, zitiere ich brav und bin Lisa zum erstenmal dankbar für ihr ständiges »Weißt du schon, daß ...?«

»Weißt du auch, wen die Notruffrauen um einen Redebeitrag gebeten haben?«

»Ja, Ingrid Krobl.«

»Glaubst du, daß sie den Beitrag schreiben wird?«

»Klar, warum nicht?« Ich fühle mich wie Klein Doofi behandelt, und wenn ich dann noch bedenke, daß ich das alles nur deshalb weiß, weil ich wegen Lisa gar nicht umhin komme, dann wird mir ganz übel.

»Ich garantiere dir, sie wird keinen Beitrag schreiben können, weil die Bitte darum zu spät ankommen wird. Was ist das?«

»Na, das ist die Post wie sie leibt und lebt«, sage ich schulterzuckend.

Lydia stöhnt. »Staats- und Männergewalt ist das. Schon mal was von Meinungsfreiheit gehört?«

Jetzt reicht es mir. »Und wer verfolgt beziehungsweise beobachtet mich?« fällt mir plötzlich wieder ein, weil ich versucht bin, aufzustehen und einfach zu gehen. Diesen Informationsbrei mit dem ganzen emotionalen Personengemansche, tut mir leid, krieg' ich nicht auf die Reihe.

»Du bist vermutlich ganz aus Versehen in das System des Informationstransfers geraten, und zwar in eines, paß auf, das ist wichtig, das sich mit der Polizei überschneidet. Komm bloß nicht auf die Idee, dich an die Kripo zu wenden, wenn es dir zu heiß wird, die einzige, die dir raushelfen kann, auch wenn ich mir selbst da noch nicht ganz sicher bin, ist Gisela! Aber die ist so sehr in diese Sache verstrickt, und zwar beidseitig, daß ich mir vorstellen kann, daß sie in Wirklichkeit mit der dritten Partei, also den Pädos, zusammenarbeitet! Ist ja auch unauffällig, wenn ... pst!« Eine Frau tritt ein, und Lydia scheint sie für Zwielicht zu halten; sie vertieft sich nun in die *Emma*, von der gerade in Lydias Kreisen behauptet wird, die hätte den Anschluß an das, was Frauen bewegt, längst verpaßt, und beachtet mich nicht mehr. Die Frau, wegen der ich nun gemieden werde, scheint angetrunken oder bekifft zu sein, sie torkelt auf mich zu, breitet ihre Arme aus und lallt: »Kille Bille!« Ich sehe mich panisch um, die einzig weitere Frau, die außer Lydia noch da ist, mustert die Angetrunkene und mich scharf, während sie Wäsche in die Maschine stopft. Lydia schenkt der Szene nicht einen Blick, die würde mir nicht helfen, mich von diesem versoffenen Wrack, das nun an meinem Hals hängt, zu befreien. Ich trete ihr vors Schienbein, stoße sie gleichzeitig und stürze raus.

Völlig erschlagen und restlos verwirrt gehe ich nach Hause. Ich ignoriere die rot leuchtende Fünf auf meinem Anrufbeantworter und brühe mir eine Riesentasse starken Nerven-Schlaftee auf. Dann sitze ich brütend am Schreibtisch. Die letzten Informationen von Lydia bemühe ich mich zu ignorieren, entweder ist der Kriminalfall oder Lydia völlig verquer, und ich ziehe es der Einfachheit halber vor, Lydia für ziemlich durchgeknallt zu halten, das erspart mir mörderisches Denken.

Sybille Kühl ist also ermordet und vergewaltigt, oder auch umgekehrt, worden. Noch dazu in meiner Schule. Ich habe keinerlei Möglichkeit herauszufinden, ob bei der Obduktion beispielsweise Spermien gefunden worden waren. (Die würden den Fall auch nicht lösen.) Wenn dieser Mord wirklich polizeilich gedeckt abgelaufen war, was ich stark anzweifel, dann konnte es genausogut ein Typ gewesen sein, der sie — wie eigentlich? — umgebracht hatte. Der Tee beruhigt mich. Woher Gisela wußte, daß Sybille in einem Karton Photos von ihr gemacht hatte, hatte Lydia mir auch nicht beantwortet. Ich spüre sowieso einen ziemlich starken Widerwillen, meinen Fall der unterschlagenen, chiffrierten Briefe mit dem Tod von Sybille in Verbindung zu bringen. Aber meine größte Frage war, und ist es auch jetzt noch: Weiß ich bereits genug, daß ich die Fakten nur mehr logisch verbinden muß, und bin zu doof dazu, oder welches Puzzleteilchen fehlt und wo kann ich es auftreiben? Viel naheliegender, finde ich, ist, daß mein Briefträger, J. Riedel, Sybille umgebracht hat, aber das liegt vielleicht an meinem gespaltenen Verhältnis zur Post. Immerhin hat er ja auch kurz anschließend seinen todkranken Verwandtenbesuch angetreten, es ist geradezu auffällig, wie fluchtartig er die Stadt verlassen hat.

Als ich mich dann schlafenlege, ziemlich beduselt von dem heißen Schlaftrunk, erscheint mir der Fall schon so gut wie gelöst, und ich verbringe eine ruhige, wirklich erholsame Nacht.

3/1 FREITAG, 13. April (!)

Aus der schulinternen Gerüchteküche erfahre ich, daß Sybille, ich muß anschließend nach Hause gehen, weil mir kotzübel wird, mit mehreren Messerstichen getötet worden war. Außerdem ist inzwischen klar, daß sie bereits tot in die Schule geschafft worden ist, und daß sie ausgerechnet bei uns im Damenklo landete, war anscheinend Zufall. Unser Hausmeister ist wirklich ein Suffkopf. Als wir noch abends Schule hatten, kam er manchmal torkelnd ins Klassenzimmer, brüllte rum, daß wir jetzt endlich nach Hause gehen sollten, sonst würde er uns alle einsperren. Auch das Licht hat er ein paarmal einfach abgedreht. Meiner Meinung nach laufen Kriminalfälle anders ab, solch unerklärbare, wirkliche Zufälle gibt es im Fernsehen nie. Und ich sollte recht bekommen, aber ganz anders, als ich mir das gedacht und zurechtgelegt hatte!

Erst als ich wieder an meinem Schreibtisch sitze, fällt mir auf, daß ich meinen Beobachter heute noch gar nicht gesehen habe, und Moment, ja sicher, auch von der Olga war er mir bereits nicht mehr gefolgt. Ich habe mich inzwischen so an ihn gewöhnt, daß mich jetzt sein Fehlen beunruhigt. Ist ihm etwas zugestoßen? Es muß einen Grund haben, daß er mir nicht mehr folgt. Aber, beschließe ich, nach dem vielen, was Lydia mir erzählt hat, und das waren ja nur Auszüge, ist sie viel gefährlicher als meine werte Schnüffelei. Ich habe die Verbrecher wohl auf ihre Spur gebracht. Boris, der heute noch weniger als ich in der Schule war, richtet das Frühstück, das Geschirr, welches er ganz alleine zu übernehmen versprochen hat, beginnt sich bereits in waghalsige Höhen zu stapeln. Der arrogante Postfritze bringt einen Brief meiner Eltern, allein die Unterschrift sämtlicher Geschwister nimmt schon eine halbe Seite in Anspruch. Mama geht es gut, die Schwangerschaft macht ihr noch keine Probleme und so weiter, und wie immer ist der Gruß an Lisa ein ziemlich widerwilliges P.S.

Mir fällt Horst Wiemgke ein, und ich beschließe, mir anzusehen, wie und wo der Mensch lebt. Die Teutonenstraße, wohin der Brief ging, liegt (obwohl es nicht paßt, da sie schon vor 2092 Jahren besiegt worden sind) in einem exquisiten Viertel. Ich vermeide es, in solche Gegenden zu geraten, allein die Gartentore sind rote Tücher für mich. Jedesmal denke ich mir, bloß von einem einzigen dieser Tore könnte ich vermutlich mehrere Monate leben, wenn ich es klauen und verkaufen würde.

Nun ja, die Teutonenstraße sieben also, ein feudales Haus, sehr wahrscheinlich sogar eine Villa, mit monströsem Gartentor. Als ich mich in einer durch Bäume verdeckten Ecke auf die Gartenmauer schwinge, wird es interessant.

Wen erblicke ich, und wer erblickt mich?

Der Hund, der mich Montagabend gebissen hat! Wie wahnsinnig schlägt er an, und ich mache mich schnell aus dem Staub. In einem alten Schloßcafé mache ich Rast und werde solange bleiben, bis mir eine Idee gekommen ist. Eines meiner grundlegenden Probleme, zumindest für die Schule und nun auch in diesem Fall, ist, daß ich ziemlich denkfaul bin. Dahingehend finde ich die Frauenbewegung, -forschung, ja diesen ganzen Feminismus geradezu schädlich für mich. Solange sie mich in Ruhe lassen, können die Knaben von mir aus behaupten, daß sie besser logisch oder sonstwie denken können, und sich an ihrer Hirnwichserei ergötzen.

Zur Sache zurück: Wenn also der Hund mit Horst Wiemgke zu tun hat, gehören der und der Postbote J. Riedel auch zusammen. Das wußte ich vorher schon. Dann kommt mir die fixe Idee, in Horst Wiemgkes Haus einzubrechen. Zum einen könnte ich den chiffrierten Brief als Beweismaterial einstecken, und zum anderen? Da sitze ich also vor einem Kännchen Wasserkakao für sieben Mark und weiß nicht weiter. Quietschende Reifen und wütendes Hupen schrecken mich auf. Zwei dicke Bonzenkarren schießen vorüber, die standen eben noch vor Wiemgkes Haus. Schnell bezahle ich und gehe zurück. Trotz der Eile haben sie den Hund auch mitgenommen. Ich springe in den Garten und schleiche mich an das Haus heran. Sie müssen es wahnsinnig eilig gehabt haben, denn der Hebel der Verandatür ist nicht hochgezogen. Ich drücke die Tür auf und

... bin im Haus! Der schweineteure Teppich verschluckt jedes Geräusch, bis auf meinen rasenden Herzschlag. Eine nobel eingerichtete Villa mit drei Badezimmern und, allen Ernstes, fünf Schlafzimmern! In jedem Schlafzimmer steht, direkt gegenüber dem Bett, ein Fernseher inklusive Videogerät. Vielleicht wird dieses Haus ja als Unterkunft für kleine Tagungen und Seminare genutzt. Endlich finde ich ein verschlossenes Zimmer, habe nach wie vor Lisas Dietrich dabei und dringe ein. Ein Telefon steht auf dem Schreibtisch, ein Stuhl ist umgefallen, hier, wahrscheinlich durch einen Anruf, muß die Aufregung entstanden sein. Auf einem Zettel, der zu Boden gefallen war, steht »Braille«. Ich fluche, Braille sagt mir überhaupt nichts. Es hört sich französisch an (beziehungsweise sinnlos bayerisch, wenn man das »r« rollt und das ganze buchstabengetreu ausspricht), und das, also Französisch, habe ich nie gehabt. Ein großer Schrank steht noch im Zimmer, gefüllt mit numerierten Videokassetten, und in einer Schreibtischschublade finde ich das dazugehörige Titelverzeichnis. »Im Spielzimmer« oder »Eine Banane für Karin« und ähnlich lauten die Titel.

Plötzlich bekomme ich panische Angst und fliehe. Ich verschließe das Zimmer, rase runter, raus — da muß meine weibliche Intuition zugeschlagen haben, denn kaum habe ich mich auf die Gartenmauer geschwungen, hält eines der Autos vor dem Tor und zwei Männer stürzen ins Haus. Wie eine Wahnsinnige radel ich Richtung Schöneberg.

Und — das mußte ja so kommen — auf einmal zischt es und mein Hinterrad ist platt! Ich bin gerade mal in Steglitz, und Flickzeug habe ich natürlich auch nicht dabei.

»Scheiße!« brülle ich, seh' mich um, aber niemand ist hinter mir her. Kein Fahrradladen in Sicht.

»Na Süße, ich glaub', ich kann dir helfen!« schleimt eine Stimme hinter mir. »So ein Loch ist schnell gestopft.« Wütend drehe ich mich um.

»Verpiß dich!« brülle ich und ekel mich. Nichts finde ich widerwärtiger, als von einem Typen, der eben aus 'nem Sexshop, den Latz noch offen, kommt, angelabert zu werden.

»Hinterfotziges Stück!« sagt er süffisant grinsend und torkelt einen Schritt näher. Ich hebe das Rad hoch und bin kurz davor, es ihm so reinzuhauen, daß a) ein Pedal seine Eier trifft, b) das linke Lenkrad ihm die Nase zertrümmert, will zusätzlich noch meine extralaute Hupe direkt in seinem Ohr ertönen lassen und c) ...

»Hinterfotziges Stück«, wiederholt er sich und unterbricht meinen genialen Mordplan.

»Vorderschwänzige Wichstüte, zieh Leine!«

Noch mehr grinsend macht er sich auf und davon. Überdimensionale Brüste, pinkfarben leuchtend, blinken auf der gegenüberliegenden Seite, »Sexyland, durchgehend geöffnet ... alles was das Herz begehrt, mehr als hundert verschiedene Programme, Live, bla, bla, bla« (Else, ich weiß genausogut wie du, daß Sexyland in der Martin-Luther-Straße in Schöneberg residiert, gleich neben der Frauendiscothek »Die zwei«, was auch immer das zu bedeuten hat, aber es wäre ja wohl ziemlich schwachsinnig, wenn ich mit ’nem Platten einen Umweg von knapp zwei Kilometern schieben würde, bloß um da vorbeizukommen!)

Schimpfend schiebe ich mein Rad nach Hause. Eine halbe Stunde später bin ich stocksauer und erst in Friedenau. Ich beschließe, bei Kunz um Flickzeug zu fragen und mich ein wenig zu beruhigen. Ich muß nicht einmal den Dietrich benützen, er ist zu Hause. Völlig außer Atem stelle ich das Rad mitten ins Wohnzimmer — Kunz, ökologisch bewegt und umweltbewußt, hat weder ein Fahrrad noch Flickzeug. Drei Altbaustockwerke, das macht 65 Stufen!

Mich überschlagend erzähle ich die Neuigkeiten. »Braille«, kommt mir plötzlich, »ist wahrscheinlich das Schlüsselwort für unseren berlin-sl-Termin, den wir übermorgen abend haben!« Kunz stöhnt, und ich lasse mich in die Couch fallen.

»sl kann von SchreibwarenLaden bis SchauLand alles sein, vergiß es!« jammert er, schon wieder in seiner Überlastungsmasche.

»Ich hätte ihm in die Eier treten sollen!« schimpfe ich unzusammenhängend.

»Wiemgke?« fragt Kunz erschrocken. Daß Kunz darauf erschrocken reagiert, macht mich wiederum ihm gegenüber mißtrauisch.

»Blödsinn!« sage ich trotzdem, »da kam ein Typ, frisch abgewichst, aus einem durchgehend befriedigenden Sexyland, hatte den Hosenlatz noch offen und hielt es für nötig, mich anzuquatschen. Aber die Notwendigkeit von Sexshops und Pornographie damit begründen, daß die Vergewaltigungsrate ohne den Scheiß ansteigen würde — daß ich nicht lache!« Kunz nickt, schweigt und reicht mir ein Glas Sherry. Dabei mustert er mich vorsichtig, so mancher Mann fürchtet ja permanent (was zu Impotenz führt und nicht schlimm ist), daß die berechtigte Wut gegen ihre Artgenossen plötzlich ihre eigene Person treffen könnte. Ich setze zu trinken an, da blitzt es erneut in meinem Hirn.

»SexyLand, sl, das ist es!« Kunz zieht zweifelnd die Augenbrauen nach oben. »Nachdem Sybille auch vergewaltigt wurde, ist es zumindest naheliegender als StromLeitung oder sonst eines der sl-Wörter auf der Liste!« sage ich.

»Ja, und was machen wir?«

»Na du gehst einfach hin und schaust, was da so läuft! Ich kann ja wohl leider nicht mitkommen.« Kunz will empört loslegen, wahrscheinlich das Übliche, was ein bewegter oder möchtegern-bewegter Mann zu frau sagen muß: Ich war noch nie in 'nem Sexshop, habe noch keinen Porno gesehen, finde ich diskriminierend, etc., aber ich winke ab.

»Reg dich nicht auf, ich weiß nicht wieviel tausend Männer das täglich überleben, drinnen gewesen zu sein. Jedenfalls packst du das auch. Basta!«

Daraufhin ergibt er sich (zu schnell für meine Vorstellung von einem kritischen Bewußtsein, aber was da tiefenpsychologisch in Kunz ablief, weshalb er also relativ schnell damit einverstanden war, in einen Sexshop gehen zu müssen, welcher Mann wird schon von einer Frau dazu ermutigt?, das klärt sich auch noch auf). Ich fühle mich plötzlich maßlos erschöpft. Tief durchatmend rufe ich zu Hause an und höre den Anrufbeantworter ab. Lisa hat dreimal angerufen, sie wird bereits heute abend von ihrer Tournee, sie begleitet als Chormutter den berühmten Schwulenchor »Männerminne«, zurückkommen, vermißt und liebt mich ungeahnt. Die restlichen Anrufe sind von Suse, die sich nicht entscheiden kann (wie so oft), ob sie stinksauer auf mich sein soll, oder ob es angebracht sei, sich Sorgen um mich zu machen.

Es muß Ewigkeiten her sein, daß wir uns das letzte Mal gesehen haben, normalerweise sehen wir uns allerspätestens jeden dritten Tag, und das schon, seit wir uns vor vier Jahren in Norwegen kennengelernt und angefreundet haben, aber seit ich hinter meiner Post her bin, sieht es zappenduster aus. Mit letzter Kraft schiebe ich also das Rad zurück nach Steglitz, nehme ein hochdosiertes Beruhigungsbad und lege mich schlafen.

Welch Wahnsinn!!!

3/2 SAMSTAG, 14. April

In dieser Nacht träume ich von einem Kleinkind, meinem!, das ich im Kinderladen abliefern will. Die Erzieherin weigert sich jedoch, es anzunehmen, weil Helmut, mein zweieinhalbjähriger Sohn — zu Tode erschrocken und schweißgebadet wache ich auf. Ich träume immer von Kindern, deren Vornamen mit »H« beginnen, wohl weil es der Buchstabe nach dem vermaledeiten »G« ist. An Schlaf ist nicht mehr zu denken, also bereite ich das Frühstück. Und beim Brötchenholen entdecke ich meinen Beschatter wieder. Kein Wunder, daß der sich überhaupt keine Mühe gibt, unentdeckt zu bleiben, wenn ich hier tatsächlich in 'ner polizeiinternen Angelegenheit rumschnüffel.

»Aber«, murmel ich großspurig, auch das soll mir im Lauf der Ermittlungen noch vergehen, »unterschätzt mich nicht!« Im Grunde, denke ich, müßte die Sache morgen gelaufen sein.

Kunz weiß, wo Sexyland ist, er hat das Schlüsselwort und den Termin, schleust sich also in das Treffen ein. Da müßte genügend Belastungs- und Beweismaterial bei rauskommen, sonst wäre die Terminbekanntgabe nicht so geheimnisvoll abgelaufen; und anschließend werden wir zu 'nem guten Szenerechtsanwalt gehen, und ich werde monatelang auf Seite eins als Rebellin gegen das »patriarchale HERRschaftssystem« zu bewundern sein!

Beschwingt pfeifend gehe ich wieder nach oben. Also noch einmal drei Stockwerke, diesmal sogar 69 Stufen und wieder das Rad untergehakt und die Brötchentüte zwischen den Zähnen. Ich flicke es, und dann verbringe ich mit Lisa, die erst sehr spät zurückgekommen ist, ein friedsames Frühstück in Bett und Badewanne. Wir lachen, schmusen und lieben uns, bis meine Sehnsucht nach Briefkasten und Post und Lisas Sehnsucht danach, ihre Finanzen zu ordnen, so groß werden, daß wir uns gezwungen sehen, voneinander Abschied zu nehmen. Lisa kann es nicht lassen, mir zum Schluß noch einmal zu einem anderen Kleidungsstil zu raten (ich trage meine Arbeiterlatzhose, schließlich bin ich mit Radflicken beschäftigt gewesen), und ich reagiere — ein gemeinsam verbrachtes Jahr härtet extrem ab — äußerst gelangweilt.

Es ist immer dasselbe, wenn es mir eh schon gut geht und ich einen leeren Briefkasten verkraften könnte, bekomme ich Post, und zwar zuhauf. Milupa erzählt mir, daß mein Kind nur mit ihrer spezialadaptierten Milch gedeihen wird (ich habe ihnen vor einem halben Jahr geschrieben, daß ich Mutter werde, weil ich so tierisch auf Pampbrei abfahre), die Post schickt mir einen Wisch, mit dem ich ohne jegliche Umstände an das Müttergenesungswerk spenden kann, und Suse fragt inzwischen schriftlich an, ob mein ausgefülltes Privatleben ein Treffen innerhalb des nächsten Monats zuließe. Ich wähle nacheinander sämtliche, das heißt 27 Nummern, unter denen sie eventuell zu erreichen ist, habe aber keinen Erfolg. Der letzte Brief, persönlich eingeworfen ohne Anschrift oder

Absender verlangt, daß ich heute abend im Pour eL zu erscheinen habe. Mmh! Damit ist zumindest klar, daß ich mit einer Frau verabredet bin.

Das Pour eL (ich nehme an, es kommt von Pur Lesbisch, aber das stimmt nicht, es ist, wie schon dieses blöde »Braille«, mit dem ich nichts anfangen kann, französisch und wird eigentlich »pour Elle« geschrieben) ist mein absoluter Lieblingsladen. Jedesmal, wenn ich dort bin, denke ich mir, vor zwanzig Jahren hätte ich den Durchbruch, das sogenannte Coming-out, wohl wirklich nicht geschafft, nachdem ich sogar in dieser aufgeklärten Zeit so wahnsinnig viele Jahre dafür gebraucht habe (und mir von einigen Fraktionen bis heute unterstellt wird, daß ich nach wie vor »Akzeptanzschwierigkeiten« hätte), und würde bürgerlich frustriert in einer Ehe leben und ein verstecktes Lesbendasein, wenn überhaupt, fristen. Dann würde ich mich in diesem Laden, wenn ich ihn denn ausfindig gemacht hätte, noch wohler fühlen. Die früher stärker verbreitete Aufteilung von Femme fatale und kessem Vater ist hier noch ziemlich vertreten. Vielleicht liegt diesem ja Tragisches zugrunde, aber mich fasziniert es.

Mit Rucksack und Koffer fahre ich in den Waschsalon und verbringe die Wartezeit im Solarium. Friedlich hänge ich meine Wäsche auf und übe das schwierige Sopransolo »Sancta mater istud agas«, das ich trotz all meiner verzweifelten Bemühungen wohl niemals übernehmen darf. Ich rauche schlichtweg zuviel.

Gegen Abend kommt Boris, ich frage ihn, wo um Himmels willen das Geschirr abgeblieben ist. Boris klopft mir beruhigend auf die Schulter, und wir vereinbaren ein viertes Mal, daß ich für die Sauberkeit der Toilette zu hundert Prozent verantwortlich bin, während Boris den gesamten Abwasch übernimmt. Für mich ist das astrein, denke ich mir, und der pingelige Knabe weiß nicht, auf was er sich da einläßt. Ich entscheide, mich in meine Christopher-Street-Day-Kluft zu schmeißen.

Silikonverstärkter Spitzen-BH, leider habe ich so gut wie kein Holz vor der Hütten, wie man in Bayern zu sagen pflegt, raffinierte Netzstrümpfe und das enganliegende kleine Schwarze mit tiefem Dekolleté. Mein fast größtes Vergnügen ist es, mich auf Tuntenbällen als Frau verkleidet mit lauter als Frauen verkleideten Männern zu amüsieren. Da ich Schuhgröße 43 und außerdem sehr kräftige und dunkel behaarte Waden habe, sieht es wirklich echt aus. Und wie viele der verkleideten Herren pflege ich zarte Fingerhandschuhe, die bis über die Ellenbogen hinaus gehen, zu tragen, um nicht identifiziert zu werden. Meinen nicht existenten Adamsapfel kaschiere ich mit einem schwarzen Lederhalstuch. Allerdings gehe ich nie soweit, die Damen zu frustrieren, gebe mich aber auch nicht zu erkennen, sondern verschwinde wie Aschenputtel, allerdings mit den hochhackigen Pumps in der Hand, sobald es brenzlig wird. (Meine Damenschuhe beziehe ich grundsätzlich aus dem Verleih für Theaterkostüme, woanders ist für mich nichts zu bekommen.) Jedenfalls ist es ein wirklich irres Gefühl, Frau bis zum Anschlag zu sein und nicht als solche erkannt zu werden!!!

Ich zupfe mir also die Haare zurecht, schminke mich 35jährig, steige in meine Superpumps, bestelle mir ein Taxi und gehe zur Vordertür raus, weil ich mir sicher bin, von keinem Verfolger erkannt werden zu können.

Es ist gerade 22 Uhr, als ich den Laden betrete. Mit einem Stoned 91 und einer schwarzen Zigarettenspitze vervollständige ich mein Bild und besehe mir, lässig an der hinteren Bar sitzend, mit übereinandergeschlagenen Beinen, die Frauen. Mit welcher bin ich wohl verabredet, und — werde ich erkannt werden?

Nach zwei Stunden sind mir die Cocktails so zu Kopf gestiegen, und eines rot-grün-blaukarierten gewölbten Holzfällerhemdes kann ich mich kaum mehr erwehren, daß ich zur Theke torkel und nach einer Mitteilung für mich frage. Ich bekomme ein Briefkuvert mit meinem Namen in die

Hand gedrückt. So schnell wie möglich verziehe ich mich in die Toilette, öffne den Brief und verstehe kaum etwas.

»Bei einer Freundin von Sybille K. war eine Kiste mit Klamotten untergestellt! Habe die Adressen in einer Jackentasche gefunden. Nur 'Kille Bille' kann dir helfen! Vernichte den Brief, such mich nicht, und paß auf dich auf!«

Diese Mitteilung muß von Lydia sein. Ich trichter mir die Adressen ins Gedächtnis, will sagen, ich bemühe mich darum. In trunkenem Zustand sieben Adressen mit unterschiedlichen Straßen- und Städtenamen, ganz zu schweigen von unterschiedlichen Straßennummern, ordentlich im Kopf abzuspeichern stellt sich nach drei Minuten schon als unmöglich heraus, also merke ich mir lediglich zwei Adressen, eine hier in Berlin, die andere in München, und versuche jeden Gedanken daran, was das nun für Adressen sein könnten, zu unterdrücken, um die zwei nicht auch noch durcheinander zu kriegen. Dann spüle ich den Zettel zerkleinert runter und lasse mir ein Taxi kommen. Zu Hause brühe ich mir einen starken Kaffee auf und sehe im Stadtplan nach dem Kudamm 12, der einzigen Berliner Adresse auf Lydias Zettel, wo ich mit einemmal berlin sl vermute.

Boris hört im Nachbarzimmer irgendeine russische Oper, ich versuche mir klarzumachen, daß ich mich daran nun gewöhnen muß. Wenn jemand schon Boris Alexej heißt, dann ist es nicht verwunderlich, daß er auch solche Musik hört. Halb zwei Uhr in der Nacht und ich putzmunter. Ich ziehe mich um und radel kurzentschlossen zum Kudamm. Ein Blumengeschäft mit interessanten Sonderangeboten und Nadelbaumsetzlingen befindet sich im Erdgeschoß. Ein staatlich anerkanntes Sinologieübersetzungsbüro residiert im ersten Stockwerk und Versicherungen in den restlichen vier Etagen. Ich kletter über das hohe Tor in den Hinterhof, notiere die Kennzeichen der fünf geparkten Autos und beschreibe sie kurz. Seitdem kann ich zwischen mehreren Marken unterscheiden. Die Mülltonnen sind allesamt leer und die Hinterhoffenster nicht vergittert. Nachdenklich fahre ich wieder nach Hause. Ich werde, beschließe ich im Bett, Kunz nicht erzählen, daß berlin sl am Kudamm 12 ansässig ist und er sich den Sexylandtermin somit sparen kann.

Inzwischen weiß ich, daß, obwohl die Adresse stimmt, der Kudamm 12 absolut gar nichts mit dem Fall zu tun hat, aber trotzdem, oder genau deswegen, habe ich mich, bloß weil ich nachgesehen habe, in akute Lebensgefahr gebracht!

3/3 SONNTAG, 15. April

Ich habe unruhig geschlafen, der Russe Prokofjew, der, wie Boris erzählt, zur gleichen Stunde und am selben Tag wie Stalin verstarb, und seine Fassung von *Romeo und Julia* unter Mstislaw Rostropowitsch rauben mir die Ruhe. Als ich schließlich aufstehe, bin ich gerädert und lasse nun Musik über mich ergehen, die so russisch ist, daß Komponist, Dirigent, die einzelnen Sätze, das Cover insgesamt, die Bedeutung des Werkes sich auf Kyrillisch und über mehrere Seiten hinweg erstrecken. Boris sitzt verzückt in der Küche und lauscht dem meiner Meinung nach ausschließlich anstrengenden Radebrechen.

Mit Kunz ist verabredet, daß wir uns gegen halb elf Uhr abends in einer Gruftikneipe am Kottbusser Tor treffen; wie soll ich die Zeit bis dahin bloß überbrücken? Sonntage sind eigentlich Tage, die ich genieße, weil ich nie auf Post warte. Mein Leiden darum hat sich trotz der Aufregung nicht verringert, und J. Riedel wird wohl ab Montag wieder meinen Briefkasten versehen, beziehungsweise eben nicht. Gestern abend war ich trotz Verkleidung und Taxi beschattet worden. Es scheint keine Möglichkeit zu geben, aus dieser Geschichte auszusteigen, und ich sehe ebenfalls keine Chance, den Fall aufzuklären. Andererseits, was kann schon groß passieren? Niemand kann serienweise Frauen umbringen. Und wenn das überhaupt ansteht, dann ist Lydia doch sicher viel gefährdeter als ich! (Einer aufmerksamen Leserin ist auch längst klar, daß ich selbst dafür gesorgt habe, und zum anderen müßte ihr, der aufmerksamen Leserin, auffallen, was mir nicht auffällt, dieses komische »Kille Bille«!)

Ich setze mich zu Boris in die Küche, er legt Tarotkarten und sitzt verzückt über der Botschaft, daß ein junger, attraktiver Mann aus einem fremden Land, natürlich aus Rußland, ihn bald hemmungslos lieben wird. Als er die Karten für mich legt, sagen sie ebenfalls etwas von einem Mann, der hinter mir her ist, und ich gehe entnervt. Lesbische Tarotkarten sind eine Marktlücke! So wird es dann wenigstens Mittag. Ich erreiche Suse und lausche geduldig dem neuesten Beziehungsstreß, bevor ich mit ebensolchem auffahre. Plötzlich fällt mir dieses Wort ein, das Lydia in der Olga ausgespuckt hat und nicht im Fremdwörterbuch steht.

»Sag mal Suse, was oder wer sind Pädos?« Suse verwundert es erstmal, daß ich dieses Wort kenne, dann behauptet sie allen Ernstes, ICH sei zum Beispiel eine Pädophile, weil es die Zuneigung Erwachsener zu Kindern oder Jugendlichen beiderlei Geschlechts sei.

»Ich habe mein Lebtag lang niemals gesagt, daß ich Kindern zugeneigt bin!« empöre ich mich. (Meine Ausbildung war ein absoluter Fehlgriff, und bis ich die Erfahrung machen sollte, daß es sich zumindest in einem Punkt gelohnt hatte, schrieb man bereits das Jahr 2027, in welchem die BfA mir mitteilt, daß sich aus diesen drei Ausbildungsjahren meine Rente zusammensetzt; aber darüber werde ich mich dann zu gegebenem Zeitpunkt noch empören.) Ich sehe Suse förmlich vor mir, wie sie sich ergebend die Schultern hochzieht, seufzend fallenläßt, tief Luft holt, um mir folgenden Vortrag zu halten:

»Wahrscheinlich meinst du Erwachsene, die Kinder benützen, um sich sexuell zu stimulieren, aufzugeilen, das Gefühl von Überlegenheit und Macht zu bekommen, oder?«

»Möglicherweise meine ich diese Typen«, antworte ich ziemlich eingeschüchtert von der Komplexität, die dieses eine Wort in sich zu bergen scheint. »Wie heißen die denn, wenn es falsch ist, sie Pädophile zu nennen?«

Suse stöhnt. »Gabrielchen, das ist echt nicht so einfach. Es gibt zum Beispiel die Formulierung 'Sexueller Kindsmißbrauch', die allerdings einen annehmbaren sexuellen GEbrauch impliziert. Es gibt die Bezeichnung 'Inzest', also Blutschande, aus der religiösen Ecke, dann gibt es Wortgebilde wie 'sexuelle Ausbeutung' oder 'Ausbeuter', aber das ist ökonomisch besetzt. Dann gibt es noch den 'Mädchenschänder' aus der bürgerlichen Ecke, damit wird die moralische Schande kriminalisiert, und natürlich ist es ...«

»Suse, ich will nur wissen, wie man die Typen nennt, die das verbrechen, mehr nicht!«

»Mmh, zum Beispiel Verbrecher, Täter!« antwortet Suse. Ich merke ihr durch die Leitung hindurch an, daß sie sich bemüht, Geduld aufzubringen.

»Ja und wer ist das nun, der sowas tut?«

Suse stöhnt. »Alle möglichen Typen tun das. Pfarrer, Lehrer, Väter, Onkels ...!«

Ich nicke mich ergebend. »Postboten, Paketzusteller, Luftpostpiloten, Telegrammauslieferer, Briefträger oder wie auch immer sie sich schimpfen doch bestimmt auch, oder?« Suse fängt zu lachen an und meint, mich einfach nicht ernstnehmend, daß Briefträger es aus Prinzip und grundsätzlich tun, vor allem die, die das verdammte Pech haben, meinen Briefkasten füllen zu müssen. Ich wechsel schnell das Thema und beschließe innerlich, mich erst dann wieder mit diesen monströsen Problemen auseinanderzusetzen, wenn ich mehr Hinweise habe, die klar machen, daß es tatsächlich darum geht.

Für unseren Treffpunkt mitten im autonomen Kreuzberg ist Anarchokluft angesagt. Feste, schwarze Schnürstiefel, Lederhose, natürlich ebenfalls schwarz, ein dicker schwarzer Pulli und den obligatorisch weiß-schwarzen Palästinenserfetzen um den Kopf geschlungen, Sonnenbrille und zum Schluß noch den Button »Ausländer rein, Rheinländer raus« auf die Brust. (Lisa ist Rheinländerin.)

Vielleicht, hoffe ich in der U-Bahn, hat Kunz ja Entscheidendes herausgefunden. Unruhig rutsche ich in der Gruftikneipe auf meinem schwarzlackierten Stuhl hin und her, trinke dazu schwarzen Kaffee aus schwarzen Tassen. Die Schwarzwalduhr schlägt halb elf, elf und schließlich halb zwölf. Ich hasse es, versetzt zu werden, und ich hasse es zu warten, vor allem sonntags! Nach vier Tassen muß ich ins schwarzgekachelte Klo, beim Aufstehen wird mir prompt schwarz vor Augen.

»Scheiße!« fluche ich und besehe mir die blutverschmierte Unterhose.

»Gabriele!« wispert — Kunz. »Verdammt, ich warte seit über einer Stunde auf dich!« schimpft er.

»Ich auch, aber nicht im Damenklo, was soll der Scheiß?« reagiere ich gereizt. Dafür daß der Herr anfangs nicht in einen Sexshop wollte, traut er sich jedenfalls auffällig schnell in ein Damenklo.

»Ich habe keinen Nerv, dem Kumpel, der so penetrant hinter dir her ist, über den Weg zu laufen!« Ich betätige die Spülung.

»Also, was ist?« frage ich.

»Nichts«, sagt Kunz gequält, »absolut und rein gar nichts! Ich bin da reingelatscht (merkwürdige Formulierung für einen alternden Junggesellen wider Willen), habe mich überall umgesehen, bin in jede Kabine gegangen und schließlich zurück zum Tresen, habe das Schlägergesicht herangewunken und ihm das 'Braille' ins Ohr geflüstert. Der fing an zu lachen und meinte, ich hätte wohl 'ne perverse Ader. Ich dachte mir, daß das die Antwort auf das Schlüsselwort sei, und habe 'Ja!' geantwortet.«

»Ja, und weiter?« Kunz zieht ein dickes Heft unter seinem Anorak hervor. Ich kapiere nichts.

»Braille«, erklärt Kunz lehrerhaft, »heißt die Blindenschrift, und das hier ist pornographisches Schriftgut in Brailleschrift. Hat 25 DM gekostet!«

Ich nicke. »Das Perverse an dir ist also, daß du dir als sehender Mensch 'nen Porno in Blindenschrift reinziehst!« frage ich nach und beginne zu lachen.

»Richtig; na ja, dann bin ich halt wieder gegangen. Ich werde auch seit heute morgen nicht mehr beschattet.« Mit der Abschiedsbemerkung »Morgen ist Unterricht!« kriecht er durch das Fenster in den Hof, und ich gehe stracks zur Theke, bezahle (Schwarzgeld?) und gehe.

3/4 MEIN ERSTER MORD

Irgendwas ist anders — meine Klette hält sich nicht wie sonst auf gleichbleibendem Abstand, nein, er kommt auf mich zu! Verdammt, Panik überfällt mich — wie Kunz so treffend bemerkte, ist morgen Unterricht, ich darf nicht gekidnäppt werden! Ich blicke wild um mich, sehe nur ein Rad an eine Laterne angekettet.

»Der kleine Dietrich muß passen!« flehe ich, rase darauf zu, nestel wie blöde im Schloß herum und endlich habe ich es geschafft. Ich schwinge mich auf das Rad, trotz der Eile noch in dieser eleganten Art, sich mit einem Fuß auf das Pedal zu stellen und das andere Bein nach hinten ausgestreckt auf die andere Seite zu bringen, wie die Herren der Schöpfung sich so gerne zu profilieren bemühen, und zehn Meter hinter mir wird lautstark geflucht. Ich ziele mit dem massiven Schloß auf ihn, diese Wunde wird als gemeingefährlich und berechnend in der Obduktion vermerkt werden, trete wie wahnsinnig in die Pedale, keine Ahnung, in welche Richtung ich fahre. Kopfsteinpflaster, und das Rad hat trotz seiner noblen Gangschaltung kein Licht. Ich ärgere mich über den fahrlässigen Besitzer, ignoriere Ampeln (natürlich), Autoreifen quietschen, Leute brüllen mir wutentbrannt nach, und mir ist nur nach drei Kreuze schlagen zumute. Wieder eine rote Ampel, Hupen, Bremsgekreische, ein Auto schießt haarscharf an mir vorbei, bremst und versperrt mir den Weg.

Ich bremse ebenfalls, was bleibt mir anderes übrig?, springe vom Rad und stürme in die nächste, kleine Straße. Schnelle Schritte hinter mir, wenigstens hilft ihm kein Hund bei der Verfolgung. Ich laufe, laufe und laufe, ganz klassisch, bis zum Ende der Sackgasse, erkenne sie, stürme auf die Mauer zu, sie ist bestimmt zwei Meter hoch, das schaffe ich niemals, erklimme sie, mit einem Bein hochschwingen, Fuß aufsetzen, anderes Bein — das hält mein Verfolger fest und zieht daran. Ich trete ihm ins Gesicht (der Obduktionsbericht verzeichnet später einen Nasenbeinbruch!), verliere dabei fast das Gleichgewicht und stürze auf der anderen Seite der Mauer zu Boden, rappel mich wieder auf und will weiter. Es ist stockduster, und daß ich die Brille nicht verloren habe, ist wirklich ein Wunder. Vor mir, zweites Wunder, glänzt eine vom Mondlicht angeleuchtete (trotzdem ist es dunkel) Brechstange. Mit rasendem Herzschlag greife ich danach, sie liegt ausgezeichnet in der Hand, drücke mich fest gegen die Mauer und warte.

Fast lautlos schwingt der Typ sich über die Mauer, kommt leichtfüßig und federnd direkt vor mir auf. Sieht sich um und

zack, doing, wosch, peng

donnere ich ihm eins über den Kopf. Er stöhnt, fällt zu Boden, schnell ziehe ich ihm noch eins über, rolle ihn mit dem Fuß auf den Rücken und leere zitternd seine Jackentaschen, werfe alles in meinen Stadtrucksack und mache mich aus dem Staub. Ich traue mich nicht, wieder über die Mauer zurückzufliehen, wahrscheinlich ist der Typ nicht allein gewesen. Ich befinde mich in einem alten, stillgelegten Fabrikgelände, dem filmreifen Ort für ein unbeobachtetes, nie aufzuklärendes Verbrechen, kenne die Gegend nicht und habe schreckliche Angst.

Wenn, wie ich natürlich hoffe, wirklich Belastendes bei dem Krempel ist, den ich dem Typ abgeknöpft habe, bin ich von nun an noch bedrohter. Der Schockzustand, in dem ich mich befinde, scheint meine Kombinationsfähigkeit um ein vielfaches gesteigert zu haben, denn ohne überhaupt mit Denken angefangen zu haben, ist mir schon klar, daß ich wegen meines Besuches am Kudamm 12 nun erledigt werden soll. Das heißt aber doch zwangsläufig auch, daß diese Adresse der Ort ist, an dem die Verbrecher entweder einen inkognito Unterschlupf haben (vielleicht das Sinologische Übersetzungsbüro, klingt doch naheliegend bei all dieser Codiererei, oder?) oder sonst irgend etwas, das geheim gehalten werden muß! Schließlich komme ich wieder zu einer Mauer, überwinde sie, lande, leider weder lautlos noch federnd wie der Typ, auf einer Straße und finde bald eine noch geöffnete Kneipe. Auf dem Klo durchstöber ich die Brieftasche und den Rest. Richard Vorke habe ich da soeben niedergeschlagen, er kommt aus München, das steht zumindest in seinem Paß, und mir kommt es sehr gelegen (wäre er aus Hamburg, dann hätte sich die Möglichkeit zur Aufklärung jetzt auch erledigt! Was habe ich bitteschön mit dem Norden dieses Landes zu tun?), und hinter dem Photo eines kleinen Mädchens finde ich einen Zettel. »Monika Bräule, Wurzelhubersteig 7, 8000 München 9« steht da drauf. Ob das Kind seines ist?

Ich telefoniere nach einem Taxi und lasse mich zum Transit Dreilinden fahren. In München werden sie mich sicher nicht suchen. Und ich kann die zweite Adresse, die ich mir so mühselig gemerkt habe, auskundschaften. Der Taxifahrer hat einen Pappkarton, und mit seinem Leuchtstift male ich ein großes »M«. Ich kann gerade noch die Fahrt bezahlen (wenn meine Bafögsachbearbeiterin das hier liest, wundert sie sich vermutlich schon länger über meine Ausgaben und fängt zu überlegen an, ob sie mir nicht hier oder dort etwas streichen kann), und dann stehe ich mitten in der Nacht mutterseelenalleine in der Kälte herum. Über eine Stunde. Dann hält ein dicker Mercedes mit noch dickerem Fahrer und öffnet mir galant die Tür. Der Sieg über meinen Verfolger hat mich selbstbewußt und siegessicher gemacht, zudem habe ich echt keinen Nerv, noch weiter in der Kälte rumzustehen, und steige ein. Trämpen ist eine merkwürdige Angelegenheit.

Der Typ hier, fünfzigjährig, ist irgendein hohes Tier in der Lebensmittelbranche und erzählt munter von seinem Eheleben beziehungsweise von seinen bevorzugten Sexpraktiken. Früher, als mir das alles noch unvertraut war, fragte ich mich immer, warum ausgerechnet mir so etwas gehäuft passierte. Was an mir animierte Männer, gerade mir ihre Sexpraktiken zu erzählen? Aber inzwischen weiß ich, daß 'ne ganze Menge Frauen genau dieselbe Erfahrung machen, was nur Realität, aber keineswegs beruhigend ist. Wenigstens hat er was zu essen dabei, und ich schlage mir den Wanst voll.

Gegen drei Uhr in der Früh werde ich hundemüde, die Augen fallen mir zu und eine dicke Hand legt sich auf meinen Oberschenkel. Bratwurstfinger, wulstig und unappetitlich, breiten sich da auf mir aus. Ich frage träge, ob ich mir seine goldene Uhr, die er an dem Handgelenk auf meinem Oberschenkel trägt, genauer betrachten dürfe. Josef nickt, ich ziehe sie ihm, die Berührung scheint ihn zu erfreuen, über die Hand und pfeife anerkennend durch die Zähne. Das ist kein Billigprodukt. Scheu lächelnd frage ich, ob ich das Fenster herunterkurbeln dürfe, weil mir plötzlich so heiß wäre. Er grinst süffisant und nickt großzügig. Ich werfe die Uhr in hohem Bogen hinaus und grinse zurück.

»Und jetzt weg mit deiner Pranke! Falls wir uns nicht einigen können, unter welchen Bedingungen diese Fahrt zu verlaufen hat«, ich ziehe mein Feuerzeug hervor, »heiz' ich dir dein fettes Auto unter deinem fetten Arsch weg!«

Zwei Minuten geschieht nichts, gar nichts, dann legt er die rechte Hand wieder ans Steuer und meint trocken:

»Das ist 'ne gute Filmszene, Mädel. Verdammt gut!« Ich nicke, erzähle aber nichts von dem feministischen Untergrundfilm, aus dem ich diese Idee habe. (Vielen Dank an die Frauen von der Hauptstraße für den Tip! Die Methode ist recht wirksam.)

Schließlich passieren wir die Grenze; Bayern wird, auch wenn wir seit Jahrhunderten vereinigt sind, immer Grenzen haben. Ich werde zu einem Imbiß und starkem Kaffee eingeladen, Josef erzählt gutgelaunt von seinem neuesten Projekt, einem Film, den er gesponsert hat, und verspricht mir Freikarten für die Premiere, obwohl ich wiederholt erkläre, ganz sicher nicht in diesen Film zu gehen. (Frau wird von Mann verlassen, heult sich dumm und dusselig, bis sie dermaßen verunstaltet davon ist, daß sie 'ne Schönheitsfarmkur machen muß, dort erholt sie sich, ihr Herz entflammt sich für den Farmbesitzer, der sie jedoch verschmäht, und das Happy-End ist dann, daß der, der sie verließ, nach einem Autounfall gehbehindert zu ihr zurückkehrt und sie ihn glücklich begrüßt, sie wird ihn bis zu seinem Ende pflegen, aber der Film blendet vorher in einen strahlend schönen Rosengarten ab.) Ich versuche nicht, Josef beizubringen, daß die Frauen von heute — selbst laut *Freundin*, die sich ja echt nicht unter die Feministinnen eingereiht hat — anderes im Kopf haben, das hätte keinen Sinn, und ich gehörte noch nie zum Rang der »missionierenden Meuterinnen gegen das Patriarchat«!

Gegen sechs Uhr sind wir in München, und Josef läßt es sich nicht nehmen, mich direkt bei meinen Eltern abzusetzen. Ich habe wieder einmal keinen Hausschlüssel dabei, aber Vati ist Frühaufsteher. Er lädt Josef zum Frühstück ein und bedankt sich überschwenglich bei ihm, daß er seine Tochter heile nach München gebracht hat. Mit grobschlächtig bayerischer Urwüchsigkeit klopft er dem dicken Hamburger (jetzt könnte ich auch in Hamburg ermitteln, könnte bei Josef unterkommen) anerkennend auf die Schulter.

Bei Gelegenheit werde ich den Herrn, der mich da in die Welt gesetzt hat, mal fragen, ob die Anerkennung darin besteht, daß Josef sich nicht über mich hergemacht hat. Jedenfalls sitzen die beiden einander gegenüber und erzählen sich wilde Geschichten über die Gefahren des Trämpens. Josef äußert wiederholt, daß er froh sei, keine Tochter zu haben, um die er sich sorgen müßte, ich wende ein, daß sicher nicht wenige Frauen ebenfalls heilfroh darum sind, sich nicht über eine Tochter Josefs sorgen zu müssen, und die verschlafenen Augen von Mama werden angstvoll groß. Ich gehe ins Bett, kopfschüttelnd. Mama kommt nach und besteht darauf, das Bett frisch zu beziehen, und dann kann ich endlich schlafen.

3/5 MONTAG, logischerweise der 16. April 1990

»Du hast aber auch ein Glück, Kind!« begrüßt Mama mich, als ich am späten Nachmittag nach unten komme.

Ich nicke. »Ich bin Josef auch wirklich dankbar dafür, daß er mich nicht zwangsvergenußwurschtelt hat!« meine ich ironisch, was Mama nicht begreift, und erzähle die Geschichte mit der Uhr, woraufhin meine arme Mutter auf die Rouladen einsticht.

»Das fällt dir nur so kraß auf, weil du dich ständig mit diesem Frauenkrempel beschäftigst.« Ich nicke, obwohl ich mich ja eigentlich, und das wird mir von der anderen Seite auch vorgeworfen, überhaupt nicht mit Frauenkrempel beschäftige.

»Klar«, klugscheißere ich, »für nicht wenige Frauen sind solche Erlebnisse wohl ganz normal und werden mit dem Gedanken 'So sind die Männer halt!' abgehakt.« Mama nickt.

Vor einem knappen halben Jahr haben wir uns das letzte Mal gestritten, allerdings war es nur deswegen das letzte Mal, weil ich seitdem nicht wieder zu Hause war. Sie wollte mir noch einmal eine Partnerschaft mit einem Mann schmackhaft machen. Lisa hatte sie einige Nerven gekostet.

Mama meinte allen Ernstes, wenn ich mit so einem dominanten, lautstarken, maskulinen DRAHTHAARFOXER zusammen sei ... Weiter kam sie nicht. Und der Grund war schlichtweg, daß Vati sich prächtig mit Lisa verstand. Sie verbrachten ganze Vormittage und Nachmittage und Abende im Werkraum und konstruierten gemeinsam die Solaranlage, während Mama sich über den Dreck und die Mehrarbeit beschwerte. Ich diagnostizierte ihr Eifersucht und kriegte sie mit dem Eingeständnis, daß ich auch etwas neidisch sei (hätte gerne mitgeholfen, fasse aber elektrischen Krempel nur an, wenn es unbedingt notwendig ist), dann schließlich rum.

»Habt ihr Ferien in Berlin?« unterbricht Mama das Schweigen.

»Nein«, antworte ich und kicher los.

Mama nickt, wischt sich die Hände an der Schürze ab und tritt auf mich zu. »Gib mir dein Hemd, dann mach' ich Knöpfe dran!«

Ich seufze. »Mama, Sicherheitsnadeln sind viel praktischer als Knöpfe. Du weißt genau, daß ...«

»Gib her!«

»Du führst dich wie Lisa auf!« sage ich und ziehe das Hemd aus.

Mama mustert mich ausführlich. »Du hast abgenommen, ziemlich sogar! Wenn du nicht bald anfängst, einen Büstenhalter zu tragen, bekommst du einen Hängebusen!«

»Ja«, seufze ich, »deswegen bin ich gekommen. Du mußt mich verhätscheln und aufpäppeln. Mein Leben in Berlin ist zu aufregend. Ich habe keine Zeit zum Essen.« Mama nickt wieder. Gitti kommt nach Hause. Seit ich nicht mehr zu Hause lebe, gehöre ich zu diesen schrecklichen Frauen, die jedesmal, wenn sie ihre Nichten, Neffen, EnkelInnen oder andersartig verwandte Kinder nach einer Weile wiedersehen, die Hände über dem Kopf zusammenschlagen und mit hoher Stimme: »Mein Gott, wo wächst du denn hin, Kind?!« kreischen. Ich schüttel also meinen Kopf, lasse den Spruch los und darf mir anhören, daß ich wohl ziemlich neben der Kappe sei; auf breitem Oberbayrisch (»Dir hams woi'd zwidernackl zupft, oda?«).

Gitti ist zehn Jahre jünger als ich und inzwischen genauso groß, während ich meinem fünfzehnjährigen Bruder Gunther noch auf den Kopf spucken kann und den anderen natürlich auch. Vielleicht, sinniere ich, sollte ich doch mal das Thema Familie bei Eva-Maria anschneiden, obwohl die Geschichte schnell erzählt ist.

Nach Muttis Tod lebte ich bei Vati und Oma, der Mutter von Mutti, das ist die grätzgreuliche Schnepfe, die mir dieses Lied mit dem Zettel im Schnabel beigebracht hat, und als ich eingeschult wurde, fuhren Vati und ich jeden Tag mit dem Tandem zur Schule. Wenn ich früher Schluß hatte als er, saß ich im Lehrerzimmer und machte Hausaufgaben, und war es umgekehrt, dann korrigierte er, allerdings nicht meine Sachen.

Mama, die noch niemand kannte, war neu an der Schule, und als sich herausstellte, daß die beiden sich liebten, heirateten sie und kauften ein Tridem. Und dann ging es Schlag auf Schlag. Gunther, Gitti und Gudrun im Abstand von je zwei Jahren, und die restlichen dann im Dreijahresabstand. Nach dem vierten Kind wurde angebaut, und inzwischen wird schon wieder jeder Raum mehrfach genutzt.

Nach dem Abendessen sehe ich im Telefonbuch nach Monika Bräule und rufe sie an. Ein kleines Mädchen nimmt ab. Ich frage nach der Mutter, die ist arbeiten.

»Bist du alleine zu Hause?« Das Mädchen, Hiltrud, bejaht.

»Und dein Papa?«

»Hab' keinen!« Ich verspreche, sie am nächsten Tag zu besuchen, und bin verwirrter als je zuvor. Richard Vorke ist also nicht ihr Vater, und was für eine Rolle spielt eine alleinerziehende Mutter in diesem Fall? Ich sitze grübelnd im Bett, meinen Schmuseaffen und meine Schmuseschildkröte in den Armen, und schüttel den Kopf. Mama kommt mit Wärmflasche und Solubifix Bronchialtee (seit ich rauche, also seit acht Jahren, macht sie mir Bronchialtee! Auf Dauer ist das tatsächlich ein Grund, mit dem Rauchen aufzuhören).

»Und du meinst wirklich, wir können die Tage über bei Lisa wohnen?« Sie spricht vom Katholikentag. Seit ich von meinem zwei Meter dreißig hohen, selbstgebauten und knarrenden Hochbett erzählt habe, versucht sie sich an die Alternative, bei Lisa zu wohnen, zu gewöhnen.

»Klar Mama, die hat auch eine Badewanne und freut sich wirklich auf euch! Nicht nur, weil ihr quasi sowas wie Schwiegereltern seid!« trietze ich sie. Seit ich ihr von dem Würzburger Pfarrer, also zum einen Bayerisch (sorry: Fränkisch natürlich!) und zum anderen Katholisch, der zwei Lesben getraut hatte, erzählt habe, befindet sie sich in einem schwierigen Zwiespalt. Mama kann sich einfach nicht entscheiden, ob sie es der Kirche anlasten soll oder nicht. Im Gegensatz zu Vati beschäftigt sie mein Lesbischsein sehr.

»Weckst du mich morgen früh um sieben Uhr?« frage ich.

»Klar!«

Dann liege ich im Bett und sorge mich um meinen Kunz, bis ich doch noch nach unten gehe und anrufe. Er ist nicht zu Hause. Ob ihm was zugestoßen ist? Auch Lisa ist nicht zu Hause, dafür geht Suse sofort an den Apparat.

»Ich bin's, wollte dir nur sagen, daß ...«

»Himmel, Herrgott nochmal (Suse kommt aus Paderborn, da wird auch immer noch himmlisch geflucht), wo treibst du dich denn rum?« schimpft sie. »Ich erlebe hier eine Katastrophe nach der anderen, und deine Anrufbeantworterin (sie ist zudem wesentlich feministischer angehaucht als ich!) ist vollgequatscht!«

»Was hast du denn?«

»Kein Rad mehr, zum Beispiel, ist geklaut worden. Schon das zweite jetzt! Wenn ich dieses verdammte Arschloch erwische, ich prügel ihn (Verbrecher und Diebe sind jedoch auch bei Suse immer männlich) windelweich!«

»Wann denn?«

»Sonntagabend, am Kotti. Dabei hab' ich's extra an 'nen Laternenpfahl angeschlossen und war nur 'ne halbe Stunde weg!«

»Du kannst dir vorerst meines leihen«, versuche ich sie zu beruhigen. »Ich bin vorübergehend in München!«

Suse schnaubt tief. »Sonst geht's dir gut, ja?«

»Es geht«, versuche ich den Hohn zu ignorieren. »Ich erzähle dir alles, wenn ich zurück bin.«

»Und, wann wäre das?«

»Tut mir leid, kann ich noch nicht abschätzen.« Mit schlechtem Gewissen beende ich das Telefongespräch. Suse ist wirklich die Frau meines Lebens, ich habe nur größere Schwierigkeiten, Liebevolles zu schreiben, leider, denn ich wäre sehr gerne etwas poetischer veranlagt. Eva-Maria behauptet, Poesie passe mir nicht in mein Selbstverständnis als Lesbe, deshalb ließe ich es nicht zu. Oh gütiger Gott, richtig — Eva-Maria habe ich heute verpaßt! Und nicht zuletzt — POST! Die langen Stunden, bis ich einschlafe, spinne ich mir also lauter blödsinniges und überkandideltes Zeug in meinen Briefkasten, das ist immer so, wenn ich nicht bei ihm bin, und zum Schluß fällt mir dann noch ein, daß Eva-Maria ja ihre Aha-Fortbildung macht.

Ich habe, welch Abwechslung, eine wirklich friedliche Nacht. Keine Alpträume von meinen Kindern oder brennenden Postgebäuden, kein erotisches Erlebnis mit Kunz — einfach Frieden! Mit dem Rad, ein Frühstück nach Art des Hauses im Bauch und Gernold im Kindersitz, fahre ich pfeifend zu der Münchener Adresse, die Lydia mir im Pour eL hatte übergeben lassen. Wie gehabt, feudale Gegend, ich beginne der Gartentore wegen schon wieder rot zu sehen und überlege, daß ich Mama ja bitten kann, mir ein Ersatzrad zu schenken, damit Suse sich kein neues kaufen muß. Dann stehe ich vor dem mit einer Thujahecke umzäunten Haus und klingele. Nichts geschieht.

Natürlich arbeiten normale Leute um diese Zeit, aber solche Leute in solchen Häusern halte ich nun einmal für nicht normal. Das Tor ist nur angelehnt, und ich trete ein, klingel, klopfe und brülle schließlich zusammen mit Gernold um Einlaß, stiefel ums Haus, Gernold sucht Ostereier, und ich komme nicht rein.

Es wiederholt sich einiges. Diesmal setze ich mich ins Café vom Nymphenburger Schloß, der Kakao ist wieder tierisch teuer und auch diesmal mit Wasser angerührt. Gernold steckt sich Kieselsteine in den Mund und spuckt sie dann in meinen geblümten Schoß. Als ich mein Tagebuch aufschlage, ich habe es mit in die Gruftikneipe genommen, weil ich dachte, in der Wartezeit zum Schreiben zu kommen, erschrecke ich fürchterlich! Ich habe seit Wochen nichts mehr hineingeschrieben, lebe seit Wochen höchstdramatisch. Wenn ich bei der Polizei wäre, hätte ich den Fall vermutlich längst gelöst, und wenn mein Kopf nur ein wenig williger im Denken wäre, hätte ich es vermutlich auch geschafft, ohne in diesem Verein Mitglied zu sein.

Ich habe, ein schwerwiegender Fehler, die »Wachturm«- und »Erwachet«-Heftchen, über die ich mit dem Hausherrn ins

Gespräch kommen wollte, auf den freien Stuhl gelegt, und nun setzt sich eine ältere Dame lächelnd zu mir. Es freut sie, eine junge Dame, noch dazu eine Mutter, mit der Aufgabe, neue Mitglieder zu werben, beschäftigt zu sehen. Zwölf Jahre lang ist sie selbst jeden zweiten Tag unterwegs gewesen und verdankt den Zeugen Jehovas ein erfülltes und glückliches Leben, bis ein Oberschenkelhalsbr... rhabarber, rhabarber, rhabarber.

Ich versuche sie über die Nachbarschaft auszufragen, aber ihre Augen haben nie über den Rand dieser Hefte geblickt, und dann muß ich leider weiter.

Ich fahre zu Hiltrud und Monika Bräule, rufe von der nächsten Telefonzelle aus an, und Hiltrud ist tatsächlich wieder alleine zu Hause. Ich bringe Eis mit. Ihre Mutter putzt in einem großen Haus und ist außerdem Kassiererin in einem noch größeren Supermarkt. (Ich sollte noch herausfinden, daß es sich mit dem Größenverhältnis genau umgekehrt verhält.)

»Wenn du willst, können wir sie besuchen!« strahlt Hiltrud mich an. »Ich weiß den Weg!« Also nehmen wir ein kleines Kissen mit, packen es auf den Gepäckträger, Hiltrud drauf und fahren wild schaukelnd durch die halbe Stadt. Jetzt bin ich schon doppelte Mutter.

»Und beim Schloß mußt du abbiegen!« brüllt Hiltrud, und ich bekomme eine Vorstellung davon, wo Monika arbeitet. Tatsächlich halten wir vor dem Haus, Hiltrud geht schnurstracks durch den Garten, hinters Haus, brüllt einmal »Mama!«, und schon wird ein Fenster im ersten Stock geöffnet. Ich erschrecke sehr, Monika ist höchstens drei Jahre älter als ich. Erst schimpft sie ein wenig mit Hiltrud, daß sie jemand Fremdem die Tür einfach geöffnet hat, aber dann läßt sie sie ins Spielzimmer.

»Merkwürdig«, murmel ich, »lebt denn hier eine Familie?« Monika mustert mich vorsichtig. Ist ja auch 'ne merkwürdige Situation, eine wildfremde Frau kommt mit ihrem Kind hier an und macht sich dann breit.

»Hier wohnt nur ein alleinstehender Mann«, sagt sie schließlich.

»Und, wann kommt der zurück?«

»Heute abend vermutlich. Ist irgendein Manager und auf einem wichtigen Seminar in Berlin.« Ich nicke, denke 'Kudamm 12' und besehe mir das Haus. Wieder gibt es mehrere Schlafzimmer mit Videogeräten gegenüber den Betten (wahrscheinlich hat auch schon jede, die das liest, geschnallt, um welches Verbrechen es sich handelt, nur bei mir dauert das so lange) und wieder ein abgeschlossenes Zimmer. Ich frage Monika, ob sie auch dort reinemacht, sie verneint, und ich sage ihr, daß ich mich mit den Kleinen im Spielzimmer beschäftigen werde, und verschwinde, Dietrich in der Hand, in das verbotene Zimmer. Haufenweise Päckchen liegen gestapelt neben der Tür. Das Übliche, von Frauen an Frauen (endlich weiß ich um den Ursprung von »Schreib mal wieder!«), und die ursprüngliche Adresse durchgestrichen: z.Z. wohnhaft bei 'nem Typen. Ich schreibe einige Adressen ab, finde wieder einen Schrank voll mit Videokassetten, greife mir eine — oha, dahinter steht eine weitere Reihe mit Kassetten, und ich denke mir, daß diese vielleicht noch interessanter sind, außerdem kann man von vorne nicht sehen, daß eine fehlt. Ich stecke sie mir in den Stadtrucksack und verschließe das Zimmer wieder. Hiltrud sitzt mit Gernold und einem riesigen Teddybären im Laufstall und erzählt den beiden eine komplizierte Geschichte; soweit ich das begreife, handelt sie von einem Monster mit lila Bauch, das Frösche gegessen hat und dem jetzt ziemlich übel ist; Gernold weint jedenfalls. Ich öffne alle Schränke und stutze plötzlich.

»Hiltrud«, flüster ich schockiert, »du darfst niemandem erzählen, daß ich hiergewesen bin, hörst du?!« Hiltrud fragt, warum. Ich bin nahe dran zu sagen, das sei unser Geheimnis, doch plötzlich überschlagen sich meine Gedanken (bewundernswerterweise!), und ich bekomme panische Angst, daß Hiltrud längst ein schlimmes Geheimnis mit sich herumschleppt. Ich nehme einen dieser Plastikstäbe in Penisform und schalte ihn an. Ein Vibrator! Hier geht es nicht um V-Frauen oder polizeiinternen Informationstransfer, hier geht es tatsächlich um ...? (Ich habe das Wort vergessen!)

»Hiltrud, weißt du, was das ist?« Hiltrud besieht sich das Gerät, nimmt es in die Hand und läßt es kreischend fallen, weil es kitzelt. Sie schüttelt den Kopf, und ich atme erleichtert, auch wenn es noch nicht sagt, daß Hiltrud nicht doch ein schreckliches Geheimnis wahren muß, auf. Tausend Fragen schießen mir durch den Kopf. Wieso vermutet ausgerechnet Lydia, die doch engagiert und permanent gegen die Kanalratten kämpft, was völlig Verkehrtes? Wo um Himmels willen ist sie abgeblieben, und hat Sybille nun doch nichts mit dem Fall zu tun? Handelt es sich um zwei Fälle, und ich habe womöglich die Ehre, in beide verstrickt zu sein? Was soll dieses ganze Gemurkse um die V-Frau Gisela? Ja, ja, Lydia erzählte, daß nur sie mir helfen könnte und auch das nur vielleicht, aber mußte sie ausgerechnet mir so viel Verwirrendes erzählen? Was soll das alles? Mahlzeit! Monika — was weiß sie von der Sache? Panisch laufe ich nach unten.

»Monika«, rufe ich schon von weitem, »du darfst niemandem erzählen, daß ich hier war!« poltere ich ins Wohnzimmer. Erschrocken dreht sie sich um. »Und falls du irgendwie in Schwierigkeiten kommen solltest, wende dich an meine Eltern, die geben mir dann Bescheid, hörst du?«

Monika mustert mich scharf. »Wehe, du bereitest mir Schwierigkeiten!« droht sie mir, »ich habe mit diesem Job endlich die Chance, aus meiner beschissenen Lage rauszukommen. Also mach dich aus dem Staub!« Ich halte es ebenfalls für angebracht, sofort zu gehen, obwohl mich brennend interessiert, aus welchen Schwierigkeiten Monika mit Hilfe dieses Jobs (besteht der wirklich nur darin zu putzen???) geholfen wird.

»Soll ich Hiltrud nach Hause bringen?«

»Nein, ich habe die ausdrückliche Erlaubnis, sie mitzunehmen!« Mir fällt nichts Besseres ein, als ihr ein Kärtchen mit der Adresse meiner Eltern in die Hand zu drücken, klemme mir Gernold unter den Arm und verschwinde. Auf zur nächsten Bücherei! Dieses umstrittene Wort ist mir (wahrscheinlich genau deswegen, weil es umstritten ist) einfach entfallen. Schließlich sitze ich im gemütlichen Lesesaal und blättere hektisch im Fremdwörterbuch, hektisch, weil Gernold seit Ewigkeiten nach seiner Mama brüllt, irgendwas von lila Monsterfröschen erzählt und bestimmt die Windel voll hat.

Päderastie bezeichnet lediglich die homosexuellen Neigungen und Beziehungen eines Mannes zu männlichen Jugendlichen und Kindern, während das im Grunde positive Wort Pädophilie die (sexuelle) Zuneigung Erwachsener zu Kindern und Jugendlichen beiderlei Geschlechts bezeichnet. Ich knalle das Buch in die Ecke — sexuelle Zuneigung, welch Hohn!

Und was nun? Liege ich mit meinen Vermutungen überhaupt richtig? Ich rase heim, gebe Gernold ab und sperre mich im Wohnzimmer ein. Werfe die Kassette mit dem bezeichnenden Titel »Eine Schnullerlady im Bett« in den Videoapparat.

Ein vielleicht zweieinhalbjähriges Mädchen torkelt nackend und mit Schnuller im Mund auf einem Wasserbett herum. Immer wieder versucht es aufzustehen und findet schließlich heraus, daß es krabbelnd am besten vorwärtskommt. Anscheinend wird es ermuntert aufzustehen, denn es streckt nach einer Weile die Beinchen durch, und die Kamera zoomt sich ganz nah zwischen die Beine des Mädchens. Es verliert das Gleichgewicht, purzelt kopfüber, jemand scheint seine Beine zu spreizen, und wieder sieht man die Genitalien des kleinen Mädchens. Ewigkeiten geht das so! Dann taucht plötzlich ein nackter Mann auf, legt sich auf das Bett — ich habe ihn erkannt, das ist Richard Vorke, hätte ich ihm doch noch mehr Schläge mit der Brechstange übergezogen!!! Dem Mädchen wird etwas zwischen die Beinchen geschmiert, Vaseline vermutlich, es folgt eine Großaufnahme des erigierten, steil in die Luft ragenden Penis und das Mädchen wird angehoben und ... ich rase zum Apparat und schalte ab.

4/2
ERSTER INFORMATIONSSCHUB ZUR »PÄDOPHILIE«

Jetzt wird es wirklich schwierig — wie gesagt, ich hocke hier im Knast, das bedeutet zum Beispiel, daß ich auf die Bücher angewiesen bin, die sich hier in der Bibliothek befinden, denn die letzten Tage, die ich in Freiheit verbringen sollte, waren dermaßen hektisch, aufgeregt und überladen, daß ich keine Zeit fand, näheres über dieses Verbrechen herauszufinden. Hier jedoch scheint das auch nicht leichter zu sein. Es gibt hier zwar saftige, sprich derbe Krimis für die Herren der Schöpfung, und auch an dieser Frau Fischer und Frau Danella ist kein Mangel, aber die einzigen Bücher, die die sexuelle Ausbeutung Minderjähriger behandeln, es sind zwei, sind Sachbücher über Homosexualität, die das ganze »Pädophilie« nennen, und eigentlich will ich nicht noch mehr gedanklichen Wust in meinen Kopf packen. (Finde ich zudem etwas merkwürdig, das Thema auf Homosexuelle zu reduzieren.) Im Strafgesetzbuch jedenfalls geht es beim Paragraph 175 um Straftaten gegen die sexuelle Selbstbestimmung. Ein Mann über 18 Jahre, der sexuelle Handlungen an einem Mann unter 18 Jahren vornimmt oder von einem Mann unter 18 Jahren an sich vornehmen läßt, wird mit Freiheits... bla, bla, bla bestraft. Das Gericht kann von einer Bestrafung nach dieser Vorschrift absehen, wenn, 1. der Täter zur Zeit der Tat noch nicht 21 Jahre alt war, oder, 2. bei Berücksichtigung des Verhaltens desjenigen, gegen den sich die Tat richtet, das Unrecht der Tat gering ist.

Aber noch spannender ist der 182, Verführung:

1. Wer ein Mädchen unter sechzehn Jahren (aber über 14 Jahre) dazu verführt, mit ihm den Beischlaf zu vollziehen, wird mit Freiheitsstrafe bis zu einem Jahr oder mit Geldstrafe bestraft.

2. Die Tat wird nur auf Antrag verfolgt. Die Verfolgung der Tat ist ausgeschlossen, wenn der Täter die Verführte geheiratet hat.

Herausgefunden habe ich folgendes: thematisiert wird das ganze noch am meisten in der Schwulenbewegung, circa ein Drittel der Pädos (ich nenn' die jetzt einfach so, wie auch Lydia sie nennt, und laß das freundliche »phil« weg!) ist homosexuell, über die Hälfte der Pädos ist heterosexuell, der Rest ist bi. Diese Statistik bezieht sich auf diejenigen, die zwanghaft und ausschließlich auf Sexualität mit Kindern fixiert sind, das heißt, die ganzen Gelegenheits-Verletzer (das trifft es auch nicht!), Väter, Onkel, Lehrer und anderen männlichen Autoritäten sind da nicht bei. Es gibt eine offizielle Pädophilenvereinigung der Bundesrepublik inklusive West-Berlin (das Buch ist veraltet, aber ich gehe auch bei dem Verein von einem Zusammenschluß oder Anschluß des Ex-Ostens aus, habe allerdings nicht in Erfahrung bringen können, ob die da drüben schon ein organisierter Haufen waren/sind). Diese Vereinigung, DSAP, fordert nicht nur die Streichung des 176 (Wer sexuelle Handlungen an einer Person unter vierzehn Jahren (Kind) vornimmt oder an sich von dem Kind vornehmen läßt, wird mit einer Freiheitsstrafe bis zu fünf Jahren oder mit Geldstrafe bestraft), sondern auch die der Gesetze gegen Inzest, Sexualität mit Abhängigen, Kuppelei mit unter Sechzehnjährigen und will die uneingeschränkte Verbreitung pornographischer Schriften. Sie wollen zwar auch die Erlaubnis für männliche Homosexuelle unter 18 Jahren, aber das macht sie nun auch nicht mehr akzeptabel.

Ich finde diesen 175 auch deswegen schwierig, weil ich schon der Meinung bin, daß ein 17jähriger, der mit einem 40jährigen was hat, sich in einer nicht gleichberechtigten Lage gegenüber dem wesentlich älteren befindet, aber derselbe Partner als 22jähriger fällt ebenso unter diesen Paragraphen, und bei den Frauen brauchen wir da gar nicht darüber zu diskutieren, wir haben ja eh keine Sexualität, oder wir verführen biedere, unbescholtene Ehemänner, kaum daß wir den Windeln entwachsen sind. Sind Lolitas und mehr dergleichen. Dazu passen dann diverseste Ausschnitte, die ich in einem der

Erläuterungsbücher zum Strafrecht gefunden habe, weil ich ja was über diese sogenannten »Kinderbefreier« — das ist ihre eigene Bezeichnung — herausfinden will und mich zugleich darüber informiere, wie ein Strafdelikt be- und verurteilt wird, das Ganze schimpft sich »Kriminalsoziologie«:

Erstens wird der werte Möbius (Über den physiologischen Schwachsinn beim Weibe) ständig zitiert, zum Beispiel »Wäre das Weib nicht körperlich und geistig schwach, wäre es nicht in der Regel durch die Umstände unschädlich gemacht, so wäre es höchst gefährlich«, und zweitens Lombroso und Ferrero, Ende des letzten Jahrhunderts, aber bis heute populär, zum Beispiel:

> »Wenn man bedenkt, dass das Weib ein weniger entwickeltes Wesen ist, bei welchem die Rindencentren weniger zahlreich, weniger differenziert und nicht so wohl koordiniert sind, so muß sich daraus die Konsequenz ergeben, dass: 1. bei Gleichheit der Krankheitsursachen die Rindencentren des Weibes weniger oft und weniger tiefgreifend alterierbar sind; 2. dass die moralischen Alterationen beim Weibe weniger komplizierte, wenn es angänglich wäre, (Achtung, jetzt gibt der Schwachkopf ein nicht möchtegernwissenschaftlich verkleidetes Hirngewichse ab!) möchte ich beinahe sagen, weniger geniale Formen annehmen müssen; 3. dass die Alterationen, unter gleichen Bedingungen, beim Weibe leichter zu heilen sind. Daher ist das Verbrechen beim Weibe seltener, besonders in dem Alter, wo der Charakter der Weiblichkeit am stärksten angesprochen ist (zwischen 21 und 50 Jahren); und deshalb sind besonders die schweren Verbrechen am seltensten und diejenigen, welche entweder große Körperkraft oder einen starken und entwickelten Denkprozeß voraussetzen (die Prostitution, die beim weiblichen Geschlecht gewissermaßen das Verbrechen ersetzt, erfordert gar keine Gedankenarbeit); daher auch die seltenere Rückfälligkeit, wenigstens in einigen Formen.«

Zu dem Verbrechen, das mich interessiert, habe ich zwar immer noch nichts gefunden, aber in Ermangelung anderer Bücher bin ich dann eine halbe Stunde später auf etwas Brandaktuelles (von 1974) gestoßen:

»Männer scheinen Strafgesetze hauptsächlich dazu geschaffen zu haben, um Handlungen zu verhüten und zu bestrafen, welche ihrer Meinung nach ihre persönlichen Interessen gefährden. Gewisse speziell weibliche Formen des Fehlverhaltens wurden oft nicht als ernst genug oder zu angenehm oder unerläßlich betrachtet, um Strafmaßnahmen zu rechtfertigen. Die Gesetzgeber haben, da sie Männer sind, möglicherweise unbewußt, das ganze System des Strafrechts auf solche Weise geformt, daß sie einige der antisozialen Handlungen, die am häufigsten von Frauen begangen werden, ignorierten, wie die Prostitution ... oder die lesbische Liebe, die Lüge oder die Zanksucht.«

(Ist okay, Else, ich spar's mir zukünftig, außer ich finde tatsächlich noch was über diese Pädos, meine Privatlektüre hier auch noch reinzupacken, aber ist es nicht scharf? Die lesbische Liebe ist zum einen eine antisoziale Handlung, und dann noch dazu eine, die am häufigsten von Frauen begangen wird, ts, ts, ts!)

Als ich da vor dem Fernseher sitze und mir endlich klar wird, worum es in diesem Fall geht — das Herstellen und die Verbreitung von Kinderpornographie —, werde ich ziemlich panisch. Mein Sarkasmus, den ich wirklich schätze, geht flöten. Ich bekomme Angst um meine kleinen Schwestern, am liebsten liefe ich sofort zu Mama, um ihr den Film zu zeigen, damit sie etwas zaghafter mit »dem Guten im Menschen«, das sie jedem erstmal unterstellt, um sich wirft.

Jetzt weiß ich wirklich, um was es geht, und es ist ziemlich schnurz, wie man das nennt, was diese Herrschaften anstellen. Ich werde ganz sicher nicht mehr lockerlassen! Mich aufraffend notiere ich Horst Wiemgkes Adresse auf die Kassette, lege Richard Vorkes Personalausweis dazu und weiß schon wieder nicht weiter.

Nur eines ist mir klar: Ich muß zurück nach Berlin, so gefährlich es auch immer sein mag, nur was ich dort machen soll oder kann, ist mir nach wie vor nicht klar.

Falls Sybille Kühl mit der Aufklärung der Sache zu tun hatte und deswegen umgebracht worden ist …? Ich wickel die Kassette und meine Kurznotizen in dickes Packpapier und verstecke das Päckchen in mein altes Süßigkeitenversteck im Keller unter den Kartoffeln. Dann rufe ich Kunz an.

»Verdammt noch mal, wo treibst du dich bloß rum?« begrüßt er mich stinksauer.

»Ich wäre um ein Haar ermordet worden!« versuche ich mich zu rechtfertigen. »Mein Beschatter, Richard Vorke, hat nach dem Gruftikneipentermin versucht, mich zu kidnäppen. Ich mußte ihn k.o. schlagen, habe mir dabei seinen Perso geschnappt und, Kunz, stell dir vor: Ich weiß jetzt genau, um was es geht! Zudem habe ich Beweismaterial, um den Vorke für zig Jahre hinter Gitter zu kriegen. Gut, nicht wahr?«

Kunz lacht hart auf. »Du hast zu fest und zu oft zugeschlagen, der Typ ist mausetot!«

»Nein, das glaube ich nicht!«

Ich sehe förmlich, wie Kunz am anderen Ende, 650 Kilometer weiter, die Schultern hochzieht. »Ich kann's nicht ändern.«

»Und wie weit ist die Kripo mit ihren Ermittlungen?« Das fehlt mir noch, einzufahren, gerade jetzt, wo ich endlich loslegen kann.

»Kein Tatmotiv und keine Tatwaffe, genau wie bei Sybille!«

»Das verstehe ich nicht. Ich habe die Brechstange anschließend einfach hingeworfen!« Sollte ich völlig gedankenlos einen glatten, nicht zu klärenden Mord bewerkstelligt haben? Das hätte ich mir nicht zugetraut. Kunz und ich, wir schweigen uns an.

Schließlich räuspert er sich. »Gabriele«, sagt er mit vorsichtiger Stimme, so als könnte ich ihm durch das Telefon hindurch eine ballern. »Dir ist hoffentlich klar, daß du kurz vorm Schulverweis stehst! Wenn du ohne ärztliches Attest der Klassenfahrt fernbleibst, ist deine Karriere als zukünftige Akademikerin beendet, bevor du loslegen kannst, die Uni aufzumischen! Ich habe dich wirklich solange wie möglich gedeckt. Aber jetzt will unser werter Direktor ein Exempel statuieren, und niemand eignet sich besser als du mit dem absoluten Fehlzeitenrekord.«

»Ach du liebe Scheiße, die Klassenfahrt habe ich völllig vergessen! Wann und wo?« Kunz gibt mir Termin und Adresse durch, und ich stöhne auf. In fünf Tagen muß ich irgendwo in der holsteinischen Pampa sein, was um Himmels willen soll ich da?

Mit restlos leergefegtem Hirn verharre ich Ewigkeiten vor dem Telefon. Jetzt schon nach Berlin zurückzufahren scheint mir zu gefährlich. Das Haus, in dem Monika putzt, gehört irgendeinem Heinrich Güll, der kommt heute abend zurück und ist sicher auch in dieser Sache engagiert. Dann fällt mir der beleibte Tenor und Polizist aus dem Kirchenchor ein. Der hatte ja ebenfalls von einer aufgeflogenen Lady gesprochen, ganz verkehrt konnte Lydia mit ihren Vermutungen also nicht liegen.

Mama schiebt sich mit ihrem für die frühe Schwangerschaft zu dicken Bauch an mir vorbei. Mich würde es nicht wundern, wenn da gleich zwei drinnen wären, und auf der G-Liste, die im Badezimmer aushängt, summieren sich die gräßlichsten Namen der Welt: Giesebrecht, Gandolf, Gregor, Gabriel (mein Vorschlag), Gert, Georg. Merkwürdigerweise gehen diesmal alle davon aus, daß es ein Junge wird.

Schließlich raffe ich mich auf und verschwinde mit starkem Kaffee und einem Mickymausheft — ich muß es mit körperlicher Gewalt an mich bringen — in die Badewanne. Nachmittags muß Mama zur Vorsorgeuntersuchung, und ich verspreche, die zwei jüngsten, Gernold und Gerda, zu betreuen.

Ich schnappe mir das Tandem mit Kindersitz und radel mit den beiden — wenn sie unterwegs sind, sind sie am friedlichsten — durch die halbe Stadt zur Frauenkneipe. Gernold hat den Kindersitz in dem Café noch nicht gesehen, da brüllt er schon los (weil er ungern eingepfercht wird und genau weiß, daß ich das vorhabe), und Gerda registriert erstaunt (von mir hat sie den wachen Blick wirklich nicht! Ich mische mich grundsätzlich nicht darin ein, was meine Eltern den Kindern verbraten), daß es hier nur Frauen gibt.

»Warum?«

»Weil Frauen auch mal unter sich sein wollen«, versuche ich Gernold zu übertönen und setze ihn wieder auf meine Hüfte.

»Aber Gernold ist doch ein Junge!« Ich sehe meiner biestigen kleinen Schwester an, daß sie ihn am liebsten vor der Tür angebunden hinterlassen hätte.

»Er ist ja noch klein«, sage ich, aber das scheint auch nicht ausreichend und schon gar nicht befriedigend zu sein.

»Aber wenn er groß ist, dann darf er nicht mehr hier rein, oder?« Ich schüttel den Kopf.

»Wie groß muß er denn sein?«

Ich stöhne und schubse sie durch das Lokal, bis zum nächsten freien Tisch. »Weiß ich nicht!« sage ich rabiat und hole zwei Milchshakes und ein dunkles Hefeweizen. Gerda blubbert mit dem Strohhalm darin (im Shake, nicht in meinem Bier!) herum und denkt angestrengt nach. Gernold beißt auf den schmuddeligen Aschenbecher ein.

»Geile Sache!« sagt Gerda schließlich und pikst ihrem kleinen Bruder mit dem Strohhalm ins linke Nasenloch. Ich registriere, daß ich die einzige Frau mit Kindern hier bin. Ich bin daran gewöhnt, aus der kinderreichsten Familie Moosachs zu stammen — bis zum fünften Kind konkurrierten wir noch mit der Familie Otteneder —, aber als sich das sechste ankündigte und wir zum drittenmal das Buch »Im Dutzend billiger« geschenkt bekamen und ich immer gleich einen Stapel Formulare für die Schulunfallversicherung mitbekam, als

Pfarrer Krause, der uns alle getauft hat und uns alle durch die Kommunion und Firmung geleiten wird, sich von der Kanzel lobend über meine fortpflanzungsfreudigen und verhütungsabgeneigten Eltern äußerte, beschloß ich, niemals auch nur ein einziges Kind in die Welt zu setzen, und trat aus der Kirche aus.

4/3 HANNE ERSTÜRMT MEIN HERZ, es ist immer noch der 17. April 1990

Gerda geht zur Theke und läßt sich Servietten für ihre Blubberschweinerei geben. Auf dem Rückweg bleibt sie plötzlich stehen, reißt die Augen auf und brüllt wie von einer Tarantel gestochen, so entsetzt ist sie: »Du, Gabiele (sie unterschlägt das »r« inzwischen absichtlich!), da sitzt aber doch 'n Mann!« Es hört sich eher an wie »Du, da sitzt 'n Schwein!«, von mir hat sie das jedenfalls nicht, sich so abgeneigt gegenüber Jungs und Männern zu äußern. Ich träume zwar davon, daß eines meiner Geschwister ebenfalls homosexuell wird, und die Wahrscheinlichkeit ist bei so vielen ja auch nicht gering, aber ich mische mich wirklich nicht ein.

»Glaube ich nicht«, brülle ich durch die Kneipe zu ihr, »schau doch mal genauer hin!«

Gerda braucht nicht mehr genauer hinzusehen. »Der hat genauso einen Bart wie der Gunther!« ruft sie. Gunther hat seit neuestem seinen ersten Flaum über der Oberlippe und tut so, als würde seine Stimme ständig umkippen. Gernold will runter und läuft zu Gerda, er hat noch nicht begriffen, daß ihr sein Schniedelwutz nicht in den Kram paßt. Die Frau mit dem Oberlippenbärtchen grinst und rückt zwei Stühle für die beiden heran. Gerda brüllt nach ihrem Milchshake, also komme ich hinterher und setze mich ebenfalls dazu.

»Hanne heiße ich!« stellt sie sich lächelnd vor.

Mir wird warm und wohlig zumute. »Gabriele, Gerda, Gernold«, stelle ich uns vor.

Sie grinst. »Und der Familienname?«

»Natürlich ‘G’, wie Großfamilie«, grinse ich zurück.

Hanne hat ein wunderschönes, niedliches Gebiß, die Schneidezähne schieben sich vor- und hintereinander. »Drei Kinder«, meint sie und entblößt wieder ihre Zähne, »das geht ja noch. Meine Mutter hat mir letztens einen Artikel aus der *Frau hinterm Spiegel* zugeschickt. Es ist schon deswegen lächerlich, weil wir unter einem Dach wohnen!« Sie schüttelt den Kopf, und ich pflichte ihr bei. Wenn man die Selbstreflexion schon im Titel hat, das kann nur in die Binsen gehen.

»Wahrscheinlich, um mich umzustimmen«, fährt Hanne fort. »Und der handelte von einer glücklichen Ehe mit sieben Kindern, und das achte ist unterwegs!« Ich bemitleide mimisch die arme Mutter. Gernold donnert den Aschenbecher mit voller Wucht auf den Steinboden. Ich hangel ihn mir und stelle ihn in die äußerste Ecke des Tisches.

»Und«, setzt Hanne hinzu, »deren Namen begannen alle ausnahmslos mit ‘G’!«

Ich lache, mir wird heiß, aber wahrscheinlich nicht mehr wegen Hannes witzigem Gebiß, und Gerda nickt. »Da war eine Frau, die hat mir ganz schöne Zöpfe gemacht und mich richtig geschminkt!« erzählt sie stolz. Hanne betrachtet mich fragend.

Mir bricht der Schweiß aus. »Keine Ahnung, wovon sie spricht«, stottere ich.

»Und das Kleid habe ich behalten dürfen!« plappert Gerda weiter. »Und im Kindergarten haben sie mich nicht erkannt, aber vielleicht war das, weil der Photograph so eine komische Mohntasche gemacht hat. Was ist das?«

Ich muß erst überlegen. »Eine Montage ist eine Fälschung!« sage ich. Gernold wirft den Aschenbecher mit voller Wucht auf den Boden. Ich bin ihm geradezu dankbar dafür, meinen Kopf wenigstens für kurze Zeit unter dem Tisch verstecken zu können.

»Ich glaube«, sagt Hanne, »ich habe ihren Brief sogar dabei, weil ich seit Ewigkeiten darauf antworten will. Moment mal!« Sie kramt in ihrer Lederjacke und zieht dann ein verknittertes Kuvert hervor. Als sie die drei buntbebilderten Seiten auf dem Tisch ausbreitet, quietscht Gerda begeistert auf.

»Guck, da bin ich! Mit meiner Puppe Heidi!« Hanne scheint vor Lachen fast zu platzen. Die Photomohntasche besteht darin, daß ICH!, 17jährig, mit langen, hellblonden Haaren, langem Trachtenrock, Bluse, schwarzen Schuhen mit silbernen Schnallen und einem blümchengeformten Diadem darauf abgebildet bin! Sie schreiben, ich wolle Erzieherin werden, fatalerweise bin ich es ja tatsächlich geworden, und ich sei glücklich, in einer so kinderreichen Familie großzuwerden und wolle selbst einmal so viele Kinder haben. Gernold fegt Salz- und Pfefferstreuer vom Tisch, nachdem er die Löcher zugesabbert hat.

Eine deutsche, blonde, katholische Großfamilie, klassische Orgelpfeifen; von Vati links und Mama mit dickem Bauch und dem Jüngsten auf dem Arm strahlend eingerahmt.

In Hannes Augen blitzt es schalkhaft. »Du kannst dir vorstellen, auf was sie mit dieser Botschaft reagiert hat?«

Ich nicke. »Du hast ihr erzählt, daß du auf Frauen stehst.«

Hanne nickt. »Und ich bin Einzelkind!«

Ich pfeife durch die Zähne. »Jetzt muß sie deine Aussteuer anderweitig verwerten und kann niemals Babysöckchen für ihre Enkel stricken!«

»Noch hofft sie. Das ist ja das Schlimme!«

»Hast du ’ne Freundin?« frage ich anteilnehmend. Hanne schüttelt den Kopf.

»Ich könnte ja ...!« beginne ich kichernd, und Hanne nickt begeistert.

»Au ja!« ruft sie und klatscht in die Hände.

»Ich muß nur vorher zum Friseur und mir ’nen Klischeeschnitt verpassen lassen, und dann stellst du mich vor!«

»Wann?« fragt Hanne aufgeregt.

»Möglichst bald, ich muß in fünf Tagen in Schleswig-Holstein sein und lebe in Berlin. Deine Mutter muß ja noch zu uns kommen!«

»Macht deine Familie denn da mit?« fragt Hanne erstaunt.

»Die müssen, sonst mach’ ich knüppeldicken Ärger. Meine Mutter weiß inzw...« Gernold brüllt wie wahnsinnig los, ist puterrot im Gesicht, würgt und beginnt zu kotzen. Er hat den Deckel des Pfefferstreuers entfernt (eine wirklich enorme Leistung für ein zweijähriges Kind, das noch Windeln braucht!) und am offenen Streuer geleckt. Ich springe auf, rase mit ihm aufs Klo, spüle seinen Mund mit Wasser aus (absoluter Schwachsinn, Brot wäre das einzig richtige), gebe das Fläschchen an der Theke ab, bestelle warme Milch, und das nicht endende Gebrüll macht mich schier wahnsinnig.

Hanne gibt mir die Adresse ihrer Mutter. Morgen abend werden sie und ich spontan bei Muttern aufkreuzen. Dann rase ich mit einer Geschwindigkeit, als hätte ich den Pfeffer unterm Hintern, nach Hause, gebe die vermaledeiten Kinder ab, düse weiter zum Friseur und lasse mir einen LKS verpassen. Der Schnepfe, die mich verschnippelt, muß ich natürlich genaue Anweisungen geben, weil sie von rein gar nichts ’ne Ahnung hat. München ist ein Nest, zu Hause gehe ich in irgendeinen Salon von Schöneberg, sage: »Einen blondierten LKS«, und die Sache ist gelaufen, na ja, egal. So endet jedenfalls der angenehme Teil des Dienstages.

Richard Vorkes Wohnung ist von der Polizei versiegelt worden. Ich denke mir einen Moment lang, daß es eh völlig egal ist — Richard tot und ich die noch gesuchte dazugehörige Mörderin —, ob ich mir noch mehr zuschulden kommen lasse, dann klingel ich mit meinen Heftchen in der Hand bei den Nachbarn und werde tatsächlich von einer älteren Dame eingelassen. Schnellstmöglich versuche ich, das Gespräch auf ihren Nachbarn zu lenken, und der Tratschtante ist das nur recht. Ein ruhiger Nachbar sei er gewesen, hatte immer Bonbons für die Kinder im Haus dabei (ein Klischee ist immer was Ekelhaftes, vor allem wenn es bestätigt wird) und sich mit dem Hausbesitzer zerstritten, weil der nur kinderlose Ehepaare in seinem Haus wohnen lassen wollte. Mir kommt der Ekel wieder hoch, und ich verabschiede mich überhastet.

Auf dem Weg nach unten begegnet mir ein circa sechsjähriges Mädchen und klingelt bei Peters, zwei Stockwerke unter Richard Vorke. Mein Ekel schlägt in Haß um, 'Gabriele', versuche ich mich zu ermahnen, 'jetzt fang nicht an durchzudrehen! Der Knabe war sicher nicht so blöd, sich an Kindern in unmittelbarer Nachbarschaft zu vergreifen!' Ich drehe mir eine Zigarette,

'Und wenn doch?'

Schließlich kehre ich um und klingel bei Peters. Mein Zeugen Jehovamäßiges Aussehen (ich kann unglaublich süß und sanftmütig aussehen, und solange ich den Mund nicht aufmache, wird auch niemand mißtrauisch) gibt vermutlich den Ausschlag, daß mir, nach Musterung durch den Spion, die Tür geöffnet wird. Ich trete ein und poltere ohne Umstände los.

»Es geht um die Verbrechen von Richard Vorke!« Die Frau weicht zurück, will mich rausschieben und klammert sich dabei an die Tür. Sie mustert mich zu einem Drittel mißtrauisch, halb ängstlich und ein sechstel abwehrend, ich sehe ihr genau an, daß sie Bescheid weiß.

»Jetzt ist er ja tot!« versucht sie das ganze abzuwiegeln, als der Kampf um die Tür zu meinen Gunsten entschieden ist. Ich werde hysterisch, noch so ein Satz und ich drehe durch. Tief durchatmend stehe ich an die Tür gelehnt und zwinge mich zu mehr Ruhe.

»Ich hatte gestern das Scheißvergnügen, mir 'n Video anzusehen, in dem Ihre Tochter«, (reine Spekulation), »zwei- oder dreijährig, sexuell mißbraucht wird!« sage ich mit sich überschlagender Stimme. Sie beginnt zu heulen, und damit kippt meine Stimmung ebenfalls um:

Es ist zum Heulen!

»Haben Sie vielleicht 'nen Martini für mich?« frage ich mit zittriger Stimme. Sie nickt, geht von mir gefolgt ins Wohnzimmer und stellt eine Flasche mit zwei Gläsern auf den Tisch. Wir setzen uns und leeren beide das Glas auf Ex.

»Hilde hat, glaube ich, schon nach dem ersten Mißbrauch stark reagiert«, beginnt sie seufzend und betrachtet mich, noch immer in derselben Gefühlsmischung. »Sie ließ sich nicht mehr den Po abwischen, wenn sie auf dem Töpfchen war, und begann meinem Mann zwischen die Beine zu fassen. Ich bin dann mit ihr zum Psychologischen Kinderdienst gegangen, aber dort erzählten sie mir, daß Hilde lediglich ihre ödipale Phase auslebt.« Ich stöhne, erstens darüber, daß sie dem Kind diese Phase schon so früh angehängt haben, zweitens überhaupt.

»Als ich kurze Zeit später mit ihr auf dem Arm Herrn Vorke begegnete, brüllte sie los, schlug um sich und auf seine Hand, als er ihr wie immer ein Bonbon geben wollte. Von da an ließ ich sie nie wieder nach oben, obwohl Herr Vorke mir immer wieder angeboten hat, sie für ein paar Stunden zu sich zu nehmen, damit ich mal ausruhen könnte. Ich erzählte meinem Mann von dem Verdacht, aber der fand das Ganze lächerlich!« Ihr Gesicht verzieht sich, und mir ist nach abhauen zumute. Ganz weit weg und von nichts etwas wissen wollen! Suse arbeitet bei Wildwasser, und von dem, was sie ab und an, wenn ich es zulasse, erzählt, schien diese Mutter außergewöhnlich, und zwar im positiven Sinn, reagiert zu haben.

»Warum haben Sie nicht Anzeige erstattet?« frage ich.

»Ich hatte Angst. Angst, daß Hilde dadurch noch mehr belastet wird, und ich hatte Angst vor Herrn Vorke, und mein Mann drohte mir, mich zu verlassen, wenn ich es an die große Glocke hängen würde!« Sie lacht hart auf. »Und als er sich zwei Jahre später aus dem Staub machte, hatte Hilde sich gerade einigermaßen davon erholt.« Ich habe das dritte Glas intus, die Flasche ist leer. Hilde kommt und zeigt uns ein Pappmachéschweinchen, das sie in der Vorschule gebastelt hat. Ich verabschiede mich und fahre resigniert nach Hause. Nun habe ich ganz bestimmt genügend Beweismaterial, um Richard Vorke anzuzeigen, und die Chancen, ihn für mehrere Jahre hinter Gitter zu bringen, stehen verdammt gut; und gleichzeitig habe ich selbst das verhindert. ICH werde, wegen Mordes, in den Knast abwandern. Und ich kann nur mehr dafür sorgen — das allein jedoch scheint mir schon unmöglich —, daß ersichtlich wird, was hinter diesem Mord steht, welches Verbrechen ich mich abmühe aufzuklären!

Monika fällt mir ein, und Heinrich Güll, der gestern abend zurückgekommen sein muß. Ich muß Monika warnen und aufklären. Aus was für Schwierigkeiten hilft ihr dieser Job? Wird sie erpreßt?

Es ist vier Uhr nachmittags, gegen sieben Uhr muß ich in Grafing sein, um Hannes Mutter die Augen zu öffnen, allerdings, das muß ich gestehen, freue ich mich darauf, Hanne unter diesem Vorwand küssen zu dürfen.

Aus dem Mathematikbuch, Sekundarstufe II:

Die Decke einer Einzelhaftzelle ist mit Schmuckplatten getäfelt. Die Fläche dieser Zelle beträgt genau 10 m^2, der Rauminhalt 27 m^3, die der quadratischen Platten hat eine Länge und somit auch Breite von 50 cm. Zudem sind pro Platte, wie bereits erwähnt, handelt es sich um SCHMUCKplatten (Knastdesign DIN 08/15), je 25 Löchlein nebeneinander, in 25 Reihen, mit einem Durchmesser von 0,8 cm und einer Tiefe von 0,3 cm, eingestanzt. Errechnen Sie anhand dieser Angaben:

(a) Welche Höhe hat der Raum?
(b) Wieviele Platten schmücken die Decke?
(c) Wieviele der Löchlein, an- und übereinandergereiht, benötigt eine durchschnittlich gebaute, weibliche Person, um hindurchschlüpfen und somit fliehen zu können? (Vergessen Sie nicht, daß die Tiefe jedes Löchleins lediglich 0,3 cm beträgt und eine durchschnittlich gebaute Frau 1,69 m in der Länge mißt, die Kommission zur Auswahl von Unterrichtsmaterialen jedoch »Durchschnitte« ablehnt.)
(d) Errechnen Sie zudem den zum Überleben benötigten Wert der Frustrationstoleranz.
Stellen Sie dies zeichnerisch, mit dem Maßstab
1 cm = dem Verlust von 10 000 Gehirnzellen (x-Achse = Sexus) und
1 cm = dem Wert, der, aufgrund von Gefangenschaft, Unmöglichkeit des Benutzens der Güter, die der Befriedigung von Bedürfnissen, pro Tag, dienen (y-Achse = Ophelimität)
dar!
(e) Wieviele Löchlein insgesamt schmücken die Decke?

Lisa, diese blöde Schlammschlampe, hat mir mein Mathebuch zugeschickt, weil ich die letzte Klausur restlos verhauen habe, und »Warum soll dein Aufenthalt im Knast nicht zu etwas gut sein?« fragt sie und schließt mit »lieben Grüßen«!

(f) Heute, in vier Stunden, bin ich auf die Sekunde genau so viele Tage im Knast, wie ich Jahre alt bin. Wie alt bin ich?, und was mache ich, wenn meine Eltern in vier Tagen zum Katholikentag nach Berlin kommen, ich sie sehen will, hier aber nicht rauskomme und sie nicht erfahren sollen, daß ich wegen Mord im Knast sitze???

Das mit der x-Achse, meinem Sexus, ist besonders gravierend. Ich pflege mich mit einer elektrischen Zahnbürste zu befriedigen, und die ist bis heute nicht angekommen, obwohl ich drei Anträge in doppelter Ausfertigung dafür ausgestellt habe — weiß der Geier, was die Herrschaften in der Zensur, 1. Stock, Zimmer 175, sich vorstellen, wie ich mit Hilfe dieser Zahnbürste entweder fliehen oder mich gar umbringen könnte!

Ich nehme mir zwei von Vatis Doppelbockflaschen und besuche ihn im Arbeitszimmer.

»Sag mal, was ist denn das für ein Krampf mit der *Frau hinterm Spiegel*? Das hast doch sicher du eingefädelt und gemanagt, oder?« Vati sieht erschrocken von seinem zu korrigierenden Heft hoch. Als er die Bierflaschen mit den aufgestülpten Gläsern sieht, beginnt er vorsichtig zu grienen. Es ist eine alte Tradition. Er geht zur Bar und holt den Öffner. Wir prosten uns zu, und er schweigt noch immer. Schließlich muß ich kichern.

»Erinnerst du dich an eine Situation vor knapp vier Jahren, als ich so vehement geschwiegen habe?«

Vati nickt, damals war ich mit vier Flaschen nach oben gekommen, um ihm zu beichten, daß ich Lesbe bin.

»Ist es denn wirklich so schlimm?« hake ich jetzt nach.

»Im Grunde nicht, ich werde diesen Sommer für ein Jahr mein Rektorenamt niederlegen. Sabbatjahr nennt sich das.«

Ich nicke ihm ermunternd zu. »Und?«

»Nun«, meint Vati mit abwägender Kopfbewegung, »das wird knapp werden mit dem Geld.«

»Wieviel habt ihr dafür bekommen?«

»Viertausend, und wenn die Kleinsten im Juli kommen und der Arzt tatsächlich recht hat, gibt es bei der nächsten Reportage sogar das Doppelte!«

»Zwillinge???« kreische ich auf.

Vati nickt. »Wie hast du es überhaupt herausgefunden?« fragt er ablenkend.

»Oh, ganz einfach, ich bin deswegen angequatscht worden!« Ich erzähle ihm die Geschichte von Hanne und ihrer Mutter, und als die Gläser leer sind und ich mich auf den Weg nach Grafing mache, ist klar — das ist auch das mindeste! —, daß Vati und Mama Hanne helfen werden.

4/5 FRAU STEINER WIRD SCHOCKIERT UND DESILLUSIONIERT

Hanne holt mich vom S-Bahnhof ab und ist tierisch nervös.

»Jetzt beruhige dich, alles, was wir erreichen müssen, ist nur, daß deine Alte meine Eltern besucht!«

Die Mutter weiß nicht, daß wir zu Besuch kommen, und soll vorerst auch nicht erfahren, daß ich die älteste und ehemals langhaarige im Trachtenrock aus der berühmten und kinderreichen G-Familie bin. Eine knapp fünfzigjährige, schlanke Frau öffnet die Tür.

»Du?« begrüßt sie Hanne erstaunt und weiß, zumindest vermute ich das bei diesem Blick, sofort, wo der Hase langläuft.

»Mama«, beginnt Hanne stotternd, »ich wollte dir meine Freundin vorstellen.« Sie legt zitternd den Arm um mich, ich zitter auch, aber aus anderen Gründen, es ist nicht nur Hannes Gebiß! »Das ist Gabriele.«

Hannes Mutter wirkt peinlich berührt. »Ist das auch so eine?« Wir nicken.

»Wo hast du die denn so schnell aufgegabelt?« Fast widerwillig gibt sie die Tür frei und läßt uns eintreten. »Du hast doch erzählt, daß du bisher nur in so einer komischen Gruppe bist?«

Hanne wird aggressiv. »Das ist keine komische, sondern eine Coming-out-Gruppe!« zischt sie, und ich nütze die Gelegenheit, ihr den Mund mit einem Kuß zu verschließen.

WAU!
DOING!
ZACK!
WOSCH!

und:

OLALA!!!

Die Mutter bittet uns, im Wohnzimmer Platz zu nehmen, und setzt Kaffee auf.

»Sei nicht so aggressiv«, ermahne ich Hanne und untersuche meinen Terminkalender auf die Möglichkeit, alle vier Wochen nach München zu fahren. »Ich glaube, es ist schon verdammt viel, wenn Eltern das, auch wenn es verquer wird, an- und aussprechen, anstatt es total zu tabuisieren.«

Dann sitzen wir, zarte Täßchen befangen in den Händen haltend, um das kleine Biedermeiertischchen herum und schweigen uns an. Ich wüßte wirklich Besseres und Angenehmeres zu tun!

»Meine Eltern«, bemühe ich mich zu stottern, »würden Sie so wahnsinnig gerne einmal kennenlernen.« Hannes Mutter zieht ungläubig die Augenbrauen hoch und unterzieht ihr Täßchen einem Härtetest, schrill knallt Porzellan auf Porzellan. Das scheint schwieriger zu werden, als ich mir vorgestellt

vorgestellt habe! Wenn hier überhaupt jemand etwas ausrichten kann, dann wohl nur meine Eltern.

Daß die Jugend von heute verwahrlost, gegen alles nur Auffindbare protestierend, zügellos und unmoralisch ist, und unsere Empfindungen nur eine Auswirkung der zunehmend traditions- und gottloser werdenden Gesellschaft, in der lediglich die egozentrische Individualität zählt, das können wir beide, die wir ja genau diese Jugend personifizieren, ihr nicht ausreden. (Else, an dem Satz habe ich eine halbe Stunde herumgebastelt, der bleibt stehen!)

So eine Scheiße, so eine verdammte! Eltern homosexueller Kinder haben es viel nötiger, eine Coming-out-Gruppe zu besuchen, als die Kinder selbst, wir könnten uns das dann nämlich sparen! Schon bevor sich irgendwelche Pärchen aus irgendwelchen dubiosen Gründen überlegen, so einen komischen Balg in die Welt zu setzen, sollte man sie damit konfrontieren, daß dieser Schreihals unsympathisch, homosexuell, kriminell, arbeitsscheu, asozial oder andersartig pervers werden könnte (jedenfalls alles das, was sie sich nicht wünschen); und wenn es nur bewirkt, daß weniger Menschen sich trauen, dieses Risiko einzugehen, und wenn doch, dieses Wurm dann begleiten. Damit wäre meiner Meinung nach schon viel getan!

Das Schweigen wird allmählich unerträglich und von Atemzug zu Atemzug unüberbrückbarer, ich muß mich mühsam auf meine Aufgabe besinnen, liege in Gedanken längst mit Hanne im Bett, und zwischen meinen Beinen bricht eine Überschwemmung aus.

»Darf ich kurz Ihr Telefon benützen?« frage ich, aufspringend. Die Mutter nickt schwach. 'Hoffentlich', bete ich innerlich, 'hat Vati schon mit Mama gesprochen!' Ich habe sie sofort an der Strippe.

»Mama!« begrüße ich sie überschwenglich, »ich habe dir doch letztens meine neueste Flamme (ich hätte viel lieber 'Kanne' gesagt, aber das hat Ähnlichkeit mit 'Dose', und das wiederum ist ein frauenfeindliches Schimpfwort und deswegen zensiert) Hanne vorgestellt und bin gerade bei Hannes Mutter. Ihr wolltet sie doch unbedingt kennenlernen!?«

Während Mama spricht (»Ich lasse mir von dir nicht noch einmal erzählen, daß du nicht missionarisch veranlagt bist! Hast du das arme Kind verführt? Dir vielleicht schon mal in dein lesbisches Hirn getrichtert, daß menschliche Realität vielfältiger ist als homo ODER hetero?«), betrachtet Hannes Mutter mich aufmerksam. Meine Mutter kriegt ähnliche Allüren wie Eva-Maria!

»A«, flüstere ich, »es heißt hetera. Hanne ist 'ne Frau.«

»Oh«, meint Mama bösartig, »und ihr seid homAs? Kein Fleisch, mmh? Margarineverschnitt!«

»Warte, ich gebe sie dir, dann könnt ihr den Termin persönlich absprechen«, würge ich ihren Blödsinn ab.

»Frau Steiner, meine Mutter würde gerne selbst mit Ihnen darüber sprechen, wann Sie Zeit füreinander finden.« Zögernd steht Frau Steiner auf, und ich drücke ihr den Hörer in die Hand. Während des Gespräches werden ihr Gesicht und ihre Stimme zunehmend freundlicher, zumindest flüstert Hanne mir das ins Ohr, anstatt meine Zärtlichkeiten zu erwidern.

Samstagabend wird sie uns besuchen, und nach dem Telefonat ist Frau Steiner wirklich etwas freundlicher. Sie erzählt Unverfängliches — allerdings gibt es im Leben dieser Frau, bis auf ihre mißratene Tochter, vermutlich nichts Verfängliches — von ihrer Arbeit als Bibliothekarin und zeigt mir ihre Wohnung. Das Thema Homosexualität wird nicht mehr angesprochen, ich frage mich inzwischen, ob ich vielleicht schon wieder meine Tage bekommen habe (was ich auf dem Gruftikneipenklo zu sehen bekam, also vor nur zwei Tagen, war eine dieser merkwürdigen Zwischenblutungen und schon gestern wieder weg), aber auf dem Klo bekomme ich »nur« diese glänzende Nässe meiner Lust zu sehen, habe mich vollgesogen, als würde ich seit Stunden vergenußwurschtelt, und kann es kaum erwarten, hier wieder rauszukommen, und zwar MIT Hanne, auch wenn sie noch bei ihrer Mutter wohnt und die der Schlag trifft!

»Was ist?« frage ich Hanne, als Frau Steiner nach Luft schöpft, nur um mit ihrem Vortrag über die verschiedenen Katalogisierungsmöglichkeiten von Büchern, Zeitschriften, einzelnen Artikeln und ähnlichem Scheiß fortfahren zu können. »Ich muß allmählich heim! Kommst du mit, oder übernachten wir hier?« Hanne läßt schockiert meine Hand los und betrachtet ihre Mutter durch das ihr halbes Gesicht verdeckende Haar.

»Ich muß noch meine Mappe für morgen packen!« sagt sie leise und springt auf. Ich beherrsche mich im letzten Moment zu fragen, ob sie noch zur Schule geht. Frau Steiner betrachtet den Saum ihres karierten Rockes, und ich zerbeiße mir fast die Unterlippe auf der Suche nach Gesprächsstoff.

Endlich kommt Hanne wieder, steht verloren in der Wohnzimmertür und nickt ihrer Mutter betreten zu. »Wir sehen uns morgen nachmittag«, sagt sie, und Frau Steiner springt auf.

»Und wir sehen uns Samstagabend!« sage ich fröhlich zu ihr. »Ich freue mich sehr darauf!« (Ha, ha, ha!) Hanne und ich machen die Fliege, stürmen Hand in Hand die Treppen hinunter und kichern wie blöde.

»Meine Mutter heult sich jetzt bestimmt stundenlang die Augen aus'm Kopf«, sagt Hanne, fast mitleidsvoll.

»Hat meine auch getan, und meine Großmutter« — das ist schon wieder diese unsensible Schnepfe, die mir zwei Monate nach dem Tod meiner Mutter dieses Scheißlied »mit 'nem Zettel im Schnabel, von der Mutter ein Gruß« beibrachte, was ich für bare Münze hielt und welches schließlich zu meiner Postneurose führte — »meine werte Großmutter betet heute noch für mich, daß die männliche Erleuchtung endlich über mich komme.« Ich überlege und überlege, wie ich den Satz noch weiter ausführen kann, damit wir beide jetzt nicht auch noch mit diesem betretenen Schweigen anfangen; es ist ja wirklich nicht so, daß ich mit jeder Frau, die mir gefällt, auch was anbandel ('einfädel' sagen die Hochdeutschen wahrscheinlich), gerade das Gegenteil ist der Fall; ich bin, das ist einfach so, strotzmonogam und weiß wirklich nicht, was in mich gefahren ist!

»Und du meinst wirklich, für deine Eltern ist das normal, wenn du jetzt mit mir aufkreuzt?« fragt Hanne immer noch erstaunt und sieht mir tief in die Augen. Nein, es ist beileibe nicht nur das knuffige Gebiß, Hanne hat traumhaft klare, große, grüne Augen wie eine Seejungfrau, so wie ich mir halt eine Seejungfrau vorstelle. Ich nicke sprachlos und spüre dieses fast quälende Kribbeln auf meinen Lippen, muß sie mir lecken, um es ein wenig erträglicher zu empfinden. Wir stehen auf der Straße vor dem Achtparteienhaus, Frau Steiner steht unter Garantie, von ihrem grätzorangefarbenen Vorhang verdeckt, am Fenster, sieht uns zu und ängstigt sich fast zu Tode, daß ausgerechnet jetzt ein anderer Hausbewohner rein- oder rauskommt und diese perverse Veranstaltung zu Gesicht bekommt.

»Küßt du mich jetzt endlich oder darf ich vielleicht zur Sache kommen oder wie soll das hier weitergehen?« fragt Hanne und sinkt in meine Arme. Spitze Schulterblätter stoßen mich an, ich lege die Arme um Hanne und wünsche mir nur eines für diese Nacht:

Herr im Himmel, bitte laß mich nicht an Lisa denken!

Das würde mein Verlangen nach Hanne nicht mindern, nur stören würde es, also sollte ich es mir sparen, an sie zu denken.

»Wann fährt die nächste S-Bahn?« frage ich mit zittriger Stimme.

»Häh?« fragt Hanne unwillig und macht sich los.

»Wann fährt die nächste S-Bahn? Ich will heim, ins Bett, dich ausziehen, oder so ähnlich«, murmel ich.

»Keine Ahnung, aber laß uns mal zum Bahnhof gehen.« Es ist halb neun Uhr abends, und wir kriegen von der Kälte kaum etwas mit. Wir verbringen die vierzigminütige Fahrt nach München engumschlungen, uns vorsichtig ertastend. Ich bin verwirrt, wirklich wirr im Kopf. Als mir vor vier Jahren klar wurde, daß ich auf Frauen abfahre, war ich zugleich mit dem Abschied von zu Hause und München beschäftigt. Vielleicht ist das ja wirklich komisch, aber mich erstaunt während der Fahrt, daß ich hier in München, wo ich großgeworden bin, eine Frau in den Armen halte und wir uns küssen! Mein erstes erotisches Abenteuer, es IST abenteuerlich!, hatte ich mit einer Isländerin namens Harpa, fast 3 000 Kilometer von zu Hause entfernt. Es war tatsächlich, als lägen Welten zwischen meiner Kindheit, Erziehung, meinem alltäglichen früheren Leben und dem, was dann, endlich, heißersehnt und weit weg, geschah! Ich war, glaube ich, nie wieder so abgespaced, high, abgedriftet, ganz weit weg und zugleich zutiefst mich in mir spürend! Und auch jetzt ist es genauso neu, aufregend unvertraut und so »Wosch!« wie damals mit Harpa. Vor drei Jahren (ich bin mehr als ein Jahr als Theorielesbe frustriert in der Gegend herumgelatscht) vergingen viele Tage, bis ich wieder so etwas wie alltäglichen Kleinscheiß mitbekam.

Und jetzt, jetzt sitze ich hier mit einer knochendürren Frau in einer S-Bahn der Hauptstadt Bayerns, und wieder fühle ich mich, wie auch mit ..., aber an die will ich ja nicht denken, fortschwimmend in mir. Im letzten Moment sehe ich, daß wir in Laim sind, wir stürzen kichernd raus und nehmen den 41 Bus nach Moosach. Es ist halb zehn. Ich genieße es unbeschreiblich, neben Hanne durch den drittgiftigsten Tunnel Münchens Hand in Hand zu gehen. Sie ist tatsächlich noch fast einen Kopf größer als ich. Das ist eine meiner Marotten. Jedesmal wenn ich eine Frau erspähe, die größer ist als ich, stelle ich mich neben sie und sauge dieses Gefühl in mich ein. Die, an die ich jetzt nicht denken will, ist einen Kopf kleiner als ich, und immer wenn ich mein Gesicht in ihren Brüsten vergrabe, ragen meine Füße frierend weit über den Bettrand hinaus.

Diesmal ist es Hanne, die kalte Füße kriegen wird, dafür hat sie so gut wie keine Brüste, aber ich muß ja wohl nicht alles haben. Der Bus hält direkt vor unserem Haus. Ich zähle die beleuchteten Fenster, neun Stück. Scheiße!

»Wollen wir nicht noch was trinken gehen?« frage ich Hanne. Die schüttelt entschieden den Kopf.

»Dich will ich, nichts zu trinken!« (Ich muß nur kurz anmerken, daß jeder Dialog hier im Original auf breitem Oberbayerisch gesprochen wird. Vielen bereitet das sicher Magenschmerzen oder anderweitige Übelkeit, aber so ist das nun einmal!)

Lisa, es hat keinen Sinn, ist erfolglos, sie aus meinem Kopf herauszukatapultieren, Lisa will immer, daß ich »Sahne« auf Bayerisch sage, weil wir ein besonders schönes »s« haben, und wenn wir streiten, und phasenweise fällt uns ja wirklich nichts anderes mehr ein, rede ich irgendwann, weil ich so wütend werde und dann nicht mehr Hochdeutsch reden kann, nur mehr im Dialekt, dann eskalieren unsere Konflikte zu Kontaktsperren, weil Lisa mich auslacht beziehungsweise es so witzig findet, daß sie lachen muß. Natürlich habe ich keinen Hausschlüssel dabei und muß klingeln. Gerda, mit Schmusetier unter den Arm geklemmt, öffnet uns.

»Hallo, du Mannfrau!« sagt sie, Hanne wiedererkennend.

»Mannweib heißt es«, sage ich kichernd und schiebe mich an ihr vorbei, Hanne hinter mir herziehend.

»Was ist«, frage ich sie, »verzichtest du für heute abend darauf, meine Familie kennenzulernen? Es zieht sich nämlich in die Länge.«

Hanne nickt. »Ich spar's mir für Samstagabend auf.«

»Dann komm!« Wir schleichen in den ersten Stock, aber natürlich ist es unmöglich, bei so vielen Menschen unbemerkt in das eigene Zimmer zu kommen.

Gunther steht in seinem arschdoofen Garfieldschlafanzug vor der Badezimmertür und tritt immer wieder dagegen. »Gitti, ich trete dir die Eier matsch, wenn du nicht bald rauskommst!« ruft er drohend. Hanne kichert, und Gunther dreht sich mit entnervter Miene um.

»Ha, ha, ha!« mäkelt er und mustert die große Frau. Ich glaube, Gunther wird niemals auf große Frauen stehen, er hat jetzt schon Probleme damit, daß zwei seiner Schwestern wesentlich größer sind als er. Und der arme Kerl wächst schon seit einem halben Jahr nicht mehr. Natürlich leidet er darunter, aber die Art, wie er dem Ausdruck verleiht, macht ihn nun einmal wirklich nicht sympathischer.

»Möchte nicht wissen, was ihr Scheißweiber immer solange auf'm Klo veranstaltet«, brummt er unwirsch. Hanne findet ihn süß, typisch Einzelkind, und streicht ihm über den Kopf.

»Spar dir den Scheiß für die Grätzschachtel neben dir!« empört Gunther sich und schüttelt die Hand von seinem Kopf. Ich ziehe Hanne weiter und schiebe sie schließlich in das Bügel-, Flick- und Müllzimmer, in dem ich die wenigen Male, die ich nach Hause komme, residiere, und lehne mich erleichtert gegen die geschlossene Tür. Normalerweise eilt die Frage: »Wen hat sie denn da schon wieder abgeschleppt?« durch das ganze Haus und alle besehen sich mein sogenanntes Opfer. Jede, die aus einer Großfamilie kommt, kennt dieses Drama.

Hanne steht mir gegenüber, ich sehe zu ihr auf und bin kurz davor, mich einfach zu Boden gleiten zu lassen vor lauter fiebriger Erregung. Hanne streicht sich den viel zu langen Pony aus dem Gesicht, geht vor mir in die Knie und zieht mir mein kariertes Männerhemd aus der Jeans. Ihre Hände sind, ja, klassische Klavierhände, sehr lang und sehr schmal. Mir wird schwindlig. (Das ist keine Metapher, dafür bin ich viel zu bodenständig, mir wird bei sowas wirklich schwindlig!) Hannes Finger legen sich zart auf meinen Bauch, den ich leider nicht habe und sie leider genausowenig, ich steh' nun mal drauf, was in den Händen zu haben, egal wo.

»Wosch!« stöhne ich. Draußen bumpert jemand gegen die Tür.

»Wer ist denn da?« fragt Gitti, ich stöhne.

»Mein neuestes Opfer!« rufe ich, sperre ab und verhänge die Milchglasscheibe mit dem dafür vorgesehenen Frottierlaken.

»Auch sehen will!« brüllt Gernold. Mama ist nett und scheucht sie allesamt in ihre Betten. Still wird es noch lange nicht werden. Hanne fragt kichernd, was das mit dem »neuesten Opfer« zu bedeuten hat. Ich stöhne und lasse mich aufs Bett fallen.

»Ich habe, seit mein erstes Geschwister zur Welt kam, mich immer mit meinen Freundinnen eingesperrt, um meine Ruhe zu haben, und Ewigkeiten bevor ich was von Homosexualität wußte, habe ich, wenn mir die Blagen vor der Tür zu nervig wurden, mit meiner jeweiligen Freundin das Stöhnspiel gespielt, bis sie so peinlich berührt waren, daß sie die Fliege gemacht haben.« Ich muß ebenfalls kichern. »Bis vor einem halben Jahr habe ich noch nie in meinem eigenen Elternhaus gevögelt und wirklich gestöhnt.« Hanne legt sich neben mich, ein Bein legt sie über meine Beine, ich spüre ihren hervorstehenden Hüftknochen auf meinem aufliegen. »Wosch!« sage ich vermutlich zum hundertsten Mal in dieser Stunde. Hanne streift mit ihren Lippen meinen Hals, gleitet hinauf zur Schläfe, ich spüre und höre ihren erregten Atem nahe am Ohr. »Wosch!« murmel ich und suche ihre Lippen, sie endlich mit meinen zu spüren.

»Fällt dir noch was anderes ein?« fragt Hanne.

»Ich hab' 'ne Freundin!« fällt mir ein.

Hanne kichert. »Und vögelst querbeet? Deine Freundin auch?«

Ich bin empört. »Ich vögel nicht querbeet, Lisa wohl. Aber ich bin, seit ich sie kenne, mit keiner anderen Frau im Bett gewesen, hat mich nicht gereizt, deswegen, nicht weil ich das beschlossen habe«, sage ich und suche noch immer nach ihren Lippen. Wir müssen uns ja jetzt wirklich nicht übers Querbeetvögeln, was für ein Wort überhaupt!, unterhalten! Hannes Mund ist irgendwo in meinem Nacken, ihre Hände sind überall, ich fühle mich so high, daß ich sie nicht mehr genau orten kann. Wenigstens hat ihr Hemd Druckknöpfe, ich ziehe ruckartig daran, nur um dann von einem Knopfleisten-T-Shirt behindert zu werden. Hannes Augen streifen längst über meinen entblößten Oberkörper, ihre Hände umfassen fest meine kleinen Brüste. Eine brennende Rotlichtlampe, mit der Mama ihren verspannten Nacken bestrahlt, wärmt uns, und in dem weichen Licht wird es noch erstrebenswerter, endlich unter das T-Shirt zu kommen. Gleichzeitig jedoch fühle ich so viel auf einmal, daß ich mich am liebsten einfach ruhen lassen würde.

»Zieh dich endlich aus«, raunt Hanne und kitzelt mit ihrer Zunge mein Ohr, streift die Schläfe entlang und kommt endlich, endlich zu meinem Mund. Fängt meine Lippen, die doch sie umschließen wollen, ein, verschließt sie und streift unglaublich kitzelnd die versperrte Spalte. Ich stöhne, mache mich frei und nestel wie blöde an meinem Hosenknopf, schiebe die Hose grimmig vor Ungeduld über die Hüfte, bemühe meine Füße um Hilfe, warum verdammt nochmal stehe ich auch auf hautenge Hosen?

Ich muß mich aufrichten, um sie mir abstreifen zu können, lasse mich aufatmend wieder fallen, stöhne ein weiteres Mal »Wosch!« und beuge mich über sie.

»Du hast irre geile Dackelfalten!« bemerkt Hanne und streicht mit den Fingerspitzen über meine Stirn. 'Sie meint das ernst!' denke ich erstaunt und verliere mich in den großen, glasiggrünen Augen. Meine nackten Füße reiben sich an ihrer Jeans, auf Wadenhöhe, unfaßbar, daß sie nicht einsam über das Bett hinausragen! Ich richte mich wieder auf und ziehe ihr endlich das T-Shirt aus der Hose, grabe mein Gesicht in ihren flachen Bauch, möchte hineinkriechen, ganz, total, richtig; Hanne quietscht. Ich mache mich über die Hose her, zieh sie ihr vom Leib und krabbel wieder nach oben. Grabe mich zwischen die Beine, schnupper mich noch trunkener und schiebe eine Hand unter ihr Kreuz, doch das braucht es nicht mehr. Hanne streckt sich mir entgegen, spreizt die Beine und richtet sich im nächsten Moment auf, umfängt meinen Kopf, legt den ihren an meinen, stöhnt: »Ich halte das nicht aus!« und manövriert mich in die hilflose Rückenlage. »Ich zerberste!« stöhnt sie, reibt sich an meinem Hüftknochen und gräbt ihre Zunge tief, tief in meinen Mund, umfaßt meinen Kopf mit beiden Händen, zwingt mich zur Ruhe, zum passiven Genießen, legt ihren Oberschenkel in meine gespreizten Beine, streift sacht, unsäglich sacht die Haare hinab, meine Klitoris ahnt die Berührung nur, und ich strecke das Kreuz durch, mich ihr entgegen, ersehne schmerzhaft, sacht gestreichelt, geküßt, geleckt zu werden.

Hanne lacht mir ins Ohr. »Was gefällt dir?« fragt sie leise und drückt mich an sich.

»Leck mich«, hauche ich, »vorsichtig, nicht fest, aber tu's endlich, mach hinne, ich kratz gleich ab!« Hanne kriecht, mich küssend, nach unten, schiebt ihren Kopf unter meinem Oberschenkel hindurch, kommt endlich an, küßt, erkundet mich, kreist sachte, ich bin verwirrt, mit dem Nasenrücken meine prallpulsierende Klitoris und dringt zugleich mit der Zunge in mich ein. Umfaßt fest meine Pobacken und treibt mich immer schwindelnder.

Ein tief, so tief kann ich gar nicht sein, tief aus mir ausbrechendes, wirklich explodierendes mich weiten und zusammenziehen, unkontrollierbar gewaltvolles, alles umfassendes Gefühl, fast unaushaltbar schön — wollüstig schmerzhafte Lust — füllt mich total!

Nach unendlicher Zeit ziehe ich Hanne zu mir hinauf, umarme sie ganz und gar mit Armen und Beinen, es scheint nie zu verebben, immer wieder krampft es sich tief in mir zusammen, birst und pocht. Durchgeschwitzt, naß am ganzen Körper will ich mich in dieser mir doch fremden Frau vergraben, einkuscheln, sie innerlich spüren, ganz umfassen.

»Wosch!« murmelt Hanne rauh, mit brüchiger Stimme, »wosch, wosch und nochmal wosch!«

Lange Zeit später dringen die Geräusche der anderen wieder zu mir vor; Hanne atmet tief und ruhig, und jetzt bin ich es, die sie erkunden, in mich aufnehmen, tobend machen wird. Unglaublich, unbegreiflich von den kleinen, zarten Füßen bis zu den Haarspitzen, diese Frau! Sehnige Waden streife ich hinauf zu den schlanken Oberschenkeln, bekomme kleine, feste Pobacken mit zwei kreisrunden Vertiefungen zu ertasten. Pure Sinnlichkeit, grüne Augen, die tief in mich sehen, sich nicht dabei verschließen; ein Wegtauchen und zugleich Eindringen in die eigenen Empfindungen. Hanne kichert, als sie kommt, kichert und kichert und kichert, krallt ihre Hände in meine Oberarme, stößt sich an mir, reißt den Kopf hin und her, krabbelt dann unter mich.

Ich glaube fast, wir schlafen übereinanderliegend, mit umschlungenen Beinen, Kopf an Kopf ein, aber es ist etwas ganz anderes, als für sich eigen zu schlafen; es ist »Wosch!«, anders kann ich es wirklich nicht beschreiben!

Wenn frau bedenkt, daß ich jetzt, wo ich das schreibe, ohne meine Zahnbürste im Knast vor mich hinvegetiere und mein Schwelgen und mich darin Hineinversenken nicht einmal unterbrochen habe, um von meinen fünf vergeblichen Versuchen, mich zu befriedigen, was unheimlich frustrierend ist, zu berichten, dann ist das schon eine ziemliche Leistung! Ich schwimme hier ganz alleine und einsam vor mich hin und werde es nie schaffen, mich zu beFRIEDigen; das konnte ich noch nie, und dieses blöde Klitorisgerubbel ohne Küssen, Streicheln oder zumindest das entfernt meine Sinne erregende Vibrieren der Zahnbürste bringt bei mir schlichtweg nichts an schönen Gefühlen zutage, ganz zu schweigen von der Beleuchtung hier, dem Quietschbett, den piksenden Sprungfedern und der ausgelatschten Matratze!

Meine Güte, ich werde hier wirklich noch ganz kirre! Knast ist gleich Entzug von lebbarer Sexualität, und bei nicht wenigen Herrschaften ist das auch wirklich angebracht, bei den

Herren zum Beispiel, deretwegen ich überhaupt hier bin, aber natürlich ist es so, daß ICH und nicht die jetzt vor mich hinschmachte. Zudem habe ich heute eine Karte von Hanne bekommen. »Wosch!« steht drauf, mehr nicht, aber mehr gibt es tatsächlich nicht zu sagen. Die Zensurstelle hat wahrscheinlich viele Stunden damit verbracht, irgendeine geheime Mitteilung da rauszufiltern, aber nach neun Tagen ist die Karte heute doch noch angekommen.

5/1 HANNE!

Hanne ist neunzehn Jahre alt, einmal sitzengeblieben und ein Jahr zurückgestellt worden bei der Einschulung, steht jetzt kurz vor dem Abitur. Aber was das Unvorstellbarste und mir zugleich auch verständlich ist: Dieses Erlebnis, diese Nacht, war ihre erste mit einer Frau. Mitten in der Nacht weckte sie mich küssend.

»In dieser, laut Mama, komischen Coming-out-Gruppe haben wir uns Stunden den Kopf darüber zerbrochen, wie es denn wohl sein würde, endlich zu leben, was wir empfinden, und eine Frau, die das schon erlebt, aber Schwierigkeiten damit hatte, sagte immer: 'Es fühlt sich einfach richtig an, ist irgendwie total selbstverständlich und geschieht von selbst. Du spürst, was für die andere schön, aufgeilend, befriedigend, richtig ist.' Ich konnte das überhaupt nicht glauben, hatte totale Angst, etwas falsch zu machen, mich unsicher oder daneben zu benehmen. Aber«, Hanne kicherte und schüttelte ungläubig den Kopf, »es ist einfach in mir, was ich und wie mit einer liebenswerten Frau machen will. Kennst du das? Oder hast du dich nie soweit von deinem Eigentlichen entfernt, daß du es mit Männern probiert hast?« Und wie ich das kannte! Den anerzogenen Zwang, an Männern Gefallen finden zu MÜSSEN, die Angst, verkehrt zu empfinden, und dann noch dazu die Angst, einer Frau nicht geben zu können, was sie mich empfinden lassen kann. Die Angst, etwas falsch zu machen, weil ich in Erfahrung gebracht hatte, daß jede anderes schätzt. Zwischen dem, was Lisa, und dem, was Hanne, und dem, was mir gefällt, liegen Welten; es ist so unglaublich vielfältig, verschieden!

Die ganze Nacht verbrachten wir mit Gesprächen darüber und über ganz viel anderes; diese Welt, die sich bedroht fühlt, und wie unverständlich uns das ist. Nur Schönes geschieht, und andere, ja die meisten, grenzen sich davon ab, als würden wir mit der Aufforderung, sie müßten ebenso sein, herumlaufen. Welch Humbug! Alles, stellten Hanne und ich fest, was wir wollen, ist lediglich, daß wir das leben dürfen — überall, in Kinos, Kneipen, S-Bahnen, der ganzen Öffentlichkeit — was diese anderen, die Mehrheit, auch leben.

»Ich will nur sein dürfen, wie ich bin!« sagte Hanne. »Mit wem die anderen vögeln oder auch nicht, ist mir doch egal!«

Und, da geschah es — mir fiel ein, weswegen ich überhaupt in München weilte, ich begann zu heulen, sah Hilde mit ihrem Pappmachéschweinchen und Hilde, wie sie Jahre zuvor auf dem Wasserbett zu gehen versucht hatte, vor meinem inneren Auge und konnte nicht mehr aufhören zu heulen. Ich war unglaublich erschrocken über die Ernsthaftigkeit und nicht zuletzt über meine Emotionalität. Und Hiltrud, der genau dasselbe vielleicht, vermutlich, sehr wahrscheinlich angetan wurde, die fiel mir auch noch ein.

»Stell dir vor«, schluchzte ich, »was wir als so unsäglich schön miteinander erleben — selbstverständlich ist das beileibe nicht!« Hanne fragte erschrocken, von was ich sprach, und ich erzählte alles. Die gesamte Misere, obwohl ich mir ganz fest vorgenommen hatte, keine weitere Person zu gefährden, weswegen Suse schlichtweg sauer auf mich war und Lisa, an die ich nun wirklich nicht denken wollte, auch keine Ahnung mehr hatte, was mich beschäftigte. Auch Boris wußte von nichts, und Kunz war einfach ein müder Schlappschwanz, ihn egriff dieses Drama nicht! Er zerbrach sich nicht den Kopf darüber, welche Tragödien das Verbrechen dieser Typen auslöste und wie weit es sich streute. Er ermahnte mich in die Schule zu gehen, anstatt sich in die Aufklärungsbemühungen des Falles zu stürzen, wie ich es, wenn auch vergeblich, tat! In dieser Nacht verstand ich zum allerersten Mal das Wort »Frauenrealität«! Zum ersten Mal wurde ich ja auch konkret damit konfrontiert. Suse, die bei Wildwasser arbeitet und unglaubliche Ereignisse erzählen würde, wenn ich sie nur ließe, Suse weiß viel mehr darum und um die Wichtigkeit, dagegen anzuarbeiten! Ich war unheimlich ergriffen, lag noch immer schluchzend in Hannes Armen, die auch wesentlich reifer und älter wirkte als ich.

Ich, dachte ich plötzlich im inneren Dialog mit Eva-Maria, latsche abgebrüht, nicht wirklich er-greif-bar, durch die Gegend, nicke cool zu allem und jedem, was mir über den Weg läuft, aber tue nichts, absolut rein gar nichts, um dem Schlimmen, was mir ja auch des öfteren begegnet, etwas entgegenzusetzen. Mir wurde schwindlig bei dem vielen, was vor mir lag! Bisher war das so:

Ich trämpe mit jemandem wie Josef, wehre mich gegen seine Annäherungsversuche, lasse sie gar nicht wirklich zu mir vordringen, so ist es wohl auch nicht verwunderlich, daß ich mich locker und kreativ gegen sie wehren kann, aber auf genau dieselbe Art gehe ich damit um, was mir hätte widerfahren können, was Hilde angetan wurde, womit sie nun groß wird; wer kümmert sich darum, wie die Mädchen psychisch damit fertig werden?

Vermutlich 'ne ganze Menge Frauen, aber ich nicht! Allein in diesem Haus sind zig Kinder, denen das geschehen konnte und kann und, mir fällt es eben in diesem Moment erst wieder ein: Mama erzählte vor drei Jahren, als ich aus Norwegen auf Besuch kam, von einem Mann, der sich mit einer Zeitschrift, in der große, erigierte, schwarze Schwänze abgebildet waren, auf dem Spielplatz herumtrieb und Jungs und Mädchen diese Bilder zeigen wollte. Bei aller katholischen Gottgläubigkeit, Mama wußte darum, und Vati wußte ebenfalls darum! Ich erinnerte mich an Ermahnungen konkreter Art; es hieß nicht: »Geh nicht mit fremden Männern mit!«, sondern beide warnten detailliert: »Wenn jemand sagt, sein Hund sei ihm entlaufen, dich bittet, ihm beim Suchen zu helfen, und er hat keine Hundeleine bei sich, oder wenn jemand, der ganz freundlich, normal und lieb aussehen kann, dir seine Wohnung zeigen will oder dich anfäßt — lauf weg, wehr dich und ERZÄHLE es!«

»Und wenn Onkel Hubert mich immer abschmatzt, wenn er kommt?« hatte ich als Neunjährige gefragt.

Vati kniete damals vor mir nieder und grinste ein wenig. »Gabrielchen«, sagte er, »wenn du das nicht magst, dann sag ihm das oder scheuer ihm eine, hörst du?« Ich nickte, hatte sehr wohl gehört, was ich tun durfte, und freute mich unheimlich auf den nächsten Besuch von Onkel Hubert, der immerhin mein Lieblingsonkel war. Als Mamas Bruder dann das nächste Mal zu Besuch kam und mich zur Begrüßung hochhob, scheuerte ich ihm eine, bevor er mich in die Backe kneifen und dann prustend meinen Hals abknutschen konnte, wie er das immer tat, und wie es mir auch wirklich gefiel. Es war die erste Ohrfeige, die ich ausgeteilt hatte, ich war tierisch stolz darauf, erwartete aber ziemlichen Ärger nun. Onkel Hubert war so erschrocken, daß er mich fast fallen ließ, und beschwerte sich bei Mama und Vati über mein unflätiges Verhalten.

»Du mußt sie schon vorher fragen, ob ihr das gefällt, hochgehoben, in die Backe gekniffen und abgeknutscht zu werden!« sagte Mama kichernd, er hatte sie nämlich immer verprügelt, als sie klein war, und jetzt scheuerte ihm jemand eine, die drei Köpfe kleiner war. Vati hatte ebenfalls durchschaut, was ich da testete, und nickte zu Mamas Erklärung.

»Stimmt!« sagte Onkel Hubert nach einer Weile und fragte seitdem jedesmal. Das einzige Problem, was dann noch blieb für mich, war meine verfluchte Oma, die ich nicht leiden konnte, aber Mädchen und demnach auch Frauen durfte man nicht schlagen, soweit ich das bis dahin begriffen hatte, außerdem trug die eine Brille, und die wäre dabei zu Bruch gegangen.

»Wie war das denn bei dir?« fragte ich Hanne, schockiert über meine Erinnerungen.

Hanne zog eine unschlüssige Miene. »Mama hat mich nicht gewarnt. Sie sprach in Rätseln, als ich wissen wollte, wer mein Vater ist, sie sprach Chinesisch, als ich wissen wollte, wie man Babys bekommen kann, und schwieg, als ich sie fragte, ob sie nicht einsam sei, so ganz ohne Zärtlichkeit.«

»Und wie war das, als du deine Tage bekommen hast?« fragte ich entsetzt.

Hanne musterte mich mit höhnischem Blick. »Sie hat mir ein Päckchen Binden unter das Kopfkissen gelegt, als die erste Unterhose blutverschmiert in der Wäsche landete! Und als das Päckchen alle war und ich nach einem weiteren fragte, sagte sie, in der Putzkammer, dort wo die Drecklumpen liegen, seien auch die nötigen Binden.« Wir schwiegen lange.

Wenn frau sich vorstellt, daß wir das Jahr 1990 schreiben und ich nicht im Knast sitze und wie Karl May mir Erfundenes aus dem Ärmel schüttel, sondern nur wiedergebe, was Tatsache ist, dann ist das fast unvorstellbar! Das ist zeitgemäß und keine Geschichte aus finsterer Vergangenheit!

Meine Ergriffenheit ängstigte mich. Ich spürte eine tiefe Verbundenheit mit Hanne, das war nichts Einmaliges, ich wollte noch nicht einmal, daß es ein einmaliges Erlebnis bleiben sollte, plante längst, alle vier Wochen nach München zu düsen und Hanne alle vier Wochen, zwei Wochen versetzt, dann zu mir einzuladen. Und zudem schockierte mich mein Wissen um Richard Vorke, Heinrich Güll, Horst Wiemgke, J. Riedel, die vielen Mädchen, die unzähligen Videokassetten, die ich in den Schränken aneinandergereiht gesehen hatte, die vielen unterschlagenen Briefe, die dazu dienten, Mörderisches noch mehr zu verbreiten!

Was? Was hätte Richard Vorke mit mir veranstaltet, wenn er mich erwischt hätte? Nachdem auch er so einer war, hätte ich nicht befürchten müssen, vergewaltigt zu werden, sehr tröstend!

Monika Bräule — was um Himmels willen »half« ihr an dieser Arbeit? Soviel hatte ich inzwischen zumindest begriffen: Ich versuchte ein Verbrechen aufzuklären, das die ganze Bundesrepublik durchzog. Die Adressen, die Lydia mir im Pour eL hinterlassen hatte, umfaßten, soweit ich mich erinnere, Dresden, Köln, Hamburg, Trier, Leipzig, München, Saarbrücken. Die EG '92 fiel mir ein, und damit die Vermutung, daß der Verbrecherring sicher international »arbeitete«. Mit all diesen Gedanken und Ängsten, denn Sybille Kühl war tot, auch wenn ich noch nicht genau wußte, weshalb sie umgebracht wurde, schlief ich schließlich, Hanne engumschlungen und an mich gedrückt, ein.

5/2 DONNERSTAG, 19. April 1990

Grit steht mit entzündeten Mandeln vor dem Bett — ich mußte in der Nacht einmal auf die Toilette und habe, fast schlafend, vergessen, die Tür wieder abzusperren —, und prompt fühle ich dieses ekelhafte Kratzen im Hals, beherrsche mich zu schlucken, um mir nicht auch Schluckbeschwerden diagnostizieren zu müssen, es ist qualvoll!

»Ich muß heute nicht in die Schule!« krächzt sie, ich gedenke meines chronischen Schulversäumnisses, und Grit mustert Hanne, die bäuchlings und mit dem Kopf in meiner Achsel vergraben noch tief schläft.

»Seit wann treibst du's mit Männern?« fragt Grit (das Kind ist noch keine neun und verbal schon verdorbener, als ich das heute zustande bringe).

»Wie schön, daß du nicht zur Schule mußt«, sage ich und springe auf, schiebe sie zur Tür hinaus und sperre wieder ab. Die Uhr zeigt bereits auf neun. Hanne wird wohl ebenfalls der Schule fernbleiben heute. Ich bin durcheinander, zum einen, weil da Hanne im Bett liegt und ich deswegen gar nicht mehr geregelt bekomme, was ich heute ermitteln wollte, und zum anderen ist Hanne sicher nicht aus den Augen und aus dem Sinn, selbst wenn sie nicht mehr hier im Bett liegt. Meine Güte, das hat mir wirklich noch gefehlt. Eine Affäre, oder gar gleich eine zweite Beziehung. Kopfschüttelnd gehe ich nach unten und rufe Hiltrud an. Sie ist wieder alleine zu Hause. Himmel Herrgott, warum steckt Monika das Kind nicht in den Kindergarten?

»Hiltrud, habt ihr ein Videogerät zu Hause?«

»Ja, besuchst du mich? Ich will das mit dem lila Monsterbauch sehen!«

»Wann kommt deine Mama denn zurück?« frage ich.

»Zum Mittagessen, wir können ihr was kochen, magst du?«

Ich sehe nochmal auf die Uhr. »Ich bin in einer Stunde bei dir, tschüs!« Fast stoße ich Mama von der Kellertreppe, drücke ihr ein Guten-Morgen-Küßchen auf die Wange und leere die Vorratskammer.

»Was hast du denn vor?« fragt sie.

»Ich besuche eine kleine Freundin«, murmel ich möglichst leise, ich weiß schon, was jetzt kommt.

»Wie klein?«

»Sechs Jahre alt.«

»Könntest du in dem Fall nicht Gerda und Grit mitnehmen? Ich muß zur Poliomyelitisimpfung mit Gernold, sei so gut, bitte!« Wenigstens muß ich nicht Gernold, den der lila Monsterbauch ja ziemlich schockiert hat, mitnehmen. Ich will mir die Haare raufen, habe keine mehr und decke hektisch den Frühstückstisch für zwei Personen. Mama hat das noch nicht erlebt, ich meine, sie hat es noch nicht erlebt, daß ihre älteste Tochter den Tisch deckt. Wenn ich früher dazu angehalten wurde, lehnte ich es immer mit der Begründung, daß genügend Männer im Haus sind, ab; meine Faulheit ließ mich feministisch werden.

»Mama«, stöhne ich, »in meinem Bett liegt eine Frau und ...«

»Ich weiß«, antwortet Mama, »du bist sowieso merkwürdig drauf dieses Mal! Seit wann hast du so etwas wie eine 'kleine Freundin', wenn dir schon deine Geschwister zuviel sind? Und was um Himmels willen wird jetzt aus unserem Besuch zum Katholikentag, wenn du mit einer anderen Frau was anbandelst?« Mama steht, die Hände auf den Tisch gestützt, vor mir und betrachtet mich auf eine Art, als stände es an, mich aus den Klauen des Teufels zu befreien.

»Das hat nichts miteinander zu tun!« versuche ich sie zu beruhigen. »Ihr kommt, nach wie vor bei Lisa einquartiert, nach Berlin; jetzt sei doch nicht so spießig!«

Mama beginnt zu lachen. »Gabriele, du bist, seit ich dich kenne, immer weggelaufen, wenn Vati und ich uns gestritten haben, meinst du, mir ist nicht genauso zumute, wenn ich hochschwanger in Berlin bin und ihr beide euch Dramen liefert? Du kannst mir doch nicht erzählen, daß eine homosexuelle Beziehung keine Eifersucht kennt, jetzt mach aber mal halblang! Ich habe euch beide erlebt, wie ihr wie die Furien in Person aufeinander losgegangen seid!«

Ich höre Schritte von oben. »Mama«, flüstere ich beschwörend, »Lisa vögelt, seit ich sie kenne«, wie nannte Hanne das? ... »querbeet! Also wird sie es auch überleben, wenn ich einmal mit gleichem aufwarte, und jetzt gib Frieden!«

»Guten Morgen«, sagt Hanne und reicht Mama die Hand. Wir begrüßen uns mit einer inniglichen Umarmung, ich würde am liebsten sofort wieder nach oben gehen und weiterkuscheln. Mama setzt sich zu uns, ich sehe das Unheil schon knüppeldick auf mich zukommen; Hanne ist begeistert von meiner aufgeschlossenen, fröhlichen Mutter, und Mama ist sehr angetan von dieser im Gegensatz zu Lisa überhaupt nicht drahthaarfoxigen jungen Frau. Hanne fällt auch nichts anderes ein, als ihr Schicksal als Einzelkind zu beklagen. Und ich, ich habe mich in dieses Mädchen, allen Ernstes — verliebt! Als wäre der Dramen nicht schon genug in meinem Leben. Als ich da sitze und den beiden zuhöre, wünsche ich mir nichts sehnlicher, als an einem Ort zu sein, wo absolute Ruhe herrscht, nichts weiter geschehen kann und ich einmal die Zeit habe, *nach*zudenken über die Ereignisse der letzten Wochen. Ich sehe rastlos auf die Uhr, Hanne versucht, ihre Mutter zu charakterisieren und beschwört den Samstag als unweigerlich kläglich endend herauf, und Mama lauscht aufmerksam, versucht Hanne zu beruhigen und zwinkert ihr schelmisch zu, nach dem Motto: 'Das deichseln wir schon!' Oha, oha, und Gabriele, meine werte Persönlichkeit spürt so etwas wie Neid, mir reicht's; der Tag hat noch nicht begonnen und schon tausend Problemchen auf der Konfliktschiene; leck Fett!

»Ich muß jetzt dann los«, wende ich mich an Hanne. »Ich habe dir doch von Monika Bräule und ihrer Tochter Hiltrud erzählt, da muß ich jetzt hin«, sage ich forsch und gehe in den Keller, um die Videokassette aus dem alten Süßigkeitenversteck zu holen.

Als ich wieder nach oben komme, sitzen die beiden ratschend noch immer am Tisch. Ich haste in die Garage und hole das Tridem. Als ich zurückkomme, hat Hanne den quäkenden Gernold auf dem Schoß und spielt »Hoppe, hoppe Reiter«. Mama zieht ihm währenddessen die Halbschuhe über. Lisa!, meine werte Freundin Lisa, verfiele niemals auf die Idee, mit einem dieser Plagen zu spielen, aber erstens ist sie kein Einzelkind und außerdem kann sie Kinder eh nicht sonderlich leiden. 'Herr im Himmel', flehe ich, denn wenn man katholisch groß wird, dann kommt man da niemals wieder von los, den Herrn anzuflehen, wenn die Kacke am Dampfen ist. 'Herr im Himmel, erlöse mich von all dem Bösen!' Mama bedankt sich überschwenglich bei Hanne und freut sich nun wirklich auf den Samstagabend, und Hanne sieht ihm auch ruhiger entgegen. Ich schlage drei Kreuze und warte ungeduldig vor der Tür. Gerda hat schon im Kindersitz Platz genommen, und ich darf das Rad festhalten, und Grit mauschelt schlechtgelaunt und mit dick eingepacktem Hals was von einer zimtzickigen Zwiderwurz'n, womit nur ich gemeint sein kann.

Als Hanne dann schließlich aus der Tür tritt und mich anlächelt mit ihrem knuffigen Gebiß und diesen umwerfend grünen Augen, schmilzt mein Zorn. Sie will sich einen schönen Tag in der Stadt machen, und wir verabschieden uns bis Samstag.

»Mich hat's erwischt, wosch!« flüstert sie mir ins Ohr, ich kann sie nicht richtig umarmen, weil ich das blöde Tridem festhalten muß. »Aber keine Panik, ich laufe weder bei deiner Freundin noch in Berlin deswegen auf.«

Ich nicke gequält. »Mich hat's auch erwischt!« murmel ich und radel los. Hiltrud freut sich tierisch über den dreifachen Besuch, und wir wurschteln in der Küche herum, Pampnudeln mit pampvegetarischer Fleischsauce, decken den Tisch und warten auf Monika. Die ist sehr erstaunt und wirklich nicht erfreut, mich zu sehen. Nach dem Essen schicke ich alle Kinder auf den zubetonierten Hinterhof zum Spielen. Monika flüchtet in die Küche und macht sich an den Abwasch. Ich lege die Videokassette mit der »Schnullerlady im Bett« ein und befehle ihr, sich das anzusehen.

Bei ungefähr derselben Stelle, an der ich abschalten mußte, springt Monika auf und läuft heulend hinaus. Ich nehme die Kassette und stecke sie wieder ein, stelle mich in die Küchentür, Monika stiert ins Spülbecken.

»Ich bin, nein, ich war mit Richard Vorke liiert«, schluchzt sie. »Aber«, sie richtet sich auf und dreht sich zu mir, »ich weiß mit hundertprozentiger Sicherheit, daß er Hiltrud kein einziges Mal angefaßt hat und es auch nicht vorhatte! Das mußt du mir einfach glauben!«

Ich nicke. »Wer ist Heinrich Güll?« frage ich in einer Art, als sei ich seit zwanzig Jahren, also routiniert, mit der Ermittlung von Verbrechen beschäftigt. Doch Monika erzählt gewiß nicht deshalb so freizügig, sondern weil sie durch den Tod Vorkes mitgenommen zu sein scheint.

»Keine Ahnung, ich habe ihn kein einziges Mal gesehen, nur gesprochen! Aber er ist sicher in einer wesentlich höheren Position, als Richard es ... es war.«

»Und weshalb befreit dich dieser Putzjob von deinen und welchen Schwierigkeiten?«

Monika entkommt wieder ein Schluchzen. »Ich habe über 20 000 DM Schulden in einer Spielbank. Güll hat die Schuldscheine alle aufgekauft, bei dem bin ich mir auch sicher, daß er mich darüber erpressen und so an Hiltrud herankommen wollte. Und als ich wieder einmal spielen wollte beziehungsweise mußte, es ist wirklich eine Sucht, eröffnete mir der Besitzer, daß ich keinen Pfennig mehr schuldig bleiben dürfte, daß ihm aber ein Freund, der sich sicher bald bei mir melden würde, die gesamten Schuldscheine abgekauft hätte. Tatsächlich meldete sich Richard Vorke bei mir und kam zu Besuch. Nach zwei Stunden versprach er mir, daß er Güll die Scheine abkaufen würde und er selbst mit einer Zahlung von 150 DM im Monat einverstanden sei. Heinrich Güll ließ sich aber nur 15 000 DM abkaufen. Ich habe das damals gar nicht begriffen, und ich wußte auch nicht, in was für einer Gefahr Hiltrud schwebte. Wochen später rief Güll mich an und sagte, daß er eine Putzfrau sucht. Richard hatte mir inzwischen berichtet, wovor er mit dieser Schuldscheinübernahme mich und Hiltrud bewahrte. Für jedes Putzen würden mir 100 DM erlassen werden. Das sind 4 800 DM im Jahr!« betont sie, und ich verstehe noch immer nicht, wo der Hase langläuft.

Plötzlich heult sie wieder los. »Ich weiß«, schluchzt sie herzzerreißend, »wer Richard umgebracht hat! Und die wissen, daß ich Bescheid weiß. Güll hat mich nur deswegen eingestellt, damit ich quasi zum Mittäter werde!«

»Wie denn das?« frage ich verwirrt.

»Unterlassene Hilfeleistung und Unterstützung gesetzeswidriger Geschichten. Ich wußte und weiß genau, was da abläuft und wessen Betten ich da wöchentlich frisch beziehe«, sagt sie hart. »Und wegen Richard, dem Geld und aus Angst habe ich nichts unternommen.«

Mir dröhnt der Kopf. »Und Güll hat sich wegen Richard nicht an Hiltrud vergriffen? Das verstehe ich nicht. Dann war doch Richard in einer mächtigeren Position als Güll?! Und weshal...?« Die zwei Kleinen poltern in die Küche. Grit tritt einige Zeit später wankend durch die Tür, klagt über starke Schluckbeschwerden und fiebert. (Ich kann mich nicht erinnern, je von einer Detektivin gehört zu haben, die Kinder hatte oder betreuen mußte, das kann allerdings auch an meiner Unbelesenheit liegen.) Also bringe ich sie und den anderen Schreihals nach Hause, gebe die Kinder ab und radel zur Blutenburgkapelle. Das schönste an Kirchen ist, man kann ungestört nachdenken. Und ich habe das Gefühl, Jahrhunderte nur nachdenken und endlich mal kombinieren zu müssen. Ich muß an diesen Heinrich Güll rankommen.

Er, beschließe ich, ist der Casus knacktus, und mit diesem mickerigen Ergebnis fahre ich dann wieder nach Hause. Ich bin frustriert; angefangen von dem Trugschluß, daß ich mir eingebildet hatte, sl müßte Sexyland sein, nehmen meine falschen Kombinationen gar kein Ende, beziehungsweise ich unternehme nicht einmal mehr den Versuch, Ordnung und etwas mehr Licht in diesen dubiosen Sumpf zu bekommen. Zu Hause kommt mir mein Kinderarzt entgegen und donnert mir auf Mamas Anweisung gleich eine Tetanusspritze in den Hüftknochen. Diesen feisten Knilch mit seinen kalten Pfoten habe ich von klein auf gehaßt! Vermutlich war ich, nur um ihm zu entgehen, niemals krank geworden. (Aber vielleicht war ich krank und erzählte es nicht und bilde mir heute deswegen gleich alles ein?) Wieviel mehr weiß Monika? Und weshalb deckt sie Richard Vorke?

Kopfschüttelnd radel ich zum Schloßcafé. Ich kann nicht

noch einmal mit Monikas Hilfe in das Haus eindringen, damit wird sie vermutlich ihr Leben riskieren, und sie scheint bereits genug und zu tief in dieses Verbrechen verwickelt zu sein. Das einzige, was ich weiß, ist, daß sie nicht weiß, wer Richard Vorke umgebracht hat, und das ist wirklich nicht viel!

Es ist allerhöchste Zeit, den Fall in das, was man »kompetente Hände« (aber damit assoziiere ich nur Hanne!) nennt, abzugeben. Für so etwas ist sicher das Sittendezernat zuständig, bleibt lediglich die Frage, WIE erzähle ich WAS in welcher Reihenfolge WEM? (Ich hoffe nachträglich, daß mir in diesem Moment jene ominöse Gisela, diese V-Frau, von der Lydia soviel Verwirrendes erzählt hatte, eingefallen wäre, wenn ich nicht so übermüdet und abgelenkt (Hanne) gewesen wäre, geholfen hätte mir das allerdings auch nicht!) Ich könnte mich stellen und gestehen, Richard Vorke umgelegt zu haben; die Tatwaffe ist mir zwar irgendwie abhanden gekommen, aber: zum einen müßte ich mich dann nicht mehr vor Wiemgke und Kumpanen fürchten, müßte nicht auf diese dusselige Klassenfahrt, würde nicht von der Schule verwiesen werden, weil ich begründet verhindert war, und könnte auch das psychische Drama

Lisa : Hanne

das mir unter Garantie noch bevorsteht, nicht weiter zuspitzen. Sehr reizvoll!

Kaum zu Hause, stürze ich mich auf das Apothekerschränkchen, finde nur Baldriantropfen, trinke geringfügig verdünnt — igitt! — ein halbes Glas und versuche mich auf den neuesten Klatsch im englischen Königshaus zu konzentrieren. Die Post droht mit Streik, was mich sehr beruhigt. Bis die liegengebliebenen Briefe nachträglich zugestellt werden würden, will ich J. Riedel in den Knast gebracht haben! Fragt sich lediglich — WIE? Endlich versinke ich in glücklicherweise traumlosen Schlaf.

Ich lasse mir die Fäden aus der Brustnarbe ziehen und verbringe deswegen vier Stunden im Krankenhaus rechts der Isar, was völliger Quatsch ist, weil das auch mein widerwärtiger Kinderarzt hätte erledigen können. Außerdem erreiche ich Lisa, die mich vermißt und sorgenvoll, wegen mir, an ihrem Schreibtisch auf der Arbeit sitzt; ich reagiere mit Tränen, schon zum zweitenmal dieses Jahr. Kurz danach erreicht mich Hanne, die träumend in der Schulbank sitzt und von Erinnerungen an unsere Nacht gepeinigt sich die Klamotten durchschwitzt. Mir wird ebenfalls ganz heiß zumute, als sie das mit ihrer kichernd verschämten Stimme erzählt. Vati kommt mit zwei Doppelbockbierflaschen zu mir und fragt vorsichtig an, ob mein Ziel, Abitur auf dem zweiten Bildungsweg zu machen, vielleicht doch nicht das richtige sei. Es sei jedenfalls nicht sein Anspruch, akademische Kinder zu haben. Ich nicke müde und enthalte mich jeglicher zukunftsorientierten Bemerkung.

Inzwischen fühle ich mich bereits hochgradig überanstrengt, von überall kommen Forderungen und Wünsche, nicht zuletzt meine eigenen, und es wird nur mehr. Noch einmal fahre ich also in die Blutenburg und setze mich in die kleine Kirche, um nachdenken und etwas zur Ruhe kommen zu können. Meine Gedanken landen auf sehr angestrengte Art bei Heinrich Güll. Irgendwie habe ich das Gefühl, es gibt mehrere Kategorien von dieser Sorte Verbrecher. Güll muß jemand sein, auch wenn ich noch nicht raffe weshalb, der über Vorke residiert. Bei ihm befinden sich die ganzen Videos, aber ganz sicher gibt es kein Video, auf dem er zu sehen ist. Damit kommt mir die vage Idee: Vermutlich könnten nicht wenige Aktiv-Verbrecher wie Vorke, Wiemgke und Riedel so hinter Gitter gebracht werden, nicht aber der, der die Organisation und Verbreitung macht. Nach einer halben Stunde Grübeln beschließe ich jedoch, daß mich nicht weiter zu kümmern hat, wer wie und was verbricht, weil es merkwürdige Auswüchse, zumindest in meinem Hirn, bekommt. Nachher sieht es so aus, daß Vorke und Konsorten als Ausgebeutete von Güll und noch höher rangierenden Pornomanagern zu bezeichnen sind und im Gegensatz zu diesen (die nicht zu schnappen sind) einer Strafe entgehen sollen, da sie ja nur das Angebot nutzen — beziehungsweise sich aufgrund irgendwelcher schrägen Vorstellungen zu eigen machen —, welches die Überverbrecher ihnen anbieten. Für mich, beschließe ich, wird nur folgendes relevant sein: Wen ich kriegen kann, den schnappe ich mir! Denn vermutlich ist Sybille genau deswegen umgebracht worden, weil sie mehr als nur die kleinen Fische wollte. Selbstverständlich (jetzt ohne jede Ironie oder Boshaftigkeit, die sind mir im Moment echt flöten gegangen) wäre es am allerwichtigsten, gerade die verführenden schweinereichen Verbrecher lebenslänglich wegzupacken, aber ICH bin da wirklich die Falsche. Meine Bemühungen, hier irgend etwas herauszufinden, werden dieses Verbrechen, wenn überhaupt, dann nur minimal verringern. Das finde ich allerdings sehr frustrierend, und dabei fallen mir dann die ganzen Frauen um mich herum ein, die irre viel machen und lesen und organisieren und weiß der Himmel was noch, und trotzdem läuft der Pornomarkt saugut! Mir kommt soeben erstmalig diese ganze Fragestellung: Wer verbricht was, und wie ist das zu bewerten, bestrafen, und wem ist mehr Aufmerksamkeit, ich meine Verfolgung zu widmen, und WAS könnte diesen Wahnsinnsmarkt beenden. Kopfschüttelnd befreie ich mich von diesem Wust. Ich sehe mich vor meinem inneren Auge (bei dieser Formulierung bin ich mir nie sicher, ob Einzahl oder Mehrzahl, abgesehen davon, daß es mir in beiden Fällen fehlt), das war dieses Jahr, in einer Demo mitlaufen und mit vielen, vielen anderen den Slogan »Wir sind nicht alle, es fehlen die Gefangenen!« brüllen.

Gerade jetzt (Achtung: Zeit- und Ortsprung), wo ich hinter Gittern vor mich hinvegetiere, bekommt das fast makabere

Auswüchse und hochgradig peinlich wird es mir auch. Mir fällt nichts anderes ein, als alle Pornoärsche, selbstverständlich inklusive der Frau Uhse, hinter Gitter zu stecken, aber wo hört es auf, ich meine, wo ist die Grenze? Was würde ich mit denen machen, die Pornodarstellerinnen sind, und das nicht gegen ihren Willen? Ich beende auch diesen Gedankenwust rabiat, mit der Feststellung, daß es mir sehr wohl zusteht, a) die ganze Kacke zu kritisieren, OHNE einen einzigen Alternativvorschlag zu haben, und b) ich tatsächlich nur dort etwas tun kann, wo ich gerade bin. (s.o. -sprung zurück:)

In einer katholischen Kirche! Wie ich da sitze und, um mich abzulenken, um mich sehe, fällt mir dann nur mehr Oma ein. Die ist niemals in solche gedanklichen Sackgassen abgedriftet. Mir ist das zwar nach wie vor unverständlich, daß es Menschen gibt, die einfach zu irgend etwas eine klare Meinung haben, bei der es keine irritierenden Fragen oder Überlegungen mehr gibt, aber es gibt sie zuhauf, wie es andererseits zuhauf Menschen gibt, die sich dem Nachdenken über irgend etwas verweigern und sich aus allem raushalten. (Seit diesem Krimi, in den ich da wegen meiner Postneurose reingerutscht bin, habe ich das Gefühl, zwischen diesen beiden Gruppierungen zu stehen und ständig k.o. geschlagen zu werden!) Ich bekomme fast so etwas wie Heimweh zu Oma, deren Kopf so ungemein geordnet ist, aber dann rutschen meine Gedanken nach unten, und als ich die Augen schließe, spüre ich Hannes Berührungen fast.

»Alles«, sagte Oma früher oft, »alles, was du tust, auch wenn du dich unter der Bettdecke versteckst, alles sieht deine Mutter von dort oben, vom Himmel aus. ALLES!« — fällt mir ein, und erst jetzt kommt mir der Gedanke, daß Oma sicher nicht ohne Grund erwähnte, daß Mutti selbst dann noch alles sehen würde, wenn ich mich unter der Decke verstecke. Einmal, als ich mich zwischen den Beinen kratzte, sagte sie: »Das ist pervers!« Mit einem Mal überstürzt und verhaspelt sich mein Kopf mit Erinnerungen an die Jahre, die ich mit Oma zusammengelebt habe. (Also von 41/2 bis 71/3.) Und damit, daß Mama meine Mama wurde, war Oma ja noch lange nicht aus der Welt geschafft. Als ich Harpa, die Isländerin kennenlernte und mit ihr eine fast unverkraftbar traumhaft schöne Liebe, da konnte und wollte ich es nicht verschweigen. Omas Reaktion hält an. Sex ist sowieso pfui, igitt und bäh, aber meine Form von Sexualität ist das Verwerflichste überhaupt, das ist ihre Einstellung, und sie faßt sie unbeirrbar und penetrant in Worte. Ich sitze da in der hintersten Ecke der Blutenburgkirche, und Omas einziges sexuelles Erlebnis fällt mir jetzt auch noch ein. Der deutsche Soldat auf Heimaturlaub, der später fiel. Oma hatte ihn gerade ausfindig gemacht mitten im Krieg und wollte ihm die Pistole (Heirat wegen Schwangerschaft) auf die Brust setzen, als er umkam. Beim Erntedankfest hatte er sie angesprochen, sie arbeitete damals als Kellnerin in Dachau, was sie nicht nötig gehabt hätte, weil sie aus einer schweinereichen Familie kommt. Er tanzte mit ihr und hat sie schließlich, damit ihr nichts geschähe, nach Hause gebracht. In ihr kleines Zimmer, das sie wegen eines gründlich vorübergehenden Sturm-und-Drang-Protestes gegen ihre Eltern sich gemietet hatte, hatte er sich reingedrängt und sie »umgelegt«. Oma erzählt genau, wie es war, spricht niemals von Liebe oder gar Lust, es war ganz klar gegen ihren Willen geschehen.

Ich schmiege meine Beine an den Oberkörper und erinnere mich an meine romantische Vorstellung dazu, als ich elf Jahre jung war. Damals wußte ich noch nicht, daß es eine Vergewaltigung war, die meine Mutter entstehen ließ, so fatal war Omas Erziehung nicht, und so träumte ich von einer jungen Frau, meiner Oma, auf der Suche nach dem Mann, den sie liebt und von dem sie ein Kind erwartet. Zehn Jahre später konnte ich überhaupt nicht mehr verstehen, daß sie diesen Mann gesucht hatte und ehelichen wollte, und wurde sehr frustriert, als ich sie danach befragte. Oma schämte sich schrecklich dafür, obwohl das zu der Zeit nach dem Krieg ja wirklich gehäuft der Fall war, ein uneheliches Kind zu haben. Im Lauf dieses Gesprächs fragte ich Oma auch gleich, was sie vom Konzentrationslager Dachau mitbekommen hat. Es war einiges, was ihr einfiel — sie sprach von entflohenen Häftlingen, und die sahen wirklich schlimm zugerichtet aus, aber was solle man denn sonst tun mit all den Kriminellen, Arbeitsscheuen, Homosexuellen und Untermenschen? Es war ein gräßliches Gespräch. Oma findet es zwar sehr schlimm, daß sie vergewaltigt worden ist, formuliert es auch so und glorifiziert den Vater des Kindes bis heute nicht, aber sie überträgt ihre eigene Erfahrung nicht auf andere Menschen. Meinem damals geäußerten Gedanken, daß diese Menschen im KZ, ähnlich wie sie, »vergewaltigt« wurden, widerspricht sie bis heute. Sie fand es zwar übertrieben brutal, wenn sie Häftlingskolonnen sich zur Arbeit schleppen sah, aber nicht die Tatsache an sich. Oma ist keine von denen, die nichts gesehen haben, aber nach wie vor empört sie nur eines an dieser nationalsozialistischen Regierung: alles, was mit Sterilisation, Unfruchtbarmachung und Vernichtung von »lebensunwertem Leben« zu tun hatte. »Hannelore kann nichts dafür, wie sie entstand, und hat es von mir auch niemals zu spüren bekommen. Man darf an Kindern nicht auslassen, was nicht sie verschuldet haben. Leben«, sagt sie oft und ungefragt, »ein jedes Leben ist wertvoll, nur die Art und Weise, wie jemand lebt, muß geformt und geleitet, manchmal auch befohlen und erzwungen werden.«

Ich höre ihre Stimme fast, so präsent ist mir dieser Ausspruch, und springe auf.

»Es reicht für heute!« stöhne ich und taste sorgsam meine fertig geflickte linke Brust ab. Wankend, warum weiß ich nicht genau, radel ich nach Hause und hau mich mit Telefon ins Bett. Ich will Hanne anrufen, mich von ihr bauchpinseln lassen, aber die ist nicht da.

5/4 SAMSTAG, 21. April

Den ganzen Vormittag verbringe ich damit, mich um eine Mitfahrgelegenheit in die Holsteinische Schweiz zu bemühen, bekomme keine, und kaum sitze ich am Frühstückstisch und genieße meinen ersten Kaffee, da bittet Mama mich, zu Feinkost Larve zu fahren, um eine besondere Marmelade zu kaufen. Und so stehe ich dann mit einem mickerigen Glas für 27 DM in der Hand und Gernold auf der Hüfte an der Kasse und bin in angestrengtes und uferloses Nachdenken vertieft. Ich muß Heinrich Güll zumindest einmal zu Gesicht bekommen!

»Bub!« sagt Gernold und gluckst vor Freude.

»Nein, das glaube ich nicht!« widerspricht eine männliche Stimme energisch hinter mir. Ich drehe mich um.

»Meine ganze Menschenkenntnis gebe ich darum, daß dieses Kind kein Junge ist!« spricht er mich lächelnd an.

Ich lächel zurück. »Sie und ihre Menschenkenntnis haben ganz sicher ... ach du grüne Scheiße!« fällt mir plötzlich siedendheiß ein. »Ich habe das Wichtigste vergessen! Könnten Sie kurz Grete und die Marmelade übernehmen?« Ich drücke ihm Gernold in den Arm und rase zum Tiefkühlfach. Endlich finde ich die spezialtiefgefriergetrockneten Eiswürfel und haste zurück zur Kasse. Der Typ mit der Menschenkenntnis hat die Marmelade zu seinen Sachen gelegt, und ich lege das Eispäckchen hinzu, nehme ihm Gernold wieder ab und warte am Ausgang auf ihn. Und da, DA kommt mir die Idee!!! Dieser Typ, der so erpicht darauf ist, in Gernold ein Mädchen zu sehen, der MUSS doch einer von diesen Verletzern sein!

»Wieviel bekommen Sie von mir?« frage ich, als er mit vier prallgefüllten Plastiktüten auf mich zukommt.

»Hätten Sie nicht Lust, in Begleitung Ihrer reizenden Tochter noch einen Kaffee mit mir zu trinken?« Das läuft ja wie geschmiert.

Ich nicke zaghaft. »Aber nur, wenn ich Sie einladen darf?« sage ich, verschämt grinsend.

Er schüttelt energisch den Kopf. »Nur über meine Leiche!« antwortet er theatralisch und legt die Hand auf sein Herz. Ich denke an Richard Vorke. So sehr schwierig ist das mit der Leichenwerdung ja nicht! 'Ich muß verdammt aufpassen!' ermahne ich mich eindringlich. 'Das war vielleicht kein Zufall, daß wir in derselben Schlange hintereinander anstanden. Und Gernold oder Grete darf ich nicht dem geringsten Risiko ausliefern!'

Herr Fischer erzählt strahlend von seinem Hobby, Modelleisenbahnen. »Wenn Sie möchten, können Sie sich meine Anlage einmal ansehen. Sie werden begeistert sein, und Ihre Tochter auch!« 'Meine Tochter' ist nicht nachhaltig von Salz- und Pfefferstreuern kuriert, aber bei so vielen Kindern ist es vermutlich normal, daß irgendwann kein Grips mehr übrigbleibt. Wie blöde würden dann erst die nächsten werden, wenn sich das geringe auch noch auf zwei verteilt? Nach einer Viertelstunde beschließe ich, daß meine Menschenkenntnis mindestens genauso schräg ist wie die von Herrn Fischer, verabschiede mich überhastet und schaue auf dem Rückweg noch einmal bei Heinrich Gülls feudalem Wohnsitz vorbei.

Und sieh einer an, der Hausherr — vermutlich — steht am Gartentor und läßt sich vom Paketpostboten 7(!), in Worten SIEBEN Päckchen aufladen. Ich bekomme 'ne Stinkwut — meine Briefe werden wegen des Streikes nicht zugestellt, aber einem Herrn Güll kann man natürlich nicht zumuten, mal etwas länger auf seine Kindersexvideos warten zu müssen! Ich radel heim.

Mama ist schrecklich aufgekratzt. Sie verbindet Frau Steiners Besuch mit dem Frühjahrsputz. Alle, selbst Gernold, werden am frühen Abend auf die Nachbarschaft verteilt, und ich bekomme einen feuchten Lappen in die Hand gedrückt und soll Türklinken (!!!) putzen.

»Findest du das nicht ein wenig übertrieben?« frage ich vorsichtig.

Mama grinst mich boshaft an. »Du weißt, daß ich unweigerlich 'nen Putzfimmel bekomme, wenn keines der Kinder im Haus ist!«

Ich nicke kopfschüttelnd (das geht, bei dieser Mutter allemal!). »Und weil immer mindestens drei Kinder im Haus sind, putzt du nie. Kein Wunder, daß ich therapiebedürftig bin«, murmel ich, auf den Lappen spuckend.

»Erzähl doch mal, von was du da so sprichst!« steigt Mama begeistert in das Thema ein.

»Vorzugsweise von Kunz und meinen erotischen Träumen mit ihm«, antworte ich gedankenlos.

»Ach«, ruft Mama in höchsten Tönen, »das ist ja interessant!«

»Findet Eva-Maria auch.«

»Wer ist denn dieser Kunz?«

»Mein Tutor. Ist vielleicht zwei Jahre jünger als du, hat graumeliertes Haar und ist ...«

»Ja und sonst? Charakterlich, meine ich?« Mama hängt förmlich an meinen Lippen, diese Frau soll heute abend Frau Steiner dazu bringen, Hannes Homosexualität zu akzeptieren! »Himmel, jetzt laß dir doch nicht jedes Wort aus der Nase ziehen!« empört Mama sich.

»Nun, der Herr ist atheistisch-marxistisch einerseits, aber auf der anderen Seite, nun ja, irgendwie pervers, also, ich meine, nun, er hat halt ...«

»Inwiefern???« kreischt Mama.

»Nun ja, letztens ist er in einen Sexshop gegangen und hat sich für 25 DM einen Porno in Blindenschrift gekauft.«

»Oh mein Gott! Und von dem träumst du erotisch?«

Ich ziehe, mich ergebend, die Schultern hoch. »So ist es.«

»Und was kommt dabei raus, wenn du in der Therapie darüber redest?« fragt Mama und nimmt ihre Putzarbeit, allerdings halbherzig, wieder auf.

»Oh, Eva-Maria diagnostiziert mir immer wieder, daß ich mich auf nichts ernsthaft einlasse.«

Mama nickt. »Mmh, bei diesem Menschen ist das vielleicht sogar angebracht, aber grundsätzlich hat sie bestimmt recht! Ich frage mich wirklich, wie ich dein sarkastisch trockenes Mundwerk zwölf Jahre lang, und zwar täglich, überlebt habe!« stöhnt sie.

»Ich frage mich, wie ich dazu gekommen bin! Du glaubst doch wohl nicht im Ernst, daß ...«

Es klingelt, Mama hievt ihren dicken Bauch nach oben. »Wasch dir die Hände, Kind!« ruft sie und eilt zur Tür. Frau Steiner in legerer Aufmachung und Hanne in femininer, was ihr überhaupt nicht steht, treten ein. Mama umarmt Hanne wirklich herzlich und drückt ihr ein Küßchen auf die Wange.

»Gut siehst du aus, Kind!«

Dann umarmen wir uns. »Ich hoffe bloß«, wispert Hanne mir ins Ohr, »du hast so etwas wie einen Vater, der auch anwesend und am Familienleben beteiligt ist. Oder ist das in dem Artikel erstunken? Mama glaubt nämlich inzwischen, daß ich so unnormal empfinde, weil mir die strenge Hand einer männlichen Bezugsperson gefehlt hat!«

»Kein Problem«, kichere ich, »meine Mutter glaubte jahrelang, daß sie mich zuwenig geliebt hat, ich bin ja nicht ihr leibliches Kind, und daß ich mich zu Frauen hingezogen fühle, um mein Defizit zu begleichen!« Wir küssen uns in mühsamer Beherrschung. Ich sehe Frau Steiner an, daß sie Mama für unanständig übergewichtig hält. Wie um Himmels willen ist diese Frau zu einem Kind gekommen?

»Vati!« brülle ich nach oben, »Hanne und ihre Mutter sind da!«

Vati kommt pfeifend die Treppe nach unten, begrüßt Hanne, die er noch nie gesehen hat, mit einem Klaps auf den Po, »Na«, fragt er mit einem schelmischen Augenzwinkern, »hast du dich für mich so angehübscht, Mäuschen?«, und küßt Frau Steiner galant die Hand. Mir ist nach hysterischem Lachen zumute, dieser Abend kann nur in die Binsen gehen! Frau Steiner bewundert das geräumige Wohnzimmer. Ich finde, ohne die ganzen Kinder und ihren herumliegenden Krempel sieht es entsetzlich leer aus, fast meine ich, unsere Stimmen hallen an den Wänden wider. Außerdem lobt Frau Steiner überschwenglich den Kuchen und fragt nach dem Rezept.

»Tut mir leid«, antwortet Mutte bedauernd, »da müssen Sie meine Tochter fragen, die bäckt leidenschaftlich gern.« Also wendet Frau Steiner sich positiv überrascht an mich, und ich beginne zu schwitzen, habe von nichts 'ne Ahnung. Natürlich hat Gudrun den Kuchen gebacken, und von der darf noch nicht berichtet werden. Das verzweifelte Bemühen, nicht »davon« zu reden, Frau Steiners angestrengtes Wegsehen, weil Hanne und ich die Arme umeinander gelegt halten, zieht sich über eine Dreiviertelstunde hin. Nicht mehr lange, und der erste Schratz wird nach Hause kommen, es ist alles genau geplant. Ich trete Vati vors Schienbein, aber der genießt diesen doofen Karottenkuchen, nickt mir anerkennend zu und lehnt sich genüßlich nach hinten. Und dann, endlich, als der Cognac serviert wird (hört sich fast so an, als säßen wir in einem Restaurant, aber natürlich ist Mama aufgesprungen und hat ihn kredenzt), legt mein Vater los.

»Ach, wissen Sie, Frau Steiner, für uns war das am Anfang auch nicht leicht. Die ganze Situation war fürchterlich, weil Gabriele es meiner Frau erzählte und ihr gleichzeitig verbot, mit mir darüber zu sprechen. Und Gisela, meine Frau, benahm sich daraufhin mir gegenüber äußerst merkwürdig, stellte unmögliche Fragen, ob sie Gabriele zum Beispiel falsch erzogen, zuwenig geliebt oder zu sehr betüddelt hätte. Es war einfach wahnsinnig verquer ...«

»Jetzt übertreib nicht so, Gustav!« empört Mama sich. »Wissen Sie, es war nämlich so«, wendet sie sich an die arme Frau Steiner, die unangenehmst berührt mit ihrem Rock die Sitzfläche poliert, »ich wollte mit Gabriele damals über Geschlechtsverkehr, Verhütung und vor allem über Aids reden.« Frau Steiner nestelt an ihrem Seidentuch, lange kann ich mir das nicht mehr ansehen, zudem komme ich bei der Geschichte, die jetzt erzählt wird, wirklich nicht gut weg.

»Wissen Sie«, fährt Mama, mich angrinsend, fort, »wir sind aus religiösen Gründen gegen Verhütung. Aber die Zeiten sind heute anders, und Abtreibung finden wir noch schlimmer. Es scheint ja inzwischen wirklich gang und gäbe zu sein, daß Pubertierende, bevor sie wissen, wie sie heißen, schon miteinander ins Bett hüpfen.« Frau Steiner schlägt die Augen nieder.

»Und so habe ich mich über alternative Verhütungsmethoden informiert und Gabriele mit einem Stapel Broschüren daraufhin angesprochen.« Ich beginne zu lachen. Mama sah damals aus wie eine Vertreterin in Sachen 'Versichern Sie Ihr Leben, bevor es zu spät ist!' Aber ansonsten war diese Episode eines der schauderhaftesten Erlebnisse zwischen Mama und mir. Sie saß damals auf der Bettkante, stotterte und verhaspelte sich ständig, fragte nach sämtlichen Jungs in meiner Klasse, was ich von denen halten würde, und ich hatte sie total auflaufen lassen. Geschlagene zwanzig Minuten lang! Genau das berichtet Mama nun der peinlichst berührten Frau Steiner — die hat nicht einmal den Versuch, mit ihrer Tochter zu reden, zustande gebracht!

»Und«, fährt Mama loslachend fort, »können Sie sich vorstellen, was meine Tochter als einziges und meinen verzweifelten Monolog beendend sagte?« Frau Steiner schüttelt fast unbemerkbar den Kopf.

»Vergiß es, Mama, ich vögel eh nur mit Frauen!« zitiert sie mich. (Wie gesagt, das war damals noch alles Traum und Theorie. In Wirklichkeit war ich zu der Zeit in den traumhaft schönen Dominik verliebt, der, wohl nicht aufgrund meiner Annäherungsversuche, aber zur gleichen Zeit einfach schwul wurde, was mich in meinem keimenden Coming-out um Jahre zurückwarf.) »Und dann ist sie einfach aufgestanden und gegangen!«

Vati schlägt sich mit der flachen Hand auf den Oberschenkel und grölt los. »Und eine Woche später kam sie mit vier

Flaschen Bier zu mir und beichtete es, so als sei ich wirklich ein mit Fegefeuer drohender Pfarrer, nach der dritten!«

»Gott sei Dank«, fährt Mama fort, »ist sie knapp zwei Monate später nach Norwegen gezogen, und als sie uns ein Jahr später besuchte, hatten wir uns dran gewöhnt.«

»Du übertreibst, Mama! Ihr hofft doch immer noch, daß ich mir letztendlich so 'nen blöden Schwanzlover zulege, gib's doch zu!«

»Natürlich, aber wir können auch sehr gut damit leben, daß du es nicht tust!« Bevor das Schweigen sich ausbreiten kann, Frau Steiner scheint kurz vorm Abkratzen zu sein und Vati hat mich bei dem »blöden Schwanzlover« brutal vors Schienbein getreten, klingelt das Telefon. Ich stürme raus.

Suse — heulend und stinksauer zugleich, ist am Apparat. Sie hatte einen jungen Mann auf ihrem geklauten Fahrrad sitzen sehen und ihn runtergeprügelt. Bevor der wußte, wie ihm geschah, waren Suse und das Rad weg.

»Ist doch toll?« rufe ich begeistert, und Suse schluchzt noch mehr.

»An der nächsten roten Ampel mußte ich bremsen. Die Vorderbremse ist ja kaputt, also habe ich den Rücktritt benützt. Und« — ich halte den Hörer auf Abstand — »das Rad hatte keinen Rücktritt, dafür 'ne Vorderbremse und Licht, was meines ja auch nie hatte.«

»Ja, und dann?«

»Bin ich zurückgefahren, weil ich Schiß bekam, daß ich den Typ halb totgeprügelt habe.« Zwei Wochen früher hätte ich Suse daraufhin ausgelacht, aber inzwischen wußte ich ja, daß das machmal ruckzuck ging. »Die Bullen waren schon da, und der Typ hat sofort Anzeige wegen Körperverletzung erstattet!«

»Scheiße!« sage ich anteilnehmend.

»Wann kommst du zurück?« fragt Suse mit herzzerreißendem Schluchzen.

»Hoffentlich am 25. April, ich muß morgen zur Klassenfahrt nach Schleswig-Holstein, sonst fliege ich von der Schule!«

Suse hat am 26. April Geburtstag, und ich habe keine Ahnung, wie die Aktien von wegen dem Fall, an dem ich hier herumwurstel, dann stehen werden. Es klingelt an der Tür, endlich. Ich beende das Gespräch, und das erste Kind, glücklicherweise Gudrun, stürmt »Hallo Vati, hallo Mama!« brüllend (das machen die sonst nie! Wäre auch ein nicht endendes Gebrüll) ins Wohnzimmer. Ich besorge Stift und Papier und notiere das Karottenkuchenrezept. Im Abstand von je einer Viertelstunde kommt nun ein Kind nach dem nächsten nach Hause. Hanne und ich schütteln unverständig die Köpfe. Bei jedem weiteren Kind erhellt sich Frau Steiners Gesicht mehr, und wie sie dann alle um den Tisch herumsitzen, beginnen die beiden Damen ein reges Gespräch über die Gefahren spätgebärender Mütter (wovon diese Schnepfe so wenig Ahnung hat wie von dem, was ihre angeblich heißgeliebte Tochter fühlt!), und Vati fällt nichts besseres ein, als den Artikel in der »Frau hinterm Spiegel« stolz und zugleich etwas geniert vorzuzeigen. Hanne und ich, wir können uns endlich zurückziehen und den wahren Freuden des Lebens widmen, hingebungsvoll und endlos!

5/5 SONNTAG, 22. April

Um sechs Uhr in der Früh stehe ich an der Autobahn Richtung Norden mit einem Schild — von Hanne gemalt, mit einem pulsierenden Herzen auf der Rückseite, was hoffentlich nicht zu Mißverständnissen führen wird —, daß ich nach Lübeck will. Ich bin total übermüdet, hinterlasse München mit einem puren Chaos, mußte Mama noch einmal hoch und heilig versichern, daß sie und Vati bei Lisa wohnen können, egal wie sich das mit Hanne weiterentwickelt und egal ob Lisa und ich uns in vier Wochen noch kennen würden. Mama kann sich einfach nicht vorstellen, daß wir weiter zusammen sind, wenn ich »fremdgehe«. Hanne versprach, an mich zu denken und mir die Daumen zu drücken, und ich? Keine Ahnung!

Eine circa fünfzigjährige Frau nimmt mich eine Stunde später mit, und am Nachmittag bin ich da. Ein Traktor bringt mich bis Ahrensbök, und anschließend erbarmt sich ein Postauto (!) meiner bis Bosau. Dort gibt es nur mehr einen Fahrradverleih, und ich strampel die letzten zehn Kilometer mit erstaunlich wenig Verirrungen. Wenn mir etwas fehlt, dann ist es Orientierungssinn. Antroposophischer Liebreiz dekoriert das Bauernhaus, und an der rustikalen Haustür hängt ein recycelter Zettel mit Blümchendekoration: »Sind in Eutin, wollen die Dorfdisco aufmischen!« Ich durchsuche alle Schlafzimmer nach einem noch nicht belegten Bett, zwei Zimmer sind abgesperrt. Ich donnere gegen die sanftmütige Aufmachung an, setze schließlich Kaffee auf und drehe das Radio auf volle Lautstärke. Ich werde niemals bestreiten, daß ich manchmal etwas schräg drauf bin, aber normalerweise komme ich und kommen auch andere ganz gut damit zurecht; nur wenn ich mit Antroposophischem oder Esoterischem konfrontiert werde, dann tille ich tatsächlich ziemlich und finde das selbst sehr stressig. Irgendwie macht es mich einfach aggressiv, ich komme da gar nicht gegen an! Nach vier Minuten Radiokrach wird plötzlich die Tür aufgerissen, und vor mir steht — ziemlich angeschlagen und mit rotgefleckter, ehemals weißer Binde um den Kopf — Kunz!

Ich äußere mein Erschrecken und Mitleid und nehme ihn herzlich in die Arme. Wie kann man einen derart schönen Mann nur so zurichten?!

Kunz runzelt vorsichtig die Stirn. »Meinst du, die haben mich gefragt, ob ich diese Behandlung wünsche?« fragt er entnervt.

»Was ist denn passiert?«

Kunz lehnt sich stöhnend an den Kühlschrank, fährt sich sorgsam durch das schüttere Haar und nickt müde seinen schweren Kopf. »Also es war so«, beginnt er, »ich war mit einer Frau verabredet ...«

»Ich dachte, du suchst bei Gefühlsmäßigem zur Zeit immer das Weite?« Ich bin ehrlich erstaunt.

Kunz mustert mich genervt, das kann er wahnsinnig gut. »Ich war mit der Frau verabredet, mit der ich mehrere Jahre zusammen war, ach das ist 'ne komplizierte Geschichte! Sie hat mich jedenfalls unter anderem, also ich meine unter sehr vielem anderen, auch wegen ihrem frauenbewegten Engagement verlassen, und als wir uns trafen, erzählte sie, mmh, also es ist so, daß sie mir eigentlich nichts Interessantes erzählte, verstehst du?« Ich schüttel ungeduldig meinen Kopf.

»Nun, wir sprachen über den Mord an Sybille Kühl, sie kannte sie von irgendwelchen Arbeitsgruppen, und bei uns in der Schule war sie ja gefunden worden, und ansonsten kann ich mich wirklich nicht erinnern, daß Interessantes bei dem Gespräch herausgekommen ist. Jedenfalls, als wir uns trennten, wir waren in der Kneipe bei mir um die Ecke, und ich nach Hause kam, wurde ich von einem Typ erwartet. Der andere, der mich beschattete, kam gleich hinterher, und dann wollten die unbedingt wissen, wo du bist. Ich meine, das hätte ich ja auch gerne gewußt, aber zumindest erfuhr ich so, daß du ihnen nicht in die Hände geraten bist. Ja und weil ich nichts wußte, ihrer Meinung nach aber nur so tat und sie mir außerdem unterstellten, ich würde über die Beziehungen meiner Ex-Freundin weiterschnüffeln, wurde ich eben ein bißchen zusammengeschlagen und durfte dann ein siebenseitiges Formular unterschreiben.«

»Was für ein Formular, verdammt nochmal?« Ich bin wahnsinnig ungehalten, kann nicht mal eine/r, die/der irgendwie auch mit dem Fall zu tun hat, etwas Klärendes berichten und nicht ständig weitere Ungereimtheiten hinzufügen?!

»Mmh«, macht Kunz und scheint sich etwas zu genieren. »Mmh, mir wurde bestätigt und ich durfte es beglaubigen, daß ich an einer Sexualtherapiegruppe teilgenommen habe.«

»Kapier' ich nicht«, stöhne ich.

»Rate mal, warum Sybille ausgerechnet in unserer Schule gefunden wurde? Weil ich dort Lehrer bin! Die haben vorsichtshalber damit gerechnet, daß ich irgendwann mitbekomme, was in dem untervermieteten Zimmer abläuft!« Ich muß grinsen, dieser Herr fängt an, sich was einzubilden; ER wäre nie drauf gekommen, was in seiner Wohnung abläuft.

»Und wofür diesen Wisch unterschreiben?«

»Um mich als Mörder noch glaubwürdiger zu machen. Ich bekomme die Tatwaffe untergeschoben, bin Lehrer mit allen Schlüsseln an dieser Schule, es braucht also nicht mehr die Erklärung von wegen unserem Suffkopphausmeister, und hab' zudem sexuell noch 'nen ziemlich nekrophilen Schlag weg!« Ich nicke, WANN — wenn schon Kunz, der nicht aktiv geworden ist, in den Knast verholfen wird — bin ich an der Reihe?

»Und, wann trifft's dich?« frage ich höflich interessiert.

»Spätestens wenn ich mir noch einmal einbilde, Held und Detektiv spielen zu müssen.« Ich nicke erneut, lausche Howard Carpendale und verfalle in Apathie. Einmal ein solches Leben führen, einmal nur sich über nichts Tiefergehendes als verschwundene Sandspuren Gedanken machen zu müssen, dafür auch noch Knete zu kriegen und noch dazu in einem Dreivierteljahr mit diesem Schwachsinn politische Bedeutung zu erlangen! (Wir wissen noch nicht, daß dieser Schlager wegen genau jenen verloren gegangenen Sandspuren während des Golfkrieges verboten wird.)

»In welchem Zimmer residiert Boris denn?« frage ich, will mich hinlegen, die Welt vergessen und von Hanne träumen.

»Boris? Der ist doch gar nicht mitgekommen«, sagt Kunz. »Auf dem ärztlichen Attest steht, daß er eine Hefetablettenvergiftung hat.« Ich pruste los. In der Küche finden sich, seit er bei mir wohnt, unzählige Packungen von Hefetabletten, ich glaube, das Zeug soll gut für die Haut sein, und zig Röhrchen Vitamintabletten.

»Schade!« sage ich und öffne mit dem Dietrich, allmählich wird das wirklich Gewohnheit, das zweite verschlossene Schlafzimmer und beschlagnahme das letzte freie Bett.

6/1 MONTAG, 23. April

Obwohl der Sonntag ungemein friedlich verlaufen war, außer Billardspielen und Spazierengehen keinerlei Anstrengung, habe ich eine grauenvolle Nacht hinter mir. Ein blutgetränktes Messer fand sich in meinem Briefkasten, und im Hintergrund lachte Lydia hämisch und sang: »Hab' ich dir doch gesagt! Hab' ich dir doch gesagt!«, dann kam Suse pfeifend die Treppe runter und schlug mir vor, was Sinnvolles aus meinem Leben zu machen. Sie jedenfalls würde ihr Studium abbrechen und eine Fahrradwerkstatt eröffnen.

Nach dem Frühstück fällt mir ein, daß ich das Rad zurückbringen muß, mache mir ein Vesperpaket und radel los. Es ist sicher das erste Mal seit Wochen, daß ich gedankenlos einfach mich und alles um mich herum genieße, von Lisa und Hanne tagträume und selbst meinen Briefkasten vergesse, bis — ja, bis mich ein Auto überholt und ich zufälligerweise das Nummernschild überfliege. Es beginnt, wie könnte es auch anders sein, mit SL für Schleswig.

»Du ScheißLump!« brülle ich dem Idioten nach und bin prompt wieder meiner mißlichen Situation verfallen. Mein Lebtag werde ich bei jeder sl-Abkürzung oder zusammengesetzten sl-Wörtern jedesmal daran erinnert werden! Wütend trete ich in die Pedale und versuche mir den Mist aus dem Kopf zu pfeifen. Ich bin so angenervt, daß meine Zukunftsvisionen, die ich da auf dem Fahrrad entwickel, dementsprechend ausfallen; noch in fünfzig Jahren würden Lisa und ich uns im lesbischen Altersheim darüber streiten, ob man ein mit blauen

Streifen durchzogenes weißes Geschirrtuch in die weiße Wäsche geben darf oder nicht. Wir würden auf Krücken gestützt vor der Waschmaschine stehen und uns anbrüllen, bis uns die Prothesen vor lauter Schaum im Mund rausfallen.

Und Hanne???

Würde sich da was weiteres ergeben (blöde Frage, natürlich!), aber was? Eine halbe Stunde später schwelge ich also in Zukunftsphantasien mit Hanne — als erstes muß sie von München wegziehen, wegen ihrem Faible, das sie für meine Geschwister und meine Eltern zu entwickeln beginnt. Das würde mir noch fehlen, ein trauter Familienkreis. Irgendwann schnalle ich dann doch, daß ich mich verfahren haben muß. Ich beschließe, zur Abwechslung mal nach rechts abzubiegen, und kurze Zeit später trifft mich dann wirklich der Schlag!

Ich steige vom Rad und lasse mich ins Gras fallen, putze mir die Brille und besehe mir die Wegweiser noch einmal.

'Hutzfeld', 'Blunk', 'Damsdorf' und 'Gnissau' lese ich, so wie man Wegweiser eben liest. Doch auf dem fünften steht 'Berlin', mit einem Pfeil nach links.

»Bitte, warum nicht?« versuche ich mir das zu erklären, »in München steht vor dem Westfriedhof auch ein Wegweiser, auf dem 'Paris' steht, allerdings haben sie dort wenigstens noch die Kilometerangabe 850 daruntergeschrieben.« Ich beschließe also, nach links, Richtung Berlin, weiterzufahren. Es tut gut, unterwegs zu sein und von dem zu träumen, was noch alles auf mich wartet, ich meine lediglich das, was in Liebesdingen noch auf mich zukommen würde. Schon eine Viertelstunde später bin ich allen Ernstes in Berlin und setze mich in eine am Kudamm gelegene Kneipe. Der kalte Schweiß bricht mir aus:

Ich bin am Ziel!

In den chiffrierten Botschaften war dieses Mini-Berlin immer gemeint gewesen und sl für Schleswig daran angehängt. Und darauf ist niemand gekommen, nur — ICH!

Schnell trinke ich meinen Kakao (erstmalig nicht mit Wasser angerührt) und gehe dann den Minikudamm entlang zur Nummer 12. Es handelt sich um einen stattlichen Bauernhof, dessen Vorderfront im Erdgeschoß zu einer Buchhandlung ausgebaut ist. Neben dem Tor, dem Eingang zum eigentlichen Hof, werden auf einem rustikalen Schild Eier von freilaufenden Hühnern zum Verkauf angeboten.

Das muß er einfach sein: Der Hort oder Ort des Verbrechens! Und obwohl ich es ausschließlich Zufällen zu verdanken habe, hier zu stehen, bin ich mächtig stolz auf mich. Ich überblicke das Gelände, speichere die Anordnung der Gebäude mit inzwischen geschultem Auge, versteige mich sogar dazu, die Größe in Hektar festzusetzen; nicht daß ich 'ne Ahnung von der Größe eines Hektars habe, aber es macht sich wirklich tierisch gut! »Unerschrocken und unter Einsatz ihres jungen Lebens trug die wagemutige Gabriele Gelien entscheidend zur Aufklärung des absolut schlimmsten Verbrechens, das die Menschheit kennt, bei und ...!« Fast wird mir schwindlig vor lauter Ergriffenheit über mich selbst. SO, denke ich mir, muß sich ein Reinhold Messner fühlen — fieberhaft suche ich nach einer ebenso schwachsinnig veranlagten Frau, um meinem feministischen Anspruch genüge zu leisten —, wenn er oben angekommen ist!

Aber, fällt mir dann irgendwann ein, was kann ich nun tun? Nichts, oder? Gedankenversunken strampel ich nach Bosau, gebe das Rad ab und wandere, die Richtung Pi mal Schnauze gepeilt, über Felder, Äcker, Wiesen und Wälder zurück.

Viele Stunden später — mit meinem Lebendgewicht von 75 kg habe ich versucht, einen Jägerstand zu erklimmen, um eine Straße ausfindig zu machen, und prompt sind drei Sprossen eingebrochen — Stunden später also frustrieren mich Allgemeinsentenzen wie 'Übermut tut selten gut!' oder 'Das Leben ist hart aber ungerecht!'

Ich lebe seit zweieinhalb Jahren in Berlin und finde mich trotz Stadtplan noch nicht zurecht, wie habe ich mir nur einbilden können, querfeldein zu latschen und so dorthin zu gelangen, wo ich hinwill???

Als ich gegen zehn Uhr abends dann doch wieder im Antroposophenquartier ankomme, auf der Landkarte errechne ich einen Umweg von vierzehn Kilometern, bin ich nur mehr fertig auf der Bereifung und tierisch deprimiert. Vati oder Mama sollen mich trösten, schießt mir durch den Kopf, solche Anfälle habe ich glücklicherweise selten, und diesmal ist es zudem der ausschlaggebende Grund, der mich in den Knast bringt. Also, einsamer müder Krieger ruft zu Hause an.

»Kind, du klingst besorgniserregend!« begrüßt Mama mich und verbindet mich mit Vatis Arbeitszimmer. Der will unbedingt meine Adresse wissen (Klick!), was im Laufe der Jahre eigentlich unüblich geworden ist, und richtet liebe Grüße von Frau Steiner aus, dann ist mein Geld auch schon alle. Ich creme, Ratschlag von Mama, meine Füße mit Hirschtalg ein und nehme mit letzter Energie und bis zum Umfallen noch an einem sinnlosen Besäufnis im Klassenverband teil.

6/2 DIENSTAG, 24. April

Vogelgezwitscher, mitten in der Nacht, reißt mich aus dem Schlaf, und ich stehe pfeilgerade im Bett vor Schreck. Im Gang grölt Kunz zum x-ten Mal, daß er nur zu 37% fit sei und man ihn gefälligst liebevoller behandeln soll. Es ist elf Uhr vormittags, ich habe einen mächtigen Kater, das Frühstück natürlich auch verpaßt und schon wieder nicht mitgeholfen. Bei solchen Gelegenheiten neige ich eher dazu, mich in mein schlechtes Gewissen reinzusteigern, anstatt dem abzuhelfen und einmal ’nen Finger krumm zu machen.

Ja, der Morgen beginnt erdenklich schlecht! Wenn ich mich vor der ersten Zigarette schon analysiere, dann ist der Tag unter Garantie gelaufen.

Ein Brüllen »Gabriele, du wirst gesucht!« durch das ganze friedliebende Haus läßt mich plötzlich hoffen. Hanne? Oder vielleicht gar Lisa, die sich von sämtlichen Verpflichtungen losgemacht hat, um mich, ihre Freundin, zu sehen? Beide gleichzeitig? Im Pyjama eile ich nach unten. Eine hagere, vielleicht dreißigjährige Frau steht mit einem Päckchen in der Hand im liebreizend verwilderten Garten.

»Von deinen Eltern«, sagt sie anstatt einer Begrüßung.

»Und du?« frage ich konsterniert, ich habe diese Frau noch nie gesehen. (Das stimmt nicht!)

»Oh«, sagt sie, »das muß ich dir in Ruhe erzählen. Hast du schon gefrühstückt?« fragt sie, mich musternd.

Ich schüttel den Kopf und muß ihn prompt festhalten, scheiß Kater. »Ich ziehe mich eben an und gebe Kunz Bescheid.« (Das hört sich an wie »Und frage meinen Mann, was er davon hält«!)

Kurz darauf sitze ich neben ihr und dirigiere sie nach Eutin. Fahren kann diese Frau jedenfalls nicht.

»Und, was vermutest du?« fragt sie lächelnd, als ich einen doppelten Espresso runterkippe. Ich bemühe mich, nicht zu grinsen, habe zufälligerweise ihren Ausweis auf der Ablage gesehen.

»Ich nehme an, du hast irgendwie mit Sybilles Ermordung zu tun, und auch mit Lydias Vermutungen. Du bist die aufgeflogene V-Lady Gisela, oder?«

Sie nickt anerkennend. »Alle Achtung, wie bist du drauf gekommen?«

»Logisches Denkvermögen«, prahle ich, obwohl mir völlig schleierhaft ist, wie diese Frau nun hierhinkommt und was das ganze überhaupt soll. »Quark«, sage ich, »habe bloß deinen Perso liegen sehen. Ich schnalle inzwischen nichts mehr. Könnte zur Abwechslung mal ICH ein paar meiner zig Fragen geklärt bekommen?«

Gisela nickt und atmet tief ein. »Schieß los«, fordert sie mich auf, und in meinem Kopf breitet sich eine unendliche Leere aus.

'Womit', frage ich mich angestrengt, 'hat eigentlich alles begonnen?' »Sybille Kühl?« rufe ich. »Was hat sie getan, weshalb ist sie umgebracht worden?«

Gisela wedelt den Rauch meiner Zigarette von sich fort und hüstelt ein wenig. »Also gut«, beginnt sie, »Sybille war seit über drei Jahren darum bemüht, diese Organisation, ihre Verbindungen in und außerhalb der Republik zu erfassen. Sie beschäftigte sich mit den Machenschaften der Herren, beispielsweise Mütter erpressen, um an kleine Mädchen heranzukommen, und Väter aufspüren, die ihre Töchter mißbrauchen, was ja wahnsinnig oft vorkommt, und das auf Video aufzeichnen und weiterverbreiten. Ich weiß nicht, hast du die Sache mit Unicef mitbekommen?« Ich schüttel den Kopf. »Das ist wohl zwei Jahre her jetzt, daß bei denen in einem Keller massenweise Kinderpornos gefunden wurden. Sybille hat, als das geschah, beziehungsweise als es endlich aufflog, ihren Job geschmissen und ihre Aufklärungsbemühungen weiter intensiviert. Und vor gut einem Jahr hatte sie genügend Material, sprich Pornos mit identifizierbaren Tätern, Namen der mißbrauchten Kleinkinder und der dazugehörigen Mütter und die Art und Weise, wie sie in die Sache hineingezogen wurden et cetera, um sich einen der kleineren Fische schnappen zu können. Hast du 'ne Ahnung, wie der Verein strukturiert ist?« Wieder schüttel ich den Kopf. Gisela nickt mir zu und schöpft nach Atem. »Also, es gibt Zigtausende von Otto Normalverbrechern dieser Sparte, zu ihnen gehören Leute wie Wiemgke, Güll, Riedel und eben jener Vorke. Die drehen selbst Pornos, photographieren, organisieren die benötigten Kinder und checken alle Typen gründlich ab, die neu hinzukommen wollen und sich ebenfalls Kinderbefreier schimpfen, um Journalisten, Schnüffler oder Bullen rauszuhalten. Es ist nicht ganz einfach, in deren Kreis reinzukommen, weil die

Vorsichtsmaßnahmen ziemlich ausgeklüngelt sind. Also jemand, der Polizist oder Journalist von Beruf ist, wird deshalb nicht von vorneherein von der Aufnahme ausgeschlossen; er muß nur soweit durchgecheckt werden, daß klar ist, er will bei den Pädos seine sexuellen Bedürfnisse befriedigen, nicht berufsmäßig Karriere machen. Sybille bekam zum Beispiel heraus, daß die Kontaktaufnahme ausschließlich über Autotelefon läuft. Was dein Postbote, Riedel, da mit unterschlagenen Briefen anstellt, ist 'ne privatpersönliche Perversion, der weiß noch nicht einmal, was er mitteilt. Riedel, Wiemgke und Vorke, die drei wollen aufsteigen. Sie machen die gefährlichste Arbeit, und wenn etwas auffliegt, ist völlig klar, daß die geschnappt werden und noch nicht einmal etwas aussagen können, was die Aufmerksamkeit ausreichend auf die oberen Verbrecher lenken könnte und sie selbst entlasten würde. Wiemgke und Riedel sind davon besessen, nach oben aufzusteigen, kriegen gerade eben mal mit, daß so ein Treffen in 'berlin sl' stattfindet, haben aber keine Ahnung, was das zu bedeuten hat. Heinrich Güll ist die einzige Kontaktperson von der untersten Ebene zur nächsten. Dort wird nochmal wesentlich mehr Knete abgesahnt und dort läuft auch die Kontaktaufnahme zum weltweiten Vertrieb — noch nie was von besonders geilen Kinderpornos mit schwarzen Kleinkindern gehört?«

Ich schüttel entsetzt und angewidert den Kopf. Gisela ist nun wirklich erstaunt darüber, wie wenig ich weiß.

»Aber von den Flugpauschalarrangements in die Zentren Südostasiens, die mit einer bestimmten Anzahl von Kindfrauen zur freien Verfügung angeboten werden, die sogenannten 'Bumsbomber', davon hast du schon mal was gehört, oder?«

Ich nicke zaghaft.

»Weißt du«, sagt Gisela, »diese Kindfrauen, die da im Flugpreis inbegriffen sind, werden mit Nummern um den Hals versehen in die Hotelhalle gebracht und zur Auswahl vorgeführt. Aber zurück zu Güll, der hat so etwas wie eine

Mittlerfunktion von ganz unten nach etwas weiter oben, ist also der Interessanteste, den Sybille ausfindig gemacht hat. Es war ihr völlig klar, daß dem nichts nachzuweisen sein wird — der dreht keine Videos mehr, wo man ihn drauf zu sehen bekommt, der macht sich die Finger nicht schmutzig. Was Sybille auch herausfand, war, daß zwischen Heinrich Güll und Richard Vorke eine merkwürdige Beziehung bestand. Nichts Sexuelles meine ich, sondern vermutlich hatte Vorke etwas, um Güll erpressen zu können. Und deshalb hat sich Sybille schließlich an Richard Vorke rangemacht. Hat gedroht, mit den Videos, auf den man ihn erkennen kann — und das sind nicht wenige — und mit Namen, Adressen und der Erpressungsmethode, wie er zu den Mädchen gekommen ist, zur Polizei zu gehen, und Vorke bekam prompt Schiß. Sybille erpreßte ihn, sich über Güll, der ja durch Vorke erpreßbar war, Namen, Aufbau und Material zu beschaffen. Sie würde ihm erst dann alles Beweismaterial, um ihn hinter Gitter zu kriegen, geben, wenn sie jemand anderen, höher Gestellten dafür rankriegen konnte. Und Vorke gab sich wirklich Mühe, Güll kam ins Schwitzen und schließlich, als Sybille soviel Informationen hatte, um drei Typen, die noch weit über Güll rangieren, in die Mangel nehmen zu können, ging von dort oben der Auftrag nach unten, also in die Riege Wiemgke, Vorke, Riedel, Sybille umzulegen. Wer sie nun umgebracht hat und warum sie ausgerechnet in der Damentoilette einer Erwachsenenschule hinterlegt wurde, das wissen wir noch nicht, aber einer der drei war's, und ich wünsche mir sehr, daß es nicht Vorke war, weil der ist ja nun auch nicht mehr.«

Endlich kann ich etwas sagen, schließlich weiß ich, warum Sybille in unserer Schule gefunden wurde. Gisela pfeift durch die Zähne, als ich es erzähle, und anerkennt den Herren Verbrechern, daß dies gut bedacht war. Ich bestelle mir einen doppelten Espresso und suche nach weiteren Fragen. »Wie«, schießt mir auch prompt in den Kopf, »bist du in diese

Angelegenheit verwickelt? Was war das mit Ce Punkt? Und wer war die Frau, deine angebliche Mutter, die ihr besucht habt?«

»Oh«, sagt Gisela, »ich sehe, Lydia hat dich ausführlich informiert. Nun ja, mmh ...« Anscheinend gefällt ihr nicht, was ich nun wissen will, sie stottert jedenfalls 'ne ganze Weile herum.

»Also, völlig abgesehen jetzt von Sybille, habe ich im Sittendezernat ebenfalls in dieser Sache ermittelt, kam aber irgendwann nicht weiter, weil ich polizeiintern daran gehindert wurde. Von Sybille habe ich zum erstenmal was mitbekommen, als ich unterschlagene Post Riedel an Wiemgke dechiffriert habe, und in diesen Briefen vor Sybille gewarnt wurde.«

»Du wußtest also von diesen unterschlagenen Briefen und bist auch in das Zimmer eingedrungen?«

Gisela schüttelt den Kopf. »Das war, bevor Riedel sich in Friedenau einquartierte und bevor sie den neuen Code hatten, den bisher niemand geknackt hat. Riedel hat das lange Zeit alles zu Hause versteckt und bearbeitet. Jedenfalls habe ich mich dann, weil mir klar war, daß ich so nicht weiterkomme, einschleusen lassen, zum einen, um an Sybille ranzukommen, und auch, um mir etwas Schutz zu geben. Lydia scheint dir von der Kölner Party erzählt zu haben, ja?«

Ich nicke. »Und du hast mal eben so getan, als sei in dir die Liebe zu Ce Punkt entbrannt, und hast das Nützliche mit dem Angenehmen verbunden, mmh?« frage ich zynisch (was mir, finde ich, gar nicht zusteht).

Gisela schüttelt energisch den Kopf. »Nein, das könnte ich gar nicht! Und sobald dieser Fall abgeschlossen ist, kann ich Claudia auch alles erklären. Wir haben wirklich meine Mutter besucht!«

»Und wer war dann die Frau, die sich Wochen später nach dir erkundigt hat, und warum lebte deine Mutter dann auch nicht mehr in dieser Wohnung?« frage ich, schon wieder restlos verwirrt und skeptisch.

»Lydia!« Bei mir macht es »Klick«, allerdings nicht auf erleuchtende Art, sondern ausklinkend. Das ist mir zu kompliziert, außerdem: Was will Gisela, eine Polizistin (ob es das Wort Bullin schon gibt?), überhaupt von mir, wie hat sie in Erfahrung gebracht, wo ich bin (natürlich über meine Eltern, Vati fragte ja am Telefon nach meiner Adresse!), und was hat sie mit mir vor?

»Glaub' ich nicht!« sage ich einfach mal und bestelle mir ein Kännchen Kaffee.

»Hör mal, Gabriele, hier geht es nicht um Glaubensfragen! Lydia ist eine derjenigen, die am meisten über diese Verbrechen weiß, die arbeitet nicht umsonst, seit Jahrzehnten inzwischen, gegen die Kanalratten an, auch diese sogenannten 'Großstadtindianer', das sind dieselben in Grün, fürchten sich vor Lydia. Lydia und Sybille hielten sich immer auf dem laufenden, wenn sie neue Informationen hatten, die beiden hatten nicht nur Kontakte nach Amiland und den engagierten Frauen dort. Noch zwei Jahre, und sie hätten es vermutlich geschafft, den gesamten, weltweiten Ring auffliegen zu lassen; stell dir das mal vor! Aber Lydia hat was gegen die Bullen, die auch mich unter Druck setzten, hat ja auch immer wieder Ärger mit ihnen, weil sie ziemlich gesetzeswidrig und brutal ermittelt; die weiß, daß es auch bei uns Sexualverbrecher gibt, deren Herz daran hängt, die Ermittlungen zu erschweren. Deswegen und weil sie auch etwas Angst hatte, daß ich mehr verpfuschen als unterstützen würde, hat sie mich auffliegen lassen. Aber der Hauptgrund war der, daß die beiden, Sybille und Lydia, wußten, daß ich polizeiintern von einer kleinen, aber nichtsdestotrotz sehr gefährlichen Gruppe an der Aufklärung gehindert wurde, kapierst du das?« Ich nicke zaghaft.

»Deswegen halte die Klappe über mich! Und meine Mutter hat eine Kreuzfahrt-Weltreise gewonnen und beschlossen, sich anschließend auf Mallorca niederzulassen.«

Ich versuche krampfhaft, mich an das Gespräch mit Lydia zu erinnern. »Hat Sybille denn nun Aufzeichnungen von dir in Randalieraktion in dieser pseudolinken Rechtsanwaltskanzlei gemacht?« frage ich. Gisela nickt.

»Aber Sybille ist nicht deswegen und schon gar nicht von dir und auch nicht polizeilich gedeckt umgebracht worden, oder?«

Gisela beginnt zu lachen. »Gabriele, um Himmels willen, nein! Aber erstens war Lydia ab dem Moment, ab dem Sybille tot war, ebenso gefährdet. Nimm mal an, die beiden hatten überhaupt nur deswegen 'ne reelle Chance, die Pädos aufzuspüren, um sie letztendlich hinter Gitter bringen zu können, weil die sich nicht trauten, zwei Frauen gleichzeitig umzulegen, und klar war, wenn die eine hinüber ist, packt die andere entweder mit allem, was sie weiß, aus, oder eine den Herrschaften bislang unbekannte neue Frau steigt für Sybille ein — und außerdem sind sämtliche Informationen an mehreren nichtauffindbaren Orten hinterlegt. Ihr wurdet auch an dem Abend in der Olga belauscht! Verstehst du?«

»Nein!«

»Lydia hat dich bezüglich dem Mordmotiv beschwindelt, weil ihr klar war, daß du, als du in den Informationstransfer hineingeraten bist, nun ebenfalls gefährdet bist. Du warst die einzige, der klar sein mußte, wieso Sybille in der Schule gefunden worden war (und ich hab's nicht gerafft!), und du hast ja auch den Code geknackt. Nicht mal Lydia und Sybille und genausowenig ich haben das geschafft! Das einzige, was jetzt noch fehlt, ist die Entschlüsselung von 'berlin sl', um die sich auch Wiemgke und Riedel bis heute vergeblich bemühen. Jedenfalls, um das mal auf den Punkt zu bringen: Die nächste, die jetzt hops geht, bist du, weil Lydia sich in die forensische Abteilung der Psychiatrie einweisen lassen mußte, weil du Schussel diesen Verein zu ihr geführt hast. Lydia machte einen derartigen Aufstand, daß sie sie unverzüglich aufgenommen haben! Weißt du überhaupt, was über dich inzwischen ermittelt wurde?«

Ich schüttel den Kopf.

Gisela stöhnt. »Die Polizei hat Zeugenaussagen, die dich ziemlich gut beschreiben. Ein Ehepaar hat dich in die Sackgasse flüchten sehen, und ein Obdachloser, der in der Fabrik übernachtete, hat gesehen, wie du mit einer glänzenden Stange auf einen Mann eingeschlagen hast. Richard Vorke ist tot, und wenn du deswegen hinter Gitter kommst, sind die Herren Kinderschänder erstmal wieder aus'm Schneider. Deine Wohnung ist durchsucht worden, und du kannst von Glück sprechen, daß die Tatwaffe nicht gefunden wurde!« Aufgebracht hält sie inne. Sie beugt sich weit über den Tisch zu mir. »Mitte Mai ist, soviel wir wissen, ein internationales Treffen der Herrschaften, und zwar in diesem verdammten, unentschlüsselbaren 'berlin sl, Kudamm 12'! Was weißt du darüber?«

Ich beginne hysterisch zu lachen. »Ich soll dir also erzählen, was ich weiß, du sackst dir die Lorbeeren ein und ich komm' mit 'ner Mordanklage in' Knast? Sehr reizvoll! Für wie meschugge hältst du mich eigentlich?« Ich sehe ihr an, daß sie mich für mehr als meschugge hält. »Gibt es bei Notwehr Freispruch?«

Gisela nickt vorsichtig. »Die Zeugenaussage von dem Obdachlosen ist schon etwas problematisch. Er behauptet, daß du unzählige Male auf Richard Vorke eingeschlagen hast. Allerdings war er zum Zeitpunkt des Geschehens ziemlich angetrunken.« Ich nicke nachdenklich und erzähle, wie es Kunz mit seiner Selbsthilfegruppe zur Heilung von sexuellen Perversitäten wohl bald ergehen würde. Gerädert von all dem Wust, den ich da zu hören bekomme, es wird Jahre dauern, bis ich das intellektuell verkrafte, bestelle ich mir ein weiteres Kännchen Kaffee.

Gisela räuspert sich. »Ähem, von deiner Mutter soll ich dir ausrichten, daß du dich anständig ernähren sollst!« sagt sie und betrachtet das ankommende Kännchen skeptisch.

»Himmel Herrgott nochmal, dazu hab' ich jetzt echt nicht die Nerven!« schimpfe ich. »Ich weiß, wer, wo und was 'berlin sl' ist, aber was passiert, wenn du es weißt?«

Gisela macht eine vorsichtig abwägende Geste mit dem Kopf. »Ich stelle mir das so vor«, beginnt sie, »daß ihr, Kunz als Sybillemörder und du als Richardmörderin, vorübergehend in den Knast gesteckt werdet und sich die Herrschaften für das Treffen Mitte Mai in Sicherheit wiegen würden. Wirst du im Moment noch beobachtet?« Ich ziehe unwissend die Schultern hoch.

»Ich würde auf alle Fälle mal davon ausgehen! Für uns ist es verdammt wichtig, daß dieses Treffen stattfindet, also wäre es am besten, wenn du der Knasteinweisung durch die Herrschaften nachhilfst! Ich habe da so meine Vermutungen bezüglich der verschwundenen Tatwaffen, verstehst du?«

»Nein, aber das macht nichts!« sage ich rabiat. »Was schlägst du mir denn vor?«

Gisela mustert mich vorsichtig und unterdrückt ein Würgen. »Paß auf, wenn du weißt, wo berlin sl ist, kreuz mit Kunz dort auf, ich kann euch ein Auto besorgen und auch Flugtickets! Ob du's tust oder nicht, eingebuchtet wirst du vermutlich eh, also ist es kein sonderliches Risiko. Es wäre nur wirklich von Vorteil, wenn du diesem Kunz nichts davon erzählst, wo er sich, wenn ihr dort seid, befindet, verstehst du?«

»Nein!«

Gisela würgt erneut, ich zünde eine Zigarette an der anderen an. »Gabriele, wenn du zuviel weißt, gefährdest du mich fast unweigerlich, und Kunz scheint so gut wie nicht engagiert zu sein, das heißt, er wird im Knast alles ausplaudern, weil er meint, dadurch wieder rauszukommen, verstehst du?«

»Klar!« antworte ich trocken. »Und wenn ich erstmal im Knast bin, verliere ich meinen Schulplatz inklusive Bafög-Anspruch, zudem die Wohnung, weil mein Vermieter keinen Nerv drauf hat, 'ne Kriminelle bei sich wohnen zu lassen, und meine Eltern trifft der Schlag. Sonst geht's euch gut, oder?«

Gisela schweigt, damit ich mich beruhigen kann oder eher soll, dann beginnt sie plötzlich zu grienen. »Ich habe da noch eine ganz interessante Information für dich. Ein Nebenprodukt der Ermittlungen, willst du wissen, was?« Ich nicke wütend.

»In der Nähe des Tatorts wurde ein ziemlich demoliertes Fahrrad gefunden, und drei Tage später erstattete eine junge Frau Anzeige gegen Unbekannt, wegen Fahrraddiebstahl. Normalerweise verfügt die Polizei ja nicht über die Kapazität, bei so geringfügigen Delikten zu ermitteln, aber in diesem Fall konnte es ja Aufschluß über den Mord geben. Die junge Frau erkannte ihr Fahrrad wieder, und wir bekamen in Erfahrung, wer wann wo gewesen war!« Sie betrachtet mich triumphierend.

»Und was hat das mit mir zu tun?«

Gisela grinst bis zum Gehtnichtmehr. »Im Grunde nichts«, meint sie lakonisch. »Nur, daß es ausgerechnet eine Suse Klume war, der du das Rad geklaut hast. Und vermutlich hat sie dir davon berichtet, daß sie jemanden ...« Ich breche regelrecht zusammen. Das darf doch einfach nicht wahr sein! Ein Ding der Unmöglichkeit. Siedendheiß fällt mir die Anklage gegen Unbekannt wegen Körperverletzung ein, und bei aller unumstößlichen Liebe kann ich mir durchaus vorstellen, von Suse vertrimmt zu werden. Zwei Jahre Karate, ein Jahr Taekwondo, ein halbes Jahr Schattenboxen, dann ein Jahr Jiu-Jitsu und seit neuestem Kickboxen, und zwar zweimal die Woche, je eineinhalb Stunden, hinterlassen zweifellos Spuren. Gisela verbeißt sich mühsamst und ziemlich erfolglos das Grinsen, und mir schießt durch den Kopf, daß ich unter vielem anderem, wie zum Beispiel dem Chaos Hanne : Lisa (ein paar Seiten zuvor hieß es noch Lisa : Hanne!), dem leidigen Schulbesuch und den Verbrechern, die da hinter mir her waren, im Knast auch vor Suse geschützt sein würde. Ich beschließe, ein massiver Kaffeefläsch bricht in mir aus, Giselas Ratschlag zu folgen und, wie sie mir in meinen wirren Überlegungen rät, Kunz nicht mitzuteilen, in welche Lage ich ihn bringen will.

Von meinem gestrigen Besäufnis habe ich mich noch nicht erholt und betrinke mich nun mit Kaffee. »Einen doppelten Espresso, bitte!« Und noch eine Zigarette.

Gisela hüstelt schon wieder. »Tut mir leid, aber ich vertrage seit neuestem keinen Rauch mehr!«

Ich nicke. »Und wie lange bin ich dann hinter Gittern?«

Gisela zieht die Schultern unwissend nach oben. »Allerhöchstens bis Ende Mai.«

»Meine Eltern kommen zum Katholikentag, also am 23. Mai, bis dahin muß ich wieder draußen sein!« Gisela nickt, und mir bricht der Schweiß aus — gerösteter, filterfein gemahlener Kaffeebohnenschweiß! Ich gebe auf. Diese ganzen wirren Informationen haben mich derart erschöpft, daß ich mir nichts Angenehmeres mehr vorstellen kann, als friedlich in einer Zelle zu sitzen und meine Ruhe zu haben. Ich erzähle Gisela, wo sich »berlin sl Kudamm 12« befindet, und die faßt sich an den ungläubig geschüttelten Kopf. Wir bezahlen und fahren zum Plöner See. Ich berichte von dem Video mit Richard Vorke und von Monika Bräule inklusive der Tochter Hiltrud.

Gisela nickt wissend. »Vorke hat sich ursprünglich natürlich wegen der Tochter an Monika rangemacht, aber als Sybille anfing, ihn zu erpressen, hat er beschlossen, sich auf normale Heteropfade zu begeben, um letztendlich aussteigen zu können, verstehst du?«

»Nein!« sage ich schon wieder.

»Vorke hat die Informationen über Erpressung von Güll beschafft, die Sybille haben wollte, dadurch ist er für den eigenen Verein gefährlich geworden. Ich glaube nicht, daß es die anderen empört, daß du Vorke ins Jenseits befördert hast.«

»Liebst du Claudia wirklich?« frage ich, will kein Wort mehr von diesem undurchschaubaren Wust hören. Gisela nickt nachdenklich, und wir spazieren schweigend weiter. Zum Abschied wünscht Gisela mir gute Nerven für meinen Knastaufenthalt und trichtert mir bestimmt fünfmal ein, daß ich in den Verhören nichts verlauten lassen soll. Nichts über sie und nichts über »berlin sl«, weil die Pädos zu ihrem eigenen Schutz natürlich Spione innerhalb der Polizei hätten. Zweiteres finde ich einsichtig, aber daß ich Gisela verschweigen soll, macht mich schon wieder mordsmäßig mißtrauisch!

6/3 KUNZ WIRD VERFÜHRT in selbiger Nacht

Als ich gegen Nachmittag wieder im Antroposophenquartier einlaufe, habe ich mich einigermaßen beruhigt und bin am Überlegen, wie ich Kunzilein zum Kudamm bringen will, ohne daß er groß Fragen stellt. Ich bin mir, obwohl ich versessen darauf bin, ihm zu zeigen, was ich herausgefunden habe, zugleich überhaupt nicht sicher, ob das der richtige Weg ist. Aber wenn es diesen schweinischen Verbrechern nicht unrecht ist, daß ich Richard Vorke auf dem Gewissen habe, dann werden sie seine Mörderin nicht umbringen, da sonst ganz andere Nachforschungen angestellt würden! Und vor Suse brauche ich mich nicht wirklich zu fürchten — ich muß halt irgendwie die Knete auftreiben, um ihr da rauszuhelfen, wo ich sie hineinmanövriert habe. Grübelnd esse ich zu Mittag, die anderen sind in irgendeinem hochinteressanten Museum, und dann dusche ich eiskalt. Gestern hätte ich Therapie gehabt und kann mir inzwischen gar nicht mehr vorstellen, wie das ist. Die Therapie ist sowieso an allem schuld! Ohne sie und ohne Eva-Maria hätte ich mir schon vor zwei Jahren ein Postfach zugelegt und wäre Postbotin geworden! Statt dessen sitze ich jetzt in der holsteinischen Pampa und will es irgendwie bewerkstelligen, Kunz nach Klein-Berlin zu bringen, damit er mit absoluter Garantie in den Knast kommt. Als Briefträgerin hätte ich den und sein untervermietetes Zimmer erst gar nicht kennengelernt. Derart fruchtlos und ohne Ende kreisen meine Schwachsinnsgedanken, bis ich mich, es ist erst früher Abend, mit einem unerhörten Flehen nach »HANNE, HANNE, HANNE« ins Bett verkrieche.

Es ist ein Traum der allergräßlichsten Sorte — also einer mit einem H-Kleinkind, das wieder einmal, keine Ahnung wie (mein Gott, das waren noch glückliche Zeiten, als ich nichts von der Gefahr einer parthenogenetischen Schwangerschaft wußte!), in mir gediehen ist und nicht pariert —, der mich mitten in der Nacht aus dem Schlaf reißt. Ich sitze jedenfalls mit wildem Herzklopfen aufrecht im Bett und weiß genau, daß ich nun nicht mehr einschlafen kann. Als ich mich ein wenig beruhigt habe, stehe ich auf und tapere zur Küche, dreh' mir eine und versuche mich wieder zu entspannen. Es ist halb drei Uhr in der Früh.

Man sagt ja, in dieser Zeit sei der Schlaf eines Menschen am tiefsten, deswegen werden zwischen zwei und vier Uhr nachts die meisten Einbrüche verübt. Jetzt oder nie! denke ich plötzlich, in zwei Tagen schon werden wir nach Berlin zurückfahren; ich muß Kunz nach Klein-Berlin schaffen, irgendwie!

Hastig drücke ich die Zigarette aus und stolpere in sein Zimmer.

»Ich muß dir was Wichtiges zeigen!« flüstere ich eindringlich zum vermuteten Kopfende und lausche. Kein Schnarchen, kein Atemzug — nichts. Der Herr ist schon ausgeflogen.

»Scheiße!« Draußen höre ich, wie ein Motor anspringt, stürze runter, raus und laufe dem abfahrenden Auto brüllend hinterher. (Besser als ihm entgegen und reinzulaufen!) Schließlich hält es, und Kunz sitzt tatsächlich am Steuer. Es freut ihn überhaupt nicht, mich zu sehen, allmählich bekomme ich den Eindruck, daß er mich nicht leiden kann.

»Was hast du vor?«

»Bin auf der Suche nach 'ner Tankstelle, die nachts geöffnet hat«, brummt er.

Ich kapiere zwar nicht, weshalb, sage aber trotzdem: »Ich komme mit!« und steige ein.

Nach einer halben Stunde Schweigen fragt er schließlich: »War das deine Freundin, gestern mittag?«

»Nee«, sage ich, »die war von der Polizei. Hat mir ein paar interessante Neuigkeiten über unseren (ich will ihm schmeicheln, deswegen übertreibe ich so!) Fall erzählt. Wir sind jedenfalls aus'm Schneider!«

»Inwiefern?«

»Von wegen Knast, weil du doch laut Verbrecherversion Sybille um die Ecke gebracht hast und ich Richard umgebracht habe. Die haben das jetzt kapiert, was eigentlich läuft! Ist alles okay!«

»Echt?« fragt Kunz skeptisch und noch immer ziemlich träge.

»Echt!« sage ich. Endlich hat er eine geöffnete Tankstelle gefunden. Er holt sich eine 6er Packung Bier und entkorkt die erste Flasche mit meinem Feuerzeug. Das ist 'ne typische Mackermacke, ich hab's nichtsdestotrotz oder genau deswegen unendliche Male probiert, aber bei mir haut das einfach nicht hin. Ich lasse mir also auch eine Flasche entkorken, und dann sitzen wir schweigend nebeneinander und trinken. Ich muß mich nicht auf Teufel komm raus unterhalten, aber Kunz fühlt sich anscheinend unter Redezugzwang.

»Du hättest wirklich mitkommen sollen nach Haithabu, es war unheimlich interessant!« eröffnet er das Gespräch.

»Was für'n Haithabu?«

»Das Museum.« Nach der vierten Flasche hat er entsetzlich viel über versunkene Wikingerschiffe als Grabstätte inklusive im Schlamm konservierter Leichen erzählt und einen Schluckauf.

»Kannst du Auto fahren?« fragt er beim fünften Bier, und als ich verneine, drückt er mir eine Landkarte in die Hand und befiehlt: »Dirigier mich zurück!« Mir schlägt das Herz bis zum Hals. Ich entdecke Klein-Berlin nach Ewigkeiten, noch länger braucht es, herauszufinden, wo wir gerade stehen — wie gesagt, ich habe keinen Orientierungssinn und stehe mit Landkarten und Stadtplänen auf Kriegsfuß. Es muß klappen! (Ich weiß heute wirklich nicht mehr, welcher Teufel mich geritten hat, unbedingt da hin zu wollen!) Eine halbe Stunde später fahren wir durch den Kudamm.

»Du halt mal eben!« sage ich mit gequältem Gesichtsausdruck. »Ich muß mal!« Kunz nickt friedfertig, er muß auch Pipi machen, zudem torkelt er etwas. Ich hake mich bei ihm ein, und wir betreten den Hof vom Kudamm 12. Hoffentlich sind die freilaufenden Hühner nachts eingesperrt, ich krieg sonst Angst, daß sie mich in meinen nackten Po beißen, wenn ich gerade puller! Männer haben's wirklich in mancherlei Beziehung leichter. Kunz verzieht sich hinter einen Schuppen, und ich sehe mich um, reibe mir die Brillengläser klar, überprüfe, ob meine Schnürsenkel gut gebunden sind und schleiche mich dann an das Haus heran. Bis auf meinen Herzschlag ist es völlig still. Meine Aufgabe, trichtere ich mir ein, besteht lediglich darin, unauffällig aufzufallen und mich darin zu weiden, daß ich diesen Unterschlupf ausfindig gemacht habe, aber ausgerechnet jetzt habe ich das Gefühl einer geschulten Agentin. Am liebsten würde ich in das Haus eindringen, Belastungsmaterial suchen und irgendwelche Geheimnisse lüften. Zwischen dem Wohnhaus — im ersten Stock brennt Licht — und einem hölzernen Nebengebäude zieh' ich mir die Pyjamahose runter, ich muß wirklich und kauere nieder. Auf Höfen, fällt mir ein, pflegt man Hunde zu halten, das verstärkt meine Angst noch um einiges, und auf einmal sticht, pikst, kneift und zwickt es — ich schreie auf, kippe nach hinten über und liege mit meinem nackten Hintern nun voll in den Brennesseln. Brüllend springe ich auf, halte mir verschreckt die Hand vor den Mund, muß nicht mehr, ziehe mir die Hose hoch, meine Güte, das brennt wie Hölle, und höchstgradig peinlich ist mir das natürlich auch. Geschulte Agentin!

Kunz torkelt über den Hof. »Was ist denn nun schon wieder los?« fragt er laut.

»Pst!« wisper ich eindringlich. Das Fenster im ersten Stock wird geöffnet, ich stehe durch den Schuppen versteckt und ziehe mich flugs noch weiter zurück, doch Kunz gerät voll in den Lichtkegel der Taschenlampe. 'Nein!' beschließe ich in diesem Moment, 'nein, ich zeige mich denen nicht, wollen erstmal sehen, was die mit Kunz machen!' Kunz steht wie steifgefroren im Licht, oben wird getuschelt.

»Das muß dieser gottverfluchte (noch ein Katholik!) Pauker sein!« zischt jemand, und gleich darauf läuft einer polternd die Treppe runter. Der andere hält noch immer die Taschenlampe auf Kunz gerichtet, der auch noch immer starr dasteht.

»Zwölf Jahre«, stöhnt der Taschenlampenfritz, »zwölf Jahre lang hat niemand herausgefunden, wo wir sitzen, nur Richie, und der kann es nicht mehr ausplaudern, und jetzt dieser verdammte Pauker!« Der andere rast auf Kunz zu, zieht ihm mit einem Nudelholz eins über, Kunz sinkt stöhnend zu Boden, vermutlich hat er dadurch zu wenig Zeit gehabt zu kapieren, wohin ich ihn gebracht habe. Der Nudelholzmensch winkt den anderen zu sich herunter, der stöhnt noch immer.

»Jetzt piß dir doch nicht gleich ins Hemd! Sobald der wieder zu Hause ist, kommt er eh hinter Gitter, ist doch längst alles geregelt!« Kunz wird an den Füßen über den von Hühnern vollgekackten Hof gezogen und in den Schuppen gegenüber von dem, hinter dem ich mich verberge, gesperrt. Grumbelnd gehen die beiden wieder nach oben. Ich warte ein Weilchen und schleiche mich dann die Holztreppe zu ihnen hoch, lausche wie wahnsinnig, doch bis auf ein Rauschen in meinem Kopf ist es völlig still. Merkwürdig! Ich stehe da in dem Flur, lege an jede der drei Türen mein Ohr an und nichts, absolut nichts bekomme ich zu hören. Auch in dem Zimmer, in dem noch immer das Licht brennt, ist es still. In meiner Angst stelle ich mir vor, daß die beiden mich die ganze Zeit beobachten und das Nudelholz gezückt in der Hand halten.

Ich schleiche die Treppe wieder runter. Wenn ich jetzt auch noch auffalle und niedergeschlagen werde, dann kann ich den Knaben Kunz nicht mehr befreien. Ich laufe, durch die hervorragenden Dächer der Nebengebäude gedeckt, keiner würde mich von oben sehen können, zum Schuppen, der ist noch nicht einmal abgesperrt, und rüttel Kunz wach. Er stöhnt und kommt allmählich auf die Beine.

»Ts, ts, ts!« macht es hinter mir, ich drehe mich maßlos erschrocken um und sehe noch das Nudelholz auf mich niederfahren, bevor mich der Schlag trifft und ich zu Kunz auf den Boden falle.

Keine Ahnung, wieviel Zeit vergangen ist, ein schmerzhaftes Pochen in meinem Kopf kriegt mich allmählich wach. Mein Gesicht liegt auf irgend etwas Hartem, als ich die Augen öffne, sehe ich ein Lenkrad direkt vor mir. Sie scheinen mich in Kunzens Auto verfrachtet zu haben. Vorsichtig drehe ich mich zur Seite, kein Kunz. Ich stöhne auf, auch das noch. Ohne ihn komme ich nur zu Fuß zurück, und dazu bin ich, ganz wortwörtlich, viel zu erschlagen. Es dauert eine Weile, bis ich mich aufrichten kann. Erstmal eine rauchen.

Nach wenigen Zügen schon beginnt es hinter mir zu stöhnen: »Das Auto bleibt rauchfrei, verdammt nochmal!« Ich bin trotz des rüden Tones erleichtert, Kunz zu hören. Fahren kann er noch, der Schlag scheint ihn sogar ein wenig ernüchtert haben.

»Hast du noch irgend etwas zu hören bekommen?« frage ich ihn, als er mit Eisbeutel auf dem Kopf im Bett liegt. Kunz jammert und erzählt, daß sie ihm eine Mordgarantie für den Fall, daß er auch nur ein Wort über Berlin sl verlautbaren läßt, gegeben hätten, außerdem beginnt ihm allmählich zu dämmern, daß ICH ihn ganz bewußt in diese Situation gebracht und daß ich das Rätsel »berlin sl« geknackt habe.

»Wenn die wirklich auffliegen und eingebuchtet sind, beantrage ich Kur, und zwar gerade auch von dir!« seufzt er. Ich muß grinsen, unser Verhältnis zueinander war ja von Anfang an etwas eigenartig, und Kunz, das hat er mir auch schon unter die Nase gerieben, fürchtet meine schlagfertige, bösartige Zunge.

»So wie's aussieht, wirst du dich im Knast erholen!«

Kunz nickt vorsichtig. »Oder auf dem Schöneberger Dorffriedhof.« Ich ziehe mich in mein Zimmer zurück und knabbere an Giselas Vorschlag, uns beide im Knast zu deponieren. Ich kann mir einfach nicht vorstellen, daß der gut ist. Kunz hat nicht wirklich geschnallt, daß ich ihn deswegen dorthinmanövriert habe, damit er unter Garantie reinkommt. Aber was mich wirklich beschäftigt, ist: Wenn nun gerade deswegen, weil wir dort gesichtet worden sind, dieses große Treffen Mitte Mai abgesagt und woanders gehalten wird? Dann, nehme ich an, schlägt Gisela mir vor, im Knast abzuwarten, bis sie den neuen Treffpunkt ausfindig gemacht haben, zutrauen tu ich ihr das! Egal, ich habe es nun mal getan und erzähle Kunz nicht, daß er genau das erreicht hat, was der Polizei dann hoffentlich dienlich sein würde. Und ich, ich bin wahrscheinlich erstmal aus'm Schneider, zumindest seitens der Auseinandersetzung Hanne : Lisa, kann von Suse nicht vertrimmt werden, weil sie mich nicht mehr zu sehen bekommen wird, und der Polizei — ich weiß nicht, vor wem ich mich mehr fürchten muß —, der Polizei jedenfalls fehlt die Tatwaffe, das bedeutet, sobald das Treffen stattgefunden hat, muß ich wieder freigelassen werden!!!

6/4 FREITAG, 27. April

Die ganze Rückfahrt überlege ich fieberhaft, wie ohne Geld und wo spätabends ich noch ein zudem verspätetes Geburtstagsgeschenk für Suse auftreiben kann, und träume halbherzig und wehmütig davon, bei Lisa zu übernachten. Aber kaum haben wir Berlin erreicht, ich saß bei Kunz, der mich stundenlang angeschwiegen hat, im Auto, sehne ich mich nur mehr nach meinem Briefkasten und lasse mich zu Hause absetzen. Ich betrete den Hinterhofflur, schalte das Licht ein — meine Postneurose wird mich irgendwann nochmal das Leben kosten — der Briefkasten ist aufgebrochen und leer, absolut leer! Ein kleines, hellgelbes Zettelchen von der Post: »Sehen Sie bitte sofort in Ihren Hausbriefkasten!« klebt am Türchen.

»Das hat sich ja wohl erledigt«, erkenne ich tiefgetroffen und gehe resigniert zur Wohnungstür. Unterwegs fällt mir ein, daß ich ja seit neuestem mit Boris zusammenlebe, demnach nur die heutige Post geklaut worden ist und die vielen Briefe von den vorherigen Wochen sich auf meinem Schreibtisch stapeln müßten!

Als ich vor der Tür stehe und in meinem Stadtrucksack nach dem Hausschlüssel krame, entdecke ich ein fimogebranntes Schild.

»Hier wohnt NEPOMUK« steht kunterbunt auf einem rotbraun-schwarzgetigerten Katzenrelief.

»Bitte nicht!« stöhne ich. »Bitte keine Katze!« Endlich habe ich den Schlüssel und komme rein. An der geschlossenen Küchentür hängt ein riesiges Blatt.

Liebste Gabriele!

1. Wir sind nun zu dritt!
2. Bitte trampel mit deinen 75 kg nicht mehr durch die Wohnung und knall die Wohnungstür nicht mehr, sondern ziehe sie leise zu, damit Nepomuk nicht davon geschädigt wird!

3. Verbiete ihr auch nicht, auf dem Eßtisch zu sein oder mit von deinem Teller zu schlabbern, ich habe sie in einer Tiefgarage gefunden, und sie ist mit ihren zarten fünf Wochen bereits derart gestört, daß sie weiteres wohl nicht verkraften würde!
4. Nepomuk hat sich deinen Ficus benjamina als Kratzbaum ausgesucht, bitte hindere sie nicht daran, da raufzuklettern, auch wenn er ab und zu umfällt und sie sich dann in der verstreut herumliegenden Erde wälzt!

Noch fünf weitere Punkte mit ausführlicher Erklärung stehen auf dem Plakat, ich bebe vor Wut. Wenn ich etwas nicht leiden kann, dann sind das Katzen! Lebendige Handgranaten! Ich rase in die Küche, auf einem kleinen Zettel neben dem Spiegel steht: »Bin gerade mit Nepomuk beim Tierarzt, werde anschließend mit ihr (es ist ein Weibchen) zu Matthias fahren und freue mich schon wahnsinnig darauf, euch einander vorzustellen! Dein Boris Alexej!« Ich schnappe mir den dicksten Filzschreiber, drehe das große Plakat um und kontere:

1. Ich werde niemals das Katzenklo saubermachen!
2. Das Scheißvieh kommt keinesfalls in MEIN Zimmer, und der Ficus benjamina ist ab sofort TABU!
3. Von meinem Teller esse nur und ausschließlich ICH!
4. Katzen pflegen rumzukotzen, wehe, du putzt den Scheiß nicht augenblicklich weg!
5. Solltest du, wie so oft, für ein paar Tage wegfahren, dann schaff das Tier aus der Wohnung, weil ich es entweder in den Mixer stecke oder bei Schleudergang in die Waschmaschine oder gleich zum Fenster rausschmeiße!
6. Ich hasse Katzen, und ich sehe auch absolut keine Notwendigkeit darin, meine Meinung zu ändern!

Mir würde noch viel mehr einfallen, Katzen kann ich wirklich nicht ausstehen, aber plötzlich fällt mit mein armer Ficus benjamina ein, ich schnappe mir die Gießkanne aus dem Klo, fülle sie auf und gehe fast schluchzend vor Trauer um den wunderschönen Baum, den ich seit zwei Jahren liebevoll hege und pflege. Mein Zimmer sieht verwüstet aus, sämtliche Stifte liegen auf dem Boden verstreut, der Ficus benjamina liegt nicht nur zerrupft mit angekauten Wurzeln am Boden, nein, er ist noch dazu völlig ausgetrocknet. Ich knie mich nieder, setze ihn in seinen Topf, kratze die Erde zusammen und gieße ihn, auch wenn es voraussichtlich zu spät ist.

»Willkommen daheim, Schätzchen!« Erschrocken drehe ich mich um. Ein mir völlig fremder Mann schließt die Zimmertür.

Ich bin gefangen! »Ich bin vermutlich zwanzig Jahre zu alt, um dein Schätzchen werden zu können!« sage ich trocken.

Der Typ lacht gutgelaunt auf. »Ich nehme alles, bin flexibel!«

»Lieber 'ne tote Sau im Bett, als dich vor der Haustür!« wüte ich und nehme zum Schutz den Ficus benjamina in die Arme.

Er kommt unbeeindruckt näher und zeigt auf mein Sofa. »Na«, fragt er mit süffisantem Grinsen, »erinnerst du dich?« Er nimmt die Brechstange auf und wiegt sie triumphierend in der Hand. »Auf Mord steht ein paar Jährchen Knast!« sagt er lächelnd.

Ich nicke und drücke den Ficus benjamina noch fester an mich. »Soll ich mich freiwillig stellen, oder was?«

Er grölt los. »Aber nein doch, das wäre viel zu auffällig! Ich habe da eine viel bess...« Das Telefon klingelt, jetzt bekomme ich wirklich Panik, schlagartig! Der Anrufbeantworter ist bestimmt auf volle Lautstärke gestellt. Der Typ würde nun zu hören bekommen, was höchstwahrscheinlich für mich bestimmt ist. Er mustert mich schweigend und genießt, wie mir der Schweiß ausbricht.

Es ist Suse, und — ich schöpfe erleichtert nach Luft — sie spricht Norwegisch! »Tut mir leid, ich habe deinen Briefkasten aufgebrochen, weil diese Kanalrattenfrau dir wichtige Informationen hat zukommen lassen. Eine Gisela hat sich bei mir gemeldet und mich eingeweiht. Aber ich kann die Anzeige nicht mehr zurückziehen. Gisela hat die Schrift von der Kanalrattenfrau imitiert und dir ausführlichst von irgendeiner aufgeflogenen V-Lady berichtet, die in Wirklichkeit mit irgendwelchen Sexualverbrechern zusammenarbeitet, also volle Fahrt auf falscher Fährte, sie sagte, du sollst die Klappe halten im Knast. Deine Rechtsanwältin Feli ist auf Urlaub, soll ich dir viell...?«

»Übersetzen!« brüllt der Typ, vor Wut rot anlaufend.

Ich zucke zusammen, kann mir noch keinen Reim auf die Information machen. »Ähem, Suse erzählt mir, daß mir das Bafög gestrichen worden ist, weil ich seit Ewigkeiten unentschuldigt fehle, und ...«

»Weiter! Mach schon, du verdammtes Weib!«

»Sie hat 'ne Affäre mit irgendeinem Joe, oder Joachim, den Namen habe ich nicht ganz verstanden, und dann erzählte sie noch irgend etwas von Kickboxen, und er ist Marxismusfreak, keine Ahnung, was der Scheiß soll. Vielleicht ...«

Er stürzt zu dem Gerät. »Hol die Kassette raus, dalli, dalli!« befiehlt er. Mein Herz rast. Ich drücke auf die Löschtaste — wer weiß, was da noch aufgenommen worden ist in den Wochen, die ich nicht da war — und entnehme die Kassette, auf der nur die Ansage gesprochen ist.

Er stößt mich brutal in den Rücken. »Beide Kassetten, verdammt nochmal!«

»Da ist nur die Ansage, daß ich nicht zu Hause bin, drauf, vielleicht ...« Er schubst mich zur Seite, und — glücklicherweise ist die Kassette soeben zu Ende gespult, also alles gelöscht — entnimmt schimpfend die nun leere Kassette. Dann befiehlt er mir, mit ihm ohne Aufsehen zu erregen aus dem Haus zu gehen. Mir sacken die Knie fast ein, was um Himmels willen hat der Typ mit mir vor? Ich habe mich nicht ohne Grund auf dem Hof vom Kudamm unentdeckt zu halten versucht, körperliche Gewalt jagt mir schon in der Vorstellung allerschlimmste Panik ein, und mit dem Nudelholz habe ich ausreichend Bekanntschaft geschlossen. Ich muß mich auf den Beifahrersitz eines roten Autos setzen.

»Schnall dich an, Schnüffelfotze!« wütet der Typ und startet den Motor. (Warum sind Beschimpfungen von Männern so wahnsinnig geistlos? Es ist wirklich unaushaltbar öde, immer dasselbe zu hören zu bekommen. Ich mein', wenn es schon nötig ist, jemanden zu beschimpfen, und aus der Sicht dieses Gipskopfes ist es wohl nötig, dann doch wenigstens mit etwas Niveau!) Es ist spätabends und niemand auf der Straße. Ich bin diesem brutalen Typ, und zwar eindeutig auf Verderb, von Gedeih kann hier nicht die Rede sein, ausgeliefert! Er fährt in eine kleine Seitenstraße, hält plötzlich, zieht grinsend eine Spritze hervor und kommandiert, daß ich mir den linken Pulloverärmel hochkrempeln soll.

»Ich bin aber Linkshänderin!« wende ich ein, aber was bleibt mir anderes übrig, als zu gehorchen? Glücklicherweise habe ich ziemlich hervorstehende Venen — oder vielleicht Adern, ich habe den Unterschied noch immer nicht gerafft — denn ich glaube nicht, daß er von seinem Vorhaben abgelassen hätte, selbst wenn er beim zwanzigsten Mal noch nicht getroffen hätte.

»So Süße, jetzt machen wir eine kleine Stadtrundfahrt, bis du hinüber bist!« sagt er lachend. Ich halte die Augen krampfhaft weit aufgerissen, doch die vorbeieilenden Lichter verursachen mir gräßliche Schwindelgefühle. Und was, wenn das eine Überdosis gewesen ist? Oder irgendwie verpanschtes Zeug? Mehl in meinen Adern? Ich reiße meinen Blick von dem Vorbeirasenden los und versuche mir die Verbrechervisage (ebenfalls VV) links von mir einzuprägen. Der Vollbart ist aufgeklebt, das sehe ich. Da fällt mir dieses haarige Vieh ein, das seit neuestem in meiner Wohnung haust, ich bekomme Panik, daß dem Typ der Bart abfällt und mich streift; ein ekeliges Gefühl schon in der puren Vorstellung. Mir wird übel, ich schließe die Augen, bekomme die Horrorvision von einer Katze, die sich an mir reibt, und damit das Gefühl, mich

Unendlichkeiten erbrechen zu müssen, bevor ich hinüber bin, und denke noch — jetzt ist es vorbei — bevor ich tatsächlich ohnmächtig oder sowas Ähnliches werde.

6/5 IM KNAST bewußt ab 29. April 1990

Meine nächste Erinnerung, das nackte, kahle Neonlicht genau über meiner schlichten Schlafstätte hier, habe ich, wie kommt's, noch ziemlich präsent. Ich fühle mich ausgehöhlt, als ich die Augen öffne. Boris Alexej tanzt fratzenhaft vor meinen Augen und behauptet auf Lateinisch, daß ich seine Katze in den Mixer gesteckt und dort püriert hätte. Eva-Maria schwört mir im Hintergrund, daß sie mich nicht weiter therapieren will, weil ich sie nicht an mich, mein Innerstes heranlasse, ich sei »hoffnungslos unzugänglich«. Plötzlich tritt sie in den Vordergrund und hält Hugo, meinen vier Monate alten Sohn, hoch und behauptet, daß ich ...

»Na, ham'se Ihren Rausch ausgeschlafen?« begrüßt mich eine Frau in grellgrasgrünem Kittel und rasselt schrecklich laut mit ihrem Schlüsselbund. Ich lächel gezwungen und frage, wo ich hier bin.

»Junge Frau, jetz hör'n se man uff, det iss'n Knast hier!«

Ich ernüchtere vorübergehend. »Was hab' ich denn verbrochen?« Das kann sie mir auch nicht sagen, und ich schlafe noch einmal ein. Ich träume von einer höchsterotischen (im Sinne von hochexplosiv) Frau, HANNE, die sich jedoch plötzlich in einen mir unbekannten Mann verwandelt, bis mein Vater kommt und mich fragt, ob ich nicht vielleicht doch zu Ostern nach Hause kommen wolle.

Folgende Informationen habe ich von der Polizei, damit sei jeder selbst überlassen, wieviel davon sie für glaubwürdig hält; bis heute fehlt mir jegliche Erinnerung.

Ich bin in einer ziemlich abgewrackten Damentoilette, szenegerecht am Nollendorfplatz, gefunden worden, Gürtel noch um den Oberarm gezurrt und auf einer großen Reisetasche wie tot liegend, mit Erbrochenem um mich herum.

Wieder die Frau, die mich mustert. »Was ma' nich allet tut für sein Seelenheil, mmh?« Ich nicke und richte mich vorsichtig auf.

»Sie sollen verhört werden, kommen se man mit!«

Mir wird schwindlig, und die Frau stützt mich. »Was ist denn heute für ein Tag?«

»Sonntag«, antwortet sie, »halb zehn Uhr in der Früh. Sinn se man froh, daß det keene Überdosis war, nich?!« Ich nicke, dann sitze ich auf einer harten Bank vor einer Eisentür in einem kahlen Flur, wie damals, Himmel wie lange ist das her?, bei der Post und ärgere mich über den Sonntagszuschlag, den der, der mich verhören soll, kriegen wird. 'Ich muß', versuche ich mir in meinen wunden Kopf zu hämmern, 'soweit klar in der Birne sein, daß mir zumindest klar wird, daß ich hier tatsächlich wegen Mord und Drogen nicht zu Unrecht im Knast gelandet bin! Hörst du, Gabriele?'

Aber obwohl ich über zwanzig Minuten warte, mein Kopf macht nicht mit, ich fühle mich wie in einem Theaterstück und werde mindestens drei Szenen vor meinem Auftritt hereingebeten.

»Vorname?«

»Gabriele«, antworte ich brav.

»Familienname?«

»Sie wissen es doch längst, oder?«

»Klar, ich überprüfe lediglich die Richtigkeit Ihres Ausweises mit Ihren Angaben.«

»Da bin ich wohl die falsche Adresse«, witzel ich und werde mit einem preußisch humorlosen Beamtenblick gestraft.

»Ist ja gut. G-e-l-i-e-n«, buchstabiere ich, »das ist ein abgewandelter lateinischer Plural und bedeutet Lichtgestalten, die Genien sind die, die den Mann durchs Leben geleiten und

Freude und Leid mit ihm teilen.« Interessiert ihn überhaupt nicht.

»Adresse?«

»Bartwurgstraße 24, 1000 Berlin 62.« Schließlich bekomme ich Kaffee und Zigaretten, das finde ich wirklich nett. Der Grünkittel hievt eine große Reisetasche auf den Tisch, der Beamte fragt, ob das meine sei. Ich schüttel den Kopf.

»Ich brauche eine Antwort, Kopfschütteln kann ich nicht protokollieren!«

»Nein!« sage ich laut und deutlich. Ein Stück nach dem anderen, ordentlich durchnumeriert, hält er mir mit spitzen Fingern unter die Nase. Leicht angeschmutzte Spitzenunterwäsche, die mir vielleicht als zehnjährige, wenn überhaupt, gepaßt hätte, und jedesmal die Frage: »Ist das von Ihnen?« Ich bin nach wie vor halb benebelt und verstehe noch immer nicht, welches Image mir da angedreht werden soll. Nach der neunten benutzten Spritze, also dem neunten »Nein!« werde ich aggressiv. Nach der dreizehnten entkommt mir ein erschreckter Aufschrei: »Die sehen sich alle so schrecklich ähnlich, aber ich glaube, diese Spritze habe ich schonmal irgendwo gesehen!« Meine Fingerabdrücke widerlegen meine Angaben, auch meine Blutgruppe stimmt mit der der Blutpigmente an den Spritzen überein.

»Fehlt was?« fragt der Beamte, nachdem sicher eine Viertelstunde vergangen ist, und mustert mich abfällig. Ich lege meine Stirn in Dackelfalten und grübel eine Zigarettenlänge.

»Ich darf dreimal raten, ja?« nehme ich den Dialog schließlich wieder auf. »Gummis?« Er zieht die Augenbrauen andeutungsweise nach oben. »Ich meine Präservative!«

»Menge, Marke?« trockene Rückfrage.

»Eine Anstaltspackung von den frommen vielleicht? Keine Ahnung, Herrgott nochmal, das ist nicht meine Tasche!« Seine Augen vermitteln eine angedeutete Lebendigkeit, und dann zieht er tatsächlich eine Packung Kondome heraus. (Allerdings HT's und keine frommen.)

»Scheiße!« fluche ich, dem kann ich noch jahrelang erzählen, daß ich die Tasche nie zuvor gesehen habe. Aber ich weiß ja um Gisela und vertraue in diesem Moment darauf, daß sie mich innerhalb kürzester Zeit hier wieder rausholen wird.

»Okay, junger Mann«, ergebe ich mich mit wegwerfender Handbewegung. »Jetzt fehlt mir nur mehr so 'ne Art Brechstange. Sie wissen schon, was ich meine!«

Und lächelnd greift er in die Tasche, Hokuspokus, da ist das vermaledeite Stück.

»Na also«, meint er, drei Nuancen freundlicher, »warum nicht gleich so, Frau Gelien?« Prompt ärgert es mich, daß er mich nicht »Fräulein« genannt hat, ich weise die Herrschaften diesbezüglich gerne zurecht.

»Und wo waren Sie am Sonntagabend, dem 15. April, also vor zwei Wochen?« Ich berichte wahl- und zusammenhangslos von dem Waschsalon, der schon wieder 1 DM teurer geworden ist, 'ner Verabredung mit 'nem Typen, soll dessen Namen und Adresse nennen. Der Beamte nickt wissend, als ich Kunz angebe. Dann erzähle ich von einem Typen, der sich mir, mein Leben bedrohend, genähert hat, als ich nach Hause fahren wollte und ich ein Rad sichtete und knackte ...

»Wie, auch noch Fahrraddiebstahl?« Er notiert eifrig.

»Und dann bin ich wie 'ne Irre, bei Rot natürlich, losgepest, der Typ im Auto hinter mir her, flüchtete in 'ne Sackgasse und über die hohe Mauer und verschnaufte auf der anderen Seite. Auf dem Boden lag eine glänzende Stange, und die lächelte mich an, na, und das Ergebnis kennen Sie ja.«

»Weiter!«

»Nun, ich habe ihm eins übergezogen, als er ankam, und weil er sich danach noch nicht ruhig verhielt, habe ich nochmal zugeschlagen. Wissen Sie, ich wollte mir nämlich seinen Personalausweis als Beweismaterial schnappen!«

»Und wie lange spritzen Sie schon?« fragt er unbeeindruckt.

»Es war das erste Mal und unfreiwillig!« antworte ich gereizt.

»Aber sicher, wir haben in der Tasche nur fünfzehn Spritzen und Stoff für vier Wochen gefunden! Besehen Sie sich doch mal Ihre Arme!« — Ich bin ziemlich zerstochen! Wie kriegt man sowas nur hin, was hat der mit mir angestellt, als ich hinüber war??? (Bevor ich jetzt den entscheidenden Fehler mache, muß ich nochmal feststellen: Ich bin erstens noch nicht nüchtern, zweitens ausgehungert, drittens plagt mich unmittelbare Zukunftsangst, was, wenn diese Gisela mich von vorne bis hinten angelogen hat und tatsächlich, wie Lydia das in der Olga überlegte, eigentlich mit diesen Sexualverbrechern zusammenarbeitet, viertens habe ich ja noch immer nicht wirklich die Ernsthaftigkeit des Ganzen geschluckt, und fünftens erzählte Suse auf dem Anrufbeantworter, daß nun Gisela selbst auch noch behauptet, in dem Brief, den sie als angebliche Lydia geschrieben hat, auf der Seite der Schweine zu stehen! Gisela hat dafür gesorgt, daß ich in den Knast abwandere, also ist es auch ihr Job, mich hier unverzüglich wieder rauszuholen, wirklich! Gisela selbst müßte bei einer realistischen Einschätzung meiner Person klar sein, daß es für sie und die Lösung des Falles, sprich Verhaftung sämtlicher Pädos, besser ist, mich der Möglichkeit, irgend jemandem was zu erzählen, zu entziehen!)

»Okay, dann verweigere ich jetzt die Aussage, bis entweder meine Rechtsanwältin aus dem Urlaub zurück ist, oder Gisela, Sie wissen schon, die aufgeflogene V-Frau, Sie aufgeklärt hat!«

»Name, Adresse?« Ich weiß nur die meiner Rechtsanwältin, von Gisela weiß ich nur, und auch darin bin ich mir inzwischen nicht mehr sicher, daß sie so heißt.

»Sie streiten also alles ab?«

»Herrgott nochmal, ich habe in absoluter Notwehr dem Richard Vorke zwei übergezogen, und wenn er dabei vor die Hunde gegangen ist, dann habe ich ihn wohl auf dem Gewissen, das kann ich schlecht abstreiten!«

»Und die restlichen Gewaltakte?«

»Welche restlichen?«

»Nun, die Obduktion hat einen Nasenbeinbruch, noch einige extrem feste Schläge auf den Kopf und Tritte in den Genitalbereich ergeben.«

»Iieh!« sage ich angeekelt, als würde ich jemand freiwillig in die Eier treten, und das noch dazu, wenn er schon hinüber ist, und schüttel den Kopf.

»Keine Ahnung! Wie gesagt, ich verweigere die Aussage«, wiederhole ich mich restlos verwirrt und werde schließlich in meine Zelle zurückbegleitet. Wieder und wieder versuche ich, mir die Szene in Erinnerung zu holen. Aber jedesmal komme ich auf genau zwei Schläge ohne weitere Zutaten. Ich habe zwar mal gelesen, daß Menschen in blinder Raserei die Besinnung verlieren und anschließend von nichts mehr wissen, aber bei mir kann ich mir das nun wirklich nicht vorstellen!

Nun habe ich Zeit bis zum Gehtnichtmehr und rekonstruiere den Fall unendliche Male, schmeiße die verquersten Ereignisse zusammen und meine größte Angst ist die, daß Gisela mir den Knast als einzig sicheren Ort vorgeschlagen hat, um gemeinsam mit den Verbrechern dieses Treffen stattfinden zu lassen. Und all diese Gedankenwülste nur, um meinen Kopf zu beschäftigen.

Nach einer Woche lebe ich einen routinierten Knastalltag. In Windeseile scheint sich verbreitet zu haben, daß ich hier bin, selbst die Mahnung der Bewag findet anstandslos den Weg hierhin. Ich habe ein Tazknackiabo und formuliere soeben kreativ an einem für mich kostenlosen Inserat mit der Bitte um Stricknadeln und Wolle, als mein erster Besuch sich ankündigt — der Knastpastor! Aber über den habe ich mich, glaube ich, schon ausgelassen.

Nach drei Tagen beantrage ich einen Termin bei der psychologischen Betreuungsstelle für Schwerverbrecher und vermute inzwischen, daß dieser Kinderpornoverein Giselas Plan durchschaut und sie irgendwie beseitigt hat. Ich werde noch mehrere Male verhört, habe in einer Mischung aus Angst vor den nächsten fünfzehn Jahren und Wurschtigkeit (MIR kann ja nichts Schlimmeres mehr widerfahren!) inzwischen die ganze Geschichte erzählt, die Wahrhaftigkeit meiner Aussage bei Gott, meiner Mutter, Kohl und dem Papst beschworen, werde dem Ehepaar, welches mich in die Sackgasse fliehen sah, gegenübergestellt, und die beiden erkennen mich trotz der neuen Frisur und verstärken somit den Eindruck, daß ich nicht zu Unrecht eingebuchtet hier am Vergammeln bin. Ein paar Tage später argwöhne ich schließlich erneut, daß Gisela Mitglied des verbrecherischen Vereins ist. Sie hat sich in Sybilles Umkreis eingeschleust (arme C.!), um sie umbringen zu können. Lydia hat doch recht gehabt! Gisela hat in München abgecheckt, wieweit ich mit meinen Erkundigungen gekommen bin, kriegte über Vati meine Adresse raus und schlüpfte einen halben Tag später wieder in die Rolle der reuigen Spionin, bewunderte meine Kombinationsfähigkeit — und mich hatte ihr Lob damals tatsächlich beeindruckt. Ich gehe pausenlos von der Tür bis zum Panzerglasfenster hin und her und zurück, verhöhne mich und meine mir anerzogene katholische Gutgläubigkeit und die dazugehörige Naivität. Meine einzige Hoffnung ist der Gedanke, daß es an meinem zarten Alter liegt und ich, wenn ich in spätestens fünfzehn Jahren wieder entlassen werde, die Aufklärung dieser verzwickt komplizierten Angelegenheit besser im Griff haben und dann lösen können werde. Es ist verdammt schwierig, sich und seinen beziehungsweise ihren Frust in Krankenhausanstaltshagebuttentee zu ertränken oder morgens mit Muckefuck wachzuwerden, aber nach knapp zwei Wochen habe ich auch das geschafft. Von einem Liter Tee wird mir nun genauso schlecht wie früher von einer Flasche Eierlikör, und wenn ich dann noch am Kopfende meiner Zellenpritsche Kopfstand bis zum Umfallen mache, fühle ich mich tatsächlich betrunken und somit ein wenig besser!

Ich sitze an meinem wackeligen Tisch und fülle ein dreiseitiges Formular aus, das ich mir aufgrund eines Inserates: »3 000 DM geschenkt!« habe zuschicken lassen. Alles, was ich demnach tun muß, ist, in Mailand (Flug und Hotel werden gezahlt) in einem Fernsehquiz mitzumachen. Der Fragebogen interessiert sich am meisten für meine Körpermaße, -größe, ja selbst meine Schuhgröße (ich schwindel mich auf 42 runter) ist von Belang. Endlich habe ich alles beantwortet und stecke es in den Freiumschlag, »Gebühr bezahlt Empfänger«.

Nach wie vor wird aufs heftigste gegen mich ermittelt. Kurz nach meinem Fragebogen werde ich zu einer weiteren Gegenüberstellung gebracht und bekomme noch nicht einmal in Erfahrung, wer mich dieses Mal belasten möchte. Und tatsächlich, jetzt geht es echt ans Eingemachte. Ein beleibter Herr sitzt, mir den Rücken zuwendend, am Tisch. Hans, Polizist und Tenor des katholischen Kirchenchors, bekennt sich schuldig, während der Pause Polizeiinterna ausgeplaudert zu haben. Zwar kann er sich nicht daran erinnern, den Namen der aufgeflogenen V-Lady genannt zu haben, aber trotzdem müsse dem, nachdem ich davon weiß, so gewesen sein. Das, schießt mir durch den Kopf, ist das Ende meiner Karriere als Chorsängerin, und noch dazu so kurz vor meiner Übernahme in den hochberühmten Hedwigschor, in den ich von Anfang an hineingewollt hatte! Kaum betrete ich wieder meine Zelle, ergreife ich den Stapel Notenblätter, ich habe täglich mindestens eine Stunde geübt, setze mich neben den Abfalleimer und zerreiße schluchzend jede Seite einzeln.

»Bona fide«, zu deutsch »In gutem Glauben«, diese Zeiten sind nun endgültig vorbei. Am Nachmittag habe ich, keine Ahnung warum, einen Termin beim Sozialarbeiter des Hauses. Den, überlege ich, kann ich dann gleich fragen, wie es möglich ist, im Knast aus der Kirche auszutreten (ich bin wegen diesem Chor ja nach einigen gottlosen Jahren wieder eingetreten), und meinen Eltern muß ich irgendwie verklickern, daß sie nicht zum Kirchentag zu kommen brauchen, weil ich nicht singen werde. Welten werden damit zusammenbrechen, und Kapital läßt sich aus meinem Lebensweg die letzten zwei Monate über auch nicht schlagen, was Vati wohl am meisten zu schaffen machen dürfte. Beim nächsten Artikel in der *Frau hinterm Spiegel* würde ich gar nicht mehr erwähnt werden.

Dann, nach der sogenannten »Mittagspause«, holt mich der Grünkittel, ich nehme an, sie sind wegen der aggressionshemmenden Wirkung dieser Farbe so gekleidet, ab und bringt mich zum Sozialarbeiter. Warten darf ich alleine, und nach einer halben Stunde leuchtet, ohne daß jemand den Raum verlassen hat, das grüne Licht über der Tür auf. Ich klopfe an, schließlich möchte auch ich wegen guter Führung vorzeitig entlassen werden, und trete nach einer Weile Warten ein.

»Sie können sich setzen, ich komme gleich!« ruft eine Stimme aus dem Nebenzimmer, und ich pariere. Eine Akte, ziemlich dick und mit meinem Namen versehen, liegt auf dem Tisch, und eine Zigarette brennt im Aschenbecher. Ich nehme sie, ziehe daran und lege sie schnell wieder zurück.

»Die kannste behalten!« sagt eine Stimme — LISA — hinter mir.

»Was machst du denn hier?« frage ich völlig schockiert.

Lisa grinst. »Schwangerschaftsvertretung!«

Wir fallen uns in die Arme. Mit einem Mal steht die Sonne, vorher ganz verschwunden, nun wenigstens wieder knapp über dem Horizont. (Wegen Hanne nicht im Zenit!) Ich bin sprachlos, und Lisa packt aus: ein Päckchen Tabak für mich, echten Kaffee mit noch echterer Kondensmilch, Schokolade und meine restlichen Schulbücher, nachdem sie mir das Scheißmathebuch, mein Katastrophenfach, schon geschickt hat. Und meine Schlafschildkröte, meine heißgeliebte Mulle. Niemals, außer seit zweieinhalb Wochen, habe ich ohne sie leben müssen. In München bei meinen Eltern lebt Mulle II., und die hatte ich dann mit nach Schleswig genommen, aber der Typ in meiner Wohnung hat sie natürlich nicht in die Reisetasche gepackt. Nach fünf Minuten können wir es noch immer nicht glauben. Lisa und ich liegen uns in den Armen — ich muß ehrlich sagen, es ist komisch, merkwürdig — küssen uns ergriffen und ganz zart, als hätten wir Angst, wie Seifenblasen zu zerplatzen. Nach zehn Minuten mustern wir uns genauer. Lisa gefällt meine ultrakurze Frisur nicht, ist auch kein Wunder, ich hatte sie mir ja ihretwegen wachsen lassen und Hanne noch nicht geküßt, da waren sie schon ab, und mir fehlen an Lisa mindestens neun Kilo.

»Du hast Schrumpelbrüste bekommen!« schmolle ich, und dann wird es sachlich. Feli, meine Rechtsanwältin, würde am Dienstag zurück sein, sie ist auch für Suses Fall, der am kommenden Mittwoch verhandelt werden soll, zuständig. 1 000 DM kann es sie ohne weiteres kosten, meint Lisa, und die, plus 500 DM für das geklaute Fahrrad, muß ich dann irgendwie, wenn ich irgendwann einmal wieder auf freiem Fuß bin, auftreiben. Mahlzeit!

»Gisela«, sage ich eindringlich, »du mußt Gisela auftreiben, ansonsten schmore ich hier wirklich fünfzehn Jahre!« Gisela hat nämlich (um noch einmal zu verdeutlichen, wie ich zu meinen mich ängstigenden Gedanken und Kombinationen komme) in dem angeblich von Lydia geschriebenen Brief eine dicke Geschichte aufgetischt, von wegen sie sei im Grunde Mitglied des Kinderbefreiervereins und nur deswegen bei der Polizei und frauenbewegt, um jederzeit über die Ermittlungen, an denen sie ja dadurch selbst beteiligt war, immer auf dem neuesten Stand zu sein und die Verbrecher somit schützen zu können. Das erzählt mir Lisa, die über Suse an den Brief rangekommen ist und auch Einsicht in Felis Akten hat, weil die beiden miteinander befreundet sind.

»Und?« frage ich panisch. »Glaubt die Polizei ihr (also Lydia) denn?« Lisa nickt, und das ist mein AUS! Deswegen schmore ich noch immer hier, und deswegen war die Aussage von Hans wichtig. Bisher habe ich mir noch immer sagen können, auch wenn es mir zu glauben schwerfällt, daß mein Aufenthalt hier mit dem Pädotreffen Mitte Mai beendet sein würde, aber sowohl der angeblich von Lydia geschriebene Brief als auch Lydia selbst, die ja Gisela durch den Anruf der angeblich echten Mutter hatte auffliegen lassen, Lydia in der forensischen Abteilung der Psychiatrie, sie ... (Jede, die das ganze bis dahin gerafft hat, weiß, daß ich mir völligen Schwachsinn zusammenreime, und für die, die nun wirklich durcheinanderkommen, stelle ich jetzt mal fest, daß ich Schrott, Humbug und Idiotisches denke! Gisela behauptet, um nicht aus der eigenen Polizeifraktion durch Mord am Ermitteln gehindert zu werden, daß sie auch zu »denen« gehört!)

Die Sachbearbeiterin kommt aus der Mittagspause, wir siezen uns nun und Lisa erstellt meinen Lohnsteuerjahresausgleich.

»Tja, Fräulein Gelien«, sagt sie abschließend und hypersachlich, »das wäre es dann vorerst. Mittwoch um halb fünf Uhr haben Sie Ihren nächsten Termin bei mir!« Sie drückt auf eine rote Taste, gibt mir die Tüte, und schon kommt mein Grünkittel herein und begleitet mich wieder in meine Zelle.

AKTUELLER EINSCHUB

Heute, einen Tag vor Ablauf des Kirchentagcountdowns (also am Dienstag, dem 22. Mai 1990), gerade eben erreichte mich ein Telegramm. Natürlich ist es an meine normale Adresse gerichtet, hat sich deswegen also um einen Tag verspätet. Der Inhalt:

Oma tot — stop — können nicht kommen — stop —
verstehen, wenn du nicht zur Beerdigung antreten
willst — stop — lieben dich G&G + GGGGGG — stop —
und Hanne dich auch, 'WOSCH!!!' — stop —

Ich hüpfe wie irre vor Freude in meiner Zelle rum! Oma, meine grätzgreuliche Oma, unter der ich die ganzen Jahre von Muttis Tod bis zu Mamas Auftauchen gelitten habe; die dann, als Mama kam, das Weite suchte, weil sie der Meinung war, Vati müßte bis an sein Lebensende über den Tod ihrer Tochter, seiner Frau, meiner Mutter, von der ich noch kaum etwas erinnerte, trauern; diese Frau ist mit ihren 87 Jahren gestorben!!! Unvorstellbar, nicht einmal in all den Jahren, in denen ich über sie gejammert habe, kam mir die Idee, daß das irgendwann durch ihren Tod ein Ende finden würde, in den Sinn. Mit neuem Elan schreibe ich weiter, benütze inzwischen tatsächlich die Vorderseiten der Speisepläne und krakel die Ränder voll.

7/2 MONTAG, 14. Mai

Ich bin ziemlich aufgeregt. Sinnlose Fragen wie: Würde ich von einem Typen oder von einer Frau psychologisch betreut werden? Was will ich dort überhaupt? und ähnliches zermartern mein Gehirn derart, daß das Frühstück vor Aufregung ausfällt. Dann werde ich in den Keller gebracht. Außer der Unruhe bezüglich der kommenden Sitzung leide ich noch unter einem linksseitigen Eisprung, erotischen Attacken und dem Gefühl auszutrocknen, vollends lieblos einzuschrumpeln, weil weder Lisa noch Hanne mich umarmen, küssen oder streicheln. Wenn ich tierisch Schwein habe, dann würde die in Schwangerschaftsurlaub gegangene Frau so drauf sein wie Mama. Deren Vertretung ist inzwischen verbeamtet, und damit bliebe mir wenigstens Lisa erhalten. Egal — da sitze ich also im Untergeschoß und warte auf Einlaß. Von drinnen höre ich das zur Begegnung mit sich selbst gehörende Schluchzen. Und was ja viel wichtiger für dieses als für mein

Geschlecht ist: da rotzt ein Mann! Das spricht für die Fähigkeit der/des Therapeutin/en, denke ich hoffnungsfroh und versuche mich auf so was Ähnliches wie Emotionalität einzustellen.

Ein Grünkittel, ebenfalls männlich, taucht auf, und kurz darauf öffnet sich zaghaft die Tür. Ein letztes Schniefen, ich spüre wie am eigenen Leib, daß der Knabe sich nun wieder faßt und sich um Beherrschung bemüht, um Formen wahrend wieder der Öffentlichkeit, und bestehe sie nur aus einem Knastwärter, begegnen zu können.

»DU bist schuld!!!« brüllt — Kunz — los.

»Du ganz allein!« stürzt auf mich zu, der Wärter hinterher, und wirft mich zu Boden.

»Verdammt, mir geht's auch nicht besser, ich bin seit mehr als zwei Wochen eingekerkert!« versuche ich ihn argumentativ davon abzubringen, mich zu vertrimmen. Der Wärter zieht seinen Knüppel aus dem Gürtelhalfter.

»Stopp!« brülle ich ihn an. »Wir kennen uns, das ist Spaß! Keine Angst, mir passiert schon nichts!« Kunz macht das nur noch wütender, und ich schreie kurz darauf doch um Hilfe.

Zehn Minuten später sitze ich, noch immer außer Atem, vor einem gepflegten Mittdreißiger, der sich, mich anteilnehmend betrachtend, die Nägel manikürt.

»Ich bin noch ganz geschockt!« melde ich mich schließlich jargongerecht zu Wort.

»Tatsächlich? Was meinen Sie, hat ihn dazu gebracht, derart auf diese zufällige Begegnung zu reagieren?« (Dieser Therapeutenschnösel braucht mindestens eine »Aha«-Fortbildung!) Ich greife mir theatralisch ans Herz.

»Er sieht in mir die Frau, die ihn um seine Freiheit gebracht hat!«

Detlef, das steht auf seinem Brustschild, pustet sich sorgfältig den Nagelstaub von den Fingern und zieht erstaunt die Augenbrauen nach oben. »Sie meinen also, Herr Reckner sieht hauptsächlich die Frau in Ihnen? Sind Sie in ihn verliebt?«

»Nicht schon wieder! Bitte, bitte, nicht nochmal das Ganze von vorne!« seufze ich und schöpfe so tief wie nur möglich nach Luft. »Ich bin, das müßtest DU doch sehen, Lesbe, vom anderen Ufer, homosexuell, steh' nur auf Frauen, bin homophil, andersrum — capito???« Ein leichtes Grinsen seinerseits.

»Ja«, rege ich mich weiter auf, »so wie du schwul bist! Du kannst mir Kunz auf den Bauch schnallen, und es wird noch immer rein gar nix ablaufen! Außerdem will ich, wenn überhaupt, von mir reden. Ich habe beileibe anderes im Kopf als diesen Knaben!«

»Was?«

»Das Übliche: ich bin unschuldig, ich will hier raus, mein Herz ist klein, die Seele rein und gesiezt werden möchte ich auch nicht!« Die eigenen Wünsche und Bedürfnisse formulieren zu lernen ist das wichtigste Ziel einer jeden Therapie überhaupt. Detlef bemüht sich um Ernsthaftigkeit, streicht seine Hose glatt und wendet sich mir erneut zu.

»Du bist jetzt also seit knapp drei Wochen bei uns!« rekonstruiert er anhand meiner Akte.

Ich nicke. »Und in allerspätestens neun Tagen MUSS ich wieder draußen sein. Ich bin, aber das erzählen sie dir wahrscheinlich alle, völlig zu Unrecht hier, und wenn meine Eltern mich hier im Knast besuchen, weil ich noch nicht entlassen bin, bekommt meine Mutter mindestens eine Fehlgeburt, vermutlich aber gleich zwei!« Detlefs Hand fliegt mit Stift über das Papier, das vermittelt mir ja immer das Gefühl, eine interessante Person zu sein, und stimmt mich auch diesmal versöhnlich.

»Ich frage mich natürlich schon, warum Kunz derart aggressiv gegen mich war. Eigentlich halte ich ihn für wesentlich stabiler als mich!«

»Warum?«

»Nun, einfach deswegen, weil seine Fehlzeiten in der Schule erheblich niedriger sind als meine. Das spricht für ein kontinuierliches Funktionieren.« Schon wieder verzieht Detlef krampfhaft sein Gesicht, er beherrscht sich mühsam, das merke ich ihm an.

»Sehr witzig!« schimpfe ich.

Detlef steht auf. »Tut mir leid, ich kann nicht mehr!« Tränen schießen ihm in die Augen. »Ich muß die Termine so legen, daß zwischen dir und dem armen Herrn Reckner mindestens zwei Tage liegen. Sonst überlebe ich das nicht!« Er stürzt nach nebenan. Kopfschüttelnd greife ich mir die Akte auf Detlefs Tisch. Vielleicht würde ich ja etwas Interessantes über mich erfahren. Ich lasse die Seiten durch den Daumen gleiten und verharre auf der letzten. 'Diagnose: latent schwul' steht da mit roten Großbuchstaben drauf. Das ist gar nicht meine Akte! 'Kunz Reckner — Sexualverbrecher' steht auf dem Titelblatt, und jetzt, endlich, seit einem halben Jahr überfällig, verstehe ich, weshalb er und seine Art mich so verwirrt hatten und weshalb er wie wahnsinnig vorhin auf mich losgegangen ist!

Logisch: Kunz, latent und wider seinen Willen schwul, wollte mich, eine Lesbe, quasi rumkriegen, um sich zu beweisen, daß es damit, also mit meinem Homosexuellsein, nicht so weit her ist, er also ebenfalls seine homosexuellen Tendenzen, Phantasien, Träume oder weiß der Himmel, worunter er genau leidet, ignorieren kann! Ziemlich geschickt, sich so das eigene Querulantentum austreiben zu wollen. Ergriffen lasse ich mich auf meinen Stuhl fallen. Natürlich ist das Coming-out eines fast Vierzigjährigen um ein vielfaches bedrohlicher, stärker in seinen Auswirkungen, härter zu verkraften und Pipapo, als das einer Zwanzigjährigen. Kunz begreift jetzt erst, wahrscheinlich durch den Freiheitsentzug und den schwulen Therapeuten ausgelöst, daß er mehr als die Hälfte seines Lebens seine »Bestimmung« verleugnet hat.

»Armes Schwein!« seufze ich und vergebe ihm. Detlef kommt, in ein Taschentuch schnaubend, zurück. Ich halte Kunzens Akte noch in den Händen.

»Ich dachte, es sei meine!« sage ich entschuldigend.

»Das macht es auch nicht besser!« seufzt er in zweigestrichenem »g«. Dann sitzen wir uns gegenüber und schweigen, bis ich nach dem Spruch: »Besser zu spät als nie!« und Detlefs Antwort: »Es ist nie zu spät!« auf die Taste, die meinen Grünkittel erscheinen läßt, drücke und die Stunde beende. In zwei bis drei Monaten, da bin ich mir sicher, wird Kunz froh sein, endlich dorthin gekommen zu sein, wo er hingehört; und bis dahin scheint es am ratsamsten zu sein, ihm nicht mehr zu begegnen. Die Stunde hat sich durchaus gelohnt!

7/3 EIN PEINLICHER AUFTRITT am 24. Mai 1990 (inklusive dubiosem Abgang)

Der katholische Kirchenchorcountdown ist seit gestern abgelaufen, aber meine Oma ist ja, sie hätte es zeitlich nicht besser treffen können, nicht mehr, weswegen meine Eltern nicht kommen können. Endlich habe ich auch ein Radiogerät bekommen, Suse hat mich vorgestern besucht und mir außerdem eine Riesentüte mit ihrer Flickwäsche, »Falls du dich zu langweilen beginnst!«, dagelassen. Suse gehört zu diesen hyperökologischen Leuten, die ihre Unterwäsche und die Socken flicken beziehungsweise flicken lassen. Der Radioreporter berichtet von den Veranstaltungen, die während des Katholikentages laufen; ein Benefizkonzert zugunsten der Häftlinge ist auch dabei, ich schalte empört aus und mache mich tatsächlich über Suses zerschlissene grauschleierige (natürlich benützt sie kein Waschpulver mit optischen Aufhellern oder anderem schönmachenden Chemiekrempel) Klamotten her. Bei meinem zweiten Termin bei Lisa erzählte ich, Hanne kennengelernt zu haben. Lisa wurde blaß und begann zu heulen.

»Und du?« fragte ich nach einer Weile. »Mit wem hast du was zur Zeit, oder bist du noch mit Karin zugange?«

Lisa schüttelt den Kopf. »Nein«, schluchzte sie, »ich habe es beendet, weil ich dich liebe! Ich meine, du bist die absolute Katastrophe, ich werde niemals damit leben können, wie du deine Tage gestaltest, dieses Chaotische, diese ständigen unvorhersehbaren Sachen, die dir passieren, und wie du dich anziehst und mit deiner Mutter, die mich echt gefressen hat, damit kann ich auch niemals leben. Jetzt noch dazu diese schwule Tucke; ich war bei dir zu Hause, um noch Sachen zu holen, ihr habt jetzt 'ne Katze, weißt du das schon?«

»ER hat eine Katze! Sobald ich wieder frei bin, fliegt die zum Fenster raus, das schwöre ich dir!«

»Jedenfalls«, fuhr Lisa heulend fort, »habe ich beschlossen, mich mehr auf dich und dein verfluchtes Chaos einzulassen, auf deine täglichen Postdramen und deine permanenten verrückten Verkleidungsallüren, auf alles, verstehst du? Nicht mehr dieses Halbherzige mit 'ner Nebenflamme, um mich von dir zu erholen! Und deswegen habe ich das beendet und wollte nichts Neues mehr anfangen!« Ich begann ebenfalls zu heulen. Wieso? Weshalb lief das zeitlich so verkehrt? Ich würde mich zwar niemals mit diesen Berühmtheiten, mit denen Lisa sich so gerne schmückt, wohlfühlen, und auch mit der Frage »Weißt du schon, daß ...?« würde ich mich in zwanzig Jahren noch nicht angefreundet haben, aber ...? Ich drückte auf meine Grünkitteltaste und ließ mich zurück in meine Zelle bringen. Jetzt, wo ich das niederschreibe, wird mir schon wieder ganz traurig zumute. Lisa und mich verbindet mehr als ein Jahr. Ich stiere stumpfsinnig vor mich hin, als ein Schlüssel meine Zellentür öffnet.

»Ich soll Sie abholen«, sagt die Knastwärterin. Uninteressiert gehe ich neben ihr her, es geht in den Hof, auf dem ich einmal täglich eine Stunde lang im Kreis gehen darf. Ich habe gar nicht mitbekommen, daß es schon so spät ist. Aber diesmal scheint hier irgendein Treffen stattzufinden. Vielleicht gibt es ja im Knast so etwas wie einen öffentlichen Meckertag. In der Ecke ist eine Tribüne aufgebaut. Lisa steht daneben, sieht mich und schüttelt den Kopf. Ich frage meine Wärterin, ob ich wieder in meine Zelle darf, doch die schüttelt ebenfalls den Kopf. Die Knackis sind unruhig, und die Wärter sehen ständig und ungeduldig zum Seitenportal. Endlich wird es geöffnet, und in ordentlicher Zweierreihe kommen schwarzgekleidete Menschen herein, streben auf die Tribüne zu und stellen sich dort im Halbkreis auf. Ein schwarzgekleideter Mann sondert sich ab, späht umher und kommt dann zielstrebig auf — MICH — zu! Ich bekomme mit einem Mal wahnsinnige Angst; hat sich einer der Verbrecher eingeschmuggelt und legt mich jetzt hier, wo ich doch geschützt sein sollte, um? Ich schlage hektisch um mich blickend die passenden vier Kreuze, während der Hedwigschor zu singen anfängt. Der Mann, so groß wie ich, also stolze 180 cm, stellt sich verdammt nahe links neben mich. Ich mustere ihn aus den Augenwinkeln. Braunes, leicht gewelltes Haar, das an den Schläfen bereits ergraut ist. Ein kräftiger, akkurat geschnittener Schnauzbart, und die Augen sind von einer Sonnenbrille mit Seitenklappen verdeckt. Mit einer vornehm angedeuteten Verbeugung nähert er sich meinem linken Ohr und wispert scharf:

»Kille Bille!«

In mühsamster Beherrschung halte ich einen entsetzten Aufschrei zurück. »Kille Bille«, das habe inzwischen selbst ich begriffen, heißt soviel wie aufgeschlitzt, spermienübersät und nicht zuletzt TOT. Jedes einzeln für sich genommen ist schon nicht zu überleben. Noch dazu spüre ich mit einem Mal, wie die harte Metallmündung einer Pistole sich in meine Hüfte gräbt. Mein Blut pocht sofort wie blöde an genau der Stelle, was es noch nie getan hat; ich sehe mich blutüberströmt verenden, während die da vorne katholisch rumsülzen. Und das Allergräßlichste von allem ist das geballte Schweigen seinerseits, und auch ich bringe keinen Ton heraus.

Das muß man sich mal vorstellen; klarblauer Himmel über mir, glockenreine Töne von der Tribüne, die ein sanfter Frühlingswind zu mir herüberweht, und eine unter Garantie geladene Waffe, deren Druck auf meinen Hüftknochen nicht nachläßt. Gerade als meine Atmung sich wieder etwas (minimal) normalisiert, wiederholt er eindringlich:

»Kille Bille! Kille Bille oder Sancta mater istud agas!«

»Oh, mein Gott!« stöhne ich auf. Zitternd nestel ich das Programm, das ich in der Aufregung zerknüllt habe, auseinander und sehe nach, wann »Sancta mater istud agas« fällig ist, obwohl mir klar ist, daß ich mich nicht mehr vorbereiten kann und mir nichts anderes übrigbleibt, als mich vor sämtlichen Knackis, Lisa und dem bewundernswerten Chor vollends zu blamieren. An meiner Hüfte macht es »Klick«, so als würde der Abzug, oder wie auch immer dieses Teil heißt, angezogen. Eine angstvolle (oder auch nicht) Bewegung von mir, und ich bin tot, weil der Typ dann vor lauter Schreck den Hahn losläßt.

»Sancta mater!« flüster ich panisch und höre, daß es auf der Tribüne bereits eingestimmt wird.

»Stell dich vorne auf!« Zitternd, ohne mich umzusehen, ob der Typ stehenbleibt, gehe ich nach vorne. Mir ist noch nicht einmal klar, ob ich den Sopran oder den Alt singen soll. Mein jahrelang flehend geäußerter Wunsch, es singen zu dürfen, wurde vom Organisten unter vielem anderen deswegen abgelehnt, weil ich genau zwischen beiden Tonlagen liege und nur einen ganz mickrigen Mezzosopran zustande bringe. Als ich die Stufen emporsteige, verläßt Lisa fluchtartig den Hof. Ich verpasse prompt den Einsatz und höre einen Schuß; hastig und mich verhaspelnd hole ich alles auf; passenderweise lautet die Übersetzung »Heilige Mutter, drück die Wunden!«, und kaum bin ich vor der Begleitung in der zweiten Zeile angelangt, entsteht am Seitenportal mit einem Mal ein unglaublicher Tumult. Ein Gefängniswärter stürmt in Begleitung einer schwarzgekleideten Frau auf die Tribüne zu, hastet die

Treppe hinauf, entreißt mir das Mikrophon und zerrt mich von der Bühne. Der Pistolenverbrecher lüftet, als ich mich panisch umsehe, ob ich ihm nun lebendig entkomme, galant seinen Hut. Die beiden Wärter verfrachten mich in meine Zelle.

»Packen, aber dalli!« schnauzt mich der eine an, bevor er die Zelle hinter mir abschließt.

Ich reibe mir stöhnend die wundgescheuerte Stelle am Hüftknochen und setze mich auf meine Pritsche. Dieser Mordplan ist perfekt: Kaum verlasse ich das Anstaltsgebäude, lüftet der Herr in Schwarz ein zweitesmal sein Hütchen und nimmt mich in seinen sogenannten »Gewahrsam«. Ich packe also nicht zusammen und harre aus. Nicht lange, da wird die einbruchsichere Tür erneut geöffnet, und die Frau, die ich als erste, wie ich erwachte, hier zu sehen bekommen hatte, tritt, die Hände auf die breiten Hüften gestemmt, ein.

»Wat iss, wolln 'se bleiben?« Ich nicke und spähe panisch über ihre Schulter hinweg.

»Es war also doch zuviel! Keine Überdosis, aber zuviel!« Ich beginne hysterisch zu lachen.

»Die Überdosis wartet DRAUSSEN auf mich!« kreische ich mit sich überschlagender Stimme. Sie schüttelt besänftigend den Kopf und packt zusammen. »Hosianna in excelsis« aus Mozarts Requiem ertönt draußen. Das ist das Finale. Die Wärterin schmeißt mein gesamtes Hab und Gut in Müllsäcke.

»Sinn 'se man froh, daß 'se so schnell wieder entlassen werden!« meint sie mich resolut hinausdrängend und läßt mich mit drei prallgefüllten Müllsäcken im Flur allein.

Apathisch ziehe ich sie hinter mir her und schlurfe so der Abteilung Zensur entgegen. Uninteressiert frage ich nach, ob sie noch Post von mir haben, und bekomme einen Brief von der Schule in die Hand gedrückt. Ich werde gebeten, meine Schulbücher abzuliefern, »bitte vergessen Sie die leicht zu übersehende Grammatiktafel LATEIN nicht!«, und dem Bafög-Amt muß ich Bescheid geben, daß ich ab ersten Juni nicht mehr anspruchsberechtigt bin. Mahlzeit! ‘Ich bin entlassen, ich kann (ganz vielleicht) nach Hause, wenn der Herr nichts anderes mit mir vorhat!’ In dem Büro, in dem meine Sachen säuberlich protokolliert aufbewahrt werden, bekomme ich die Reisetasche inklusive sämtlichen Inhalts (außer Brechstange und »Stoff«) wieder, was soll ich mit Kondomen?, und im Entlassungsbüro beginnen drei Herren zu kichern, weil ich einen Wisch haben möchte, daß ich mich rechtens aus dem Staub mache. Mein flehentlich geäußerter Wunsch, den Feuerfluchtweg benutzen zu dürfen, wird mit der fadenscheinigen Begründung, es gäbe keinen, abgelehnt. Mir bleibt nichts anderes; ich muß den Schritt wagen und dieses sichere Gebäude verlassen. ‘Sancta mater istud agas’ innerlich vor mich herbetend (heute ist Christi Himmelfahrt!) schreite ich also durch das feudale Tor und blicke wie wild um mich. Nein, dieser Alptraum ist noch lange nicht vorbei; ich weiß nicht mehr als zum Zeitpunkt meiner Einlieferung, der ich im Gegensatz zur Entlassung zugestimmt hatte. Die ganze Zeit sehe ich mich auf dem Nachhauseweg unauffällig um, doch anscheinend ist niemand hinter mir her. Krampfhaft die Schlüssel in meiner Hand haltend und schweißgebadet erreiche ich schließlich mein vertrautes Zuhause. Natürlich ist der Briefkasten leer, es gibt auch wirklich keinen Grund zu der Annahme, daß sich das während meiner Abwesenheit geändert haben sollte. Über die ganze Wohnung verteilt liegt mein zerfetzter Ficus benjamina. Boris Alexej sitzt am Küchentisch und schlabbert, in trauter Zweisamkeit mit diesem Viech, Hühnerbrühe aus einem Plastikteller. (Sämtliches Geschirr, das der Herr großzügigerweise versprochen hat, alleine abzuwaschen, ist spurlos verschwunden!) Erschlagen setze ich mich zu den beiden. Ich würde nur mehr zusammenpacken und dann umgehend nach München fahren, beschließe ich beim Anblick dieser Perversion und beruhige mich durch diesen Gedanken ein wenig. Boris Alexej betrachtet mich, als wäre er kurz davor, aus lauter Neugier zu platzen.

»Gabriele, jetzt erzähl schon! Wer um Himmels willen war dieser höchstattraktive junge Mann mit dem schnuckeligen Akzent, der dich vor einer halben Stunde angekündigt hat?« Mir fällt die Kinnlade runter; wußt' ich's doch, die Beschattung geht weiter.

»Ich kenne keine attraktiven Männer!« schimpfe ich und beobachte unverständig Boris Alexejs Gesicht, das sich äußerst beleidigt und gekränkt verzieht.

»Jedenfalls«, fährt er nach einer Weile fort, »soll ich dir diesen Brief von ihm geben.« Ich reiße hastig das Kuvert auf und überfliege die Gratulation zu meiner Entlassung. Dieser Mensch, ohne seinen Namen zu erwähnen, wünscht mir einen friedlicheren Alltag als den vor meiner freiwilligen Knasteinweisung und hofft auf ein Verhalten meinerseits, das eine Wiederbegegnung mit ihm ausschließe. Des weiteren vertröstet er mein (nicht vorhandenes) Interesse an sämtlich bislang ungeklärten Fragen auf einen in Kürze stattfindenden Prozeß, wegen dem ich in Berlin zu bleiben habe, und entschuldigt, daß mein Gesuch nach einer elektrischen Zahnbürste durch mancherlei betriebsinterne Aufregung abhanden gekommen sei. Ich sinke kraftlos in mich zusammen, nicht verstehend, wie so oft in den letzten Monaten, was das nun wieder soll. Einiges jedoch steht unumstößlich fest: Aus der Traum, bald schon in Hannes Armen liegen zu können. Aus der Traum, irgendeine Art von Akademikerin zu werden. Aus der Traum, durch diesen Kriminalfall zur Heldin zu avancieren. Kurz und gut: ALLE Träume, Hoffnungen und Wünsche zerstieben meinem Gefühl nach soeben endgültig. Ich muß, mit welcher Kraft ist mir völlig schleierhaft, ganz von vorne beginnen! Und wer um Himmels willen ist dieser Pistolenmensch, wie darf ich mich nicht verhalten, was darf nicht geschehn, daß ich ihm nicht noch einmal begegnen muß?

»Teilt ihr euch auch die Hefe-, Vitamintabletten und den Musikgeschmack?« frage ich, mir müde die Schweinerei auf meinem Küchentisch besehend, und gehe ohne eine Antwort abzuwarten in mein Zimmer. Ich will nur mehr erwähnen, daß dieses Katzenmonster nicht stubenrein und Boris Alexej der Meinung ist, daß sie bestimmt am besten wüßte, was ihr guttut, sie es aber glücklicherweise bisher nicht geschafft hat, mein Hochbett zu erklimmen; wie das heute (acht Wochen später) ist, weiß ich nicht. Boris Alexej schrieb mir vor ein paar Tagen, daß er die gesamte Wohnung mit Sisal ausgestattet hätte, damit seine Nepomuk auch ja überall und ohne Einschränkung, die ihrer Psyche unter Garantie abträglich wäre, hingelangen kann. Wie bekloppt, einer weiblichen Katze einen männlichen Namen zu geben, aber wenn man Boris, der viel lieber Doris hieße, kennt, wird sogar das noch verständlich. Ich kann mich im Moment nicht dazu aufraffen, chronologisch weiterzuschreiben, denn natürlich habe ich, von dem Moment, an dem ich wieder frei war, keine Silbe mehr geschrieben. Jetzt muß ich das Ganze doch beenden, weil Suse mir aus feministischen Gründen verboten hat, an dem Wettbewerb zu 3 000 DM teilzunehmen. Ich hatte das Vorstellungsgespräch mit Videoaufzeichnung schon bestanden und der Termin in Mailand stand bereits fest, da kam sie plötzlich mit irgendeinem Geschwafel von wegen Tuttifrutti und sich vor laufender Kamera ausziehen müssen und daß das frauenfeindlich sei, und deswegen muß ich jetzt doch die seriösere der beiden Möglichkeiten nehmen, um meinen Schuldenberg abtragen zu können. (Alle, die mich kennen, außer dieser verkappten Theorielesbe Suse, sind allerdings der felsenfesten Überzeugung, daß ich beim Mich-Ausziehen wesentlich sympathischer, ansprechender und akzeptabler erscheine als bei der Schilderung, wie ich die Aufklärung eines höchstbrisanten Kriminalfalles erschwert habe, von daher sympathisieren sie und auch ich, trotz frauenverachtendem Hintergrund, eher mit Tuttifrutti!) Also gut, ich mach mal chronologisch weiter und spare mir das Happy-End (welches ausschließlich persönlicher, nicht jedoch kriminalistischer Natur ist) bis zum Schluß auf.

7/4 NOCH EINMAL: DIE POST

Am übernächsten Morgen (der Tag davor fällt in meiner Schilderung aus Peinlichkeitsgründen, ohne diese zu erklären, einfach aus) erwache ich schlagartig mit der brennenden Frage, wer um Himmels willen zur Zeit meinen Briefkasten betreut. (Ich weiß, Else, du erträgst es kaum, daß mich so wahnsinnig viele Seiten später noch immer dasselbe beschäftigt wie zu Beginn. Ich kann dich nur damit trösten, daß es mir ebenfalls gründlichst zum Hals raushängt!) Ich springe also aus dem Bett und nehme die mir so vertraut gewordene Inspizierung meines Briefkastens vor. Wie schon vor Monaten spendiere ich mir zwei Flaschen Sekt, lasse mich auf der Bank schräg gegenüber meines Hauses nieder und halte zugleich nach Verbrechern Ausschau. Was nun geschieht, ist unglaublich.

Eine FRAU,

das übliche Wägelchen wie einen zweckentfremdeten Kinderwagen vor sich herschiebend, nähert sich und betritt mit übervollen Armen mein Haus. Ich stürme hinein und betrachte sie angenehm verwundert. Aber wie könnte es anders sein, mein Briefkasten bleibt leer, und nachdem in jeden Schlitz außer meinen etwas hineingesteckt wurde, geht sie in den Hausflur hinein und ... und verharrt vor meiner Wohnungstür. Ich stürme hinterher, Boris Alexej reißt die Tür auf, die zarte junge Dame schrickt zusammen und stottert, daß sie Frau Gelien etwas aushändigen solle.

»Hier bin ich!« quietsche ich mich aufgeregt verhaspelnd und bekomme folgende Botschaft: Ein goldgerändertes Schmucktelegramm mit der Melodie »So ein Tag, so wunderschön wie heute« wünscht mich im Hauptpostgebäude zu sehen. Meine Verwunderung wächst, und ich mache mich stracks auf die Socken. So wohlgesonnen mir die Post seit neuestem scheint, so würden sie doch nicht meinetwegen am Samstag länger geöffnet haben.

Da wir in einem bürokratischen Land leben, wurde meine Beschwerde gegen Herrn Riedel natürlich protokolliert. Als Zeichen der Versöhnung und zugleich ehrlich gemeinter Entschuldigung dafür, nicht ernstgenommen worden zu sein, bekomme ich nun, mit aufrichtig bekundetem Beileid des Herrn Oberpostfuzzis — ein Postfach! Das muß man sich mal vorstellen: keine Wartezeit und ein Jahr lang keine Gebühren bezahlen! Nun kann mir zumindest im postneurotischen Bereich — habe ich doch zudem noch dazu seit neuestem das unverhoffte Glück, von einer schönen BriefträgerIN bedient zu werden — nichts Schlimmes mehr widerfahren. Über den Verbleib meines verbrecherischen Postboten durfte mir der Oberpostmensch keine Auskunft geben; so kommt diese Frage zu den unendlich vielen anderen, die mich inzwischen jede freie Minute quälen. Mein logisches Denkvermögen hat mich doch immerhin soweit gebracht, daß ich zumindest darum weiß, Gisela geschadet zu haben.

Dieses Schmucktelegramm, ein Lichtblick inmitten meiner größten und umfassendsten privaten Krise, ist das erste, was mich wieder ein wenig glauben macht, daß es trotz meiner katastrophalen Wohnsituation, der Trennung von Lisa, dem Verlust des Schulplatzes und des monatlichen Einkommens und meiner schmählichen Rolle in diesem nach wie vor ungeklärten Verbrechen irgendwie weitergehen wird.

Meine Sehnsucht endlich nach München fahren zu können zusammen mit der Angst vor diesem Pistolenmenschen ist so groß, daß ich ihr, der Post also, auch noch eine Gebührenbefreiung über einen Monat abringen kann. Täglich telefonieren Hanne und ich mehrere Stunden. Sie ist gerade mitten in den Abiturprüfungen und kann deswegen nicht kommen, beziehungsweise sagt sie, daß ihr die allgemeine Hochschulreife am Arsch vorbeigeht; trotzdem, wir haben damit unsere ersten Auseinandersetzungen, versteife ich mich darauf, sie nicht zu empfangen, bevor sie nicht alle Prüfungen hinter sich hat.

Die ganze Zeit über begleitet mich das untrügliche Gefühl, daß noch etwas wahnsinnig Aufregendes geschehen wird, im Grunde sogar MUSS. Das kann es einfach noch nicht gewesen sein. Alle vier Tage raffe ich mich, mit einer Wäscheklammer bewaffnet, um mir die Nase zuklemmen zu können, auf, nach Hause zu fahren, um weitere Klamotten, Bücher und anderes aus meiner Wohnung zu holen. Boris Alexej behauptet, sich täglich mehrere Stunden um eine Wohnung zu bemühen, aber er könne Nepomuk schließlich nicht den ganzen Tag alleine lassen; ich wohne jedenfalls solange bei Suse, dadurch wird mein durch den bevorstehenden Prozeß erzwungener Aufenthalt in Berlin doch einigermaßen erträglich.

Suse und ich, wir träumen von einer besseren Zukunft, zwar sehen wir uns nun wieder mehr als regelmäßig, aber auch ihr alltägliches Leben ist nicht das rosigste. Diesen bleichen Marxismusfreak, den sie sich vor einem halben Jahr beim Kickboxen aufgerissen hat, sollte man mit dem *Kapital* oder Gramscis gesammelten Werken dreimal die Woche k.o. schlagen und dann ins Bräunungsstudio verfrachten!

Bis Mitte Juli, also geschlagene sieben Wochen, besteht mein Leben demnach darin, täglich um mich zu sehen und zunehmend panisch zu werden, gerade weil absolut nichts geschieht, mein Hab und Gut aus meiner eigenen Wohnung zu retten und mir mein armseliges Hirn mit den mir nach wie vor unbeantwortbaren Fragen zum Kriminalfall zu zermartern. In meinen Träumen ist Richard Vorke sehr lebendig und zusammen mit dieser Gisela hinter mir her. Nicht, daß ich ihren Tod wünsche, aber ihr zusammen mit Lydia womöglich zu begegnen, stelle ich mir ziemlich unangenehm vor. Ich nehme zehn Kilo ab, selbstverständlich, es ist die pure Bosheit vor allem an meinen eh schon kümmerlich geratenen Brüsten, kündige sowohl dem Kirchenchor (das ganze ist natürlich eine Farce, denn ganz sicher hätte ich meinen Mund dort nicht wieder auftun dürfen) als auch Eva-Maria, die sehr blaß wird, als ich ihr von Kunzens Entwicklung berichte. Kunz hat sofort nach der Entlassung Kur beantragt und ist nun irgendwo in San Francisco, residiert im Schwulenviertel und relaxt (um mir das vorzustellen, reicht meine Vorstellungsgabe wirklich nicht aus) zum ersten Mal in seinem Leben. Er genießt, so schreibt er, sein Coming-out in vollen Zügen, hat sich in seinen schwulen Bäcker verliebt und mir verziehen — wenigstens einer! Daß mir ein weiteres Mal völlig schleierhaft und unverständlich ist, weshalb er nicht auch in Berlin bleiben muß, brauche ich sicher nicht zu erwähnen. (Noch ein paar Sätze, Elsekind, und die inhaltslose Durststrecke müßte überwunden sein.)

Dergestalt gerupft, in meinen Fähigkeiten zur Straftatsermittlung mißachtet und anhaltend in meinem Alltag ruiniert, finde ich mich eines schönen Sonntag vormittages (22. Juli 1990) auf dem Schöneberger Dorffriedhof wieder. Durch die Leichenhalle schlendernd sinniere ich gerade über mein grundlegendstes Bedürfnis, nämlich eine Aufgabe zu haben, dem ich in keinster Weise mehr nachkommen kann, obwohl ich keinerlei Ansprüche an das Wie und Wozu damit verbinde, als sich mein spurengeschulter Blick auf einen geschlossen aufgebahrten Sarg richtet. »In stiller Trauer«, »Dein Werk sei uns Vorbild«, »Dir zu ewiger Dankbarkeit verpflichtet«, all das in prunkvoll geschnörkelter Goldschrift auf elfenbeinfarben schimmernde Trauerfahnen gedruckt überdeckt fast einen sehr schlichten Kranz, der in kleinen schwarzen Lettern die Anteilnehmenden verrät.

MONIKA UND HILTRUD BRÄULE

Wie von der Tarantel gestochen sehe ich mich nach der Begräbnisanschlagtafel um. In weniger als einer Stunde würde Richard Vorke, denn niemand anderes verbarg sich da im Sarg, ehrenvoll zu Grabe getragen werden. Mein Hirn versucht zu errechnen, wie lange es her ist, daß ich ihn umgelegt habe, und braucht einige Zeit, vom 15. April bis zum Juli zu kommen. Gott, muß der gestunken haben! Nach so langer

Verwesungszeit ist doch sicher nichts mehr zum Obduzieren übrig, oder? Und ein anderer Grund, weshalb sie ihn solange nicht unter die Erde gebracht haben, fällt mir nicht ein. Obwohl er in München ansässig und gemeldet war, schien es Berlin, das sich normalerweise nicht zurückhält, sich über den Süden zu mokieren, eine Ehre zu sein, diesen Herren in seinem Erdreich zu beherbergen. Und einige werden ihm das letzte Geleit geben, denn ich kann mir nicht vorstellen, daß seine sämtlichen Kumpane hinter Gitter oder wenigstens in U-Haft gekommen sind. Bald werden die ersten Trauergäste kommen. Da ich bekannterweise Vorke auf den Weg unter die Erde gebracht habe, ist es unwahrscheinlich, daß mir Dankbarkeit seitens der Trauernden entgegengebracht wird. So überlege ich nur einen sehr kurzen Moment, mich, kunterbunt gewandet, wie ich heute angezogen bin, unter den Trauerzug zu mengen. Der nächste Augenblick ist der Idee, von irgendwoher schnell ein kleines Bömbchen zu besorgen und auf den aufgebahrten Verbrecher zu schmeißen, gewidmet, doch natürlich verwerfe ich all meine heldenhaften Ideen und mache mich schnurstracks auf den Weg zum S-Bahnhof Schöneberg. Von unterwegs rufe ich Suse an, daß ich auf dem Weg nach München bin, und werde tatsächlich bald mitgenommen. Niemand kann von mir verlangen, daß ich hier weiterhin ausharre. Niemand!

7/5

Ich bin noch nicht im Haus, da kommt Mama auf Gudrun und Grit gestützt heraus. Ein Taxi hält quietschend, Mamas Gesicht ist tomatenquetschrot, stöhnend hievt sie sich auf den Beifahrersitz. Die anderen inklusive meines aufgewühlten Vaters sitzen um den Küchentisch, das Telefon in die Mitte gestellt.

»Wir müssen morgen unbedingt zum Notar, ich habe vorhin ein Telegramm nach Berlin geschickt. Warum meldest du dich nicht einfach vorher an, dann hätten wir uns diese Ausgabe sparen können?« begrüßt er mich und sieht nur kurz von seiner Bierflasche auf. Mir fällt die Anstaltspackung Kondome ein, die ich noch immer in der Reisetasche habe. Wenn ich ihm die gäbe und er sie benutzen würde, könnte er sich ganz andere Ausgaben sparen.

»Warum begleitest du Mama nicht?« frage ich, ihn trotz der unfreundlichen Begrüßung herzlich umarmend.

Vati mustert mich gequält. »Die Höchstzulassung an Begleitpersonen liegt bei drei, wir haben gelost. Gerda, an die das dritte Los gegangen ist, schläft zwar inzwischen, aber sie sagte, ich darf trotzdem nicht an ihrer Stelle mitgehen, weil ich sie vor zwei Wochen ein einziges Mal nicht auf den Schultern vom Kindergarten nach Hause getragen habe.« Ich gehe kopfschüttelnd nach oben, reiße mir die versifften Klamotten vom Leib und muß mich mit einer Kittelschürze umhüllen, weil nichts anderes da ist. An Geburten hat Vati sich noch immer nicht gewöhnt. Er versteht einfach nicht, sagt er, wie es sein kann, daß Mama alleine aus dem Haus geht und zu zweit wiederkommt. Ich verstehe auch bloß, daß er das nicht versteht. Ich bin jedenfalls genau zur rechten Zeit gekommen. In zwei Stunden wird er sturzbesoffen und heulend vor dem Telefon hängen und die Kleinen dürfen selbst sehen, wo sie bleiben. Ich streite mich eine Viertelstunde mit ihm, bis ich das Telefon endlich für einen ultrakurzen Lockruf an Hanne benutzen darf. Erschöpft liege ich anschließend auf der Couch in Vatis Arbeitszimmer. Meine Vorstellung vom Aufenthalt hier, so dachte ich mir das unterwegs, ist, »neue Perspektiven« zu entwickeln. Suse, die absolute Katastrophe, wenn es darum geht, Entscheidungen zu treffen, hat die letzten zwei Wochen ihr gesamtes Leben auf den Kopf gestellt. Hat das Studium, durch das sie sich immerhin vier Jahre lang gequält hat, einfach geschmissen, sich Hals über Kopf in einen

Traum von Frau verliebt, und das, wo sie noch vor wenigen Wochen von ihrem Kickbox-Joe schwärmte und bislang nur theoretisch (und damit ungemein anstrengend für mich) was mit Frauen am Hut hatte. Nachteilig daran ist lediglich, daß sie das Geld, welches ich ihr schulde, jetzt sofort haben will, um sich erstmal ausruhen und vergnügen zu können. Jedenfalls ist es so, daß Suse, die jahrelang irgendwie herumwurstelte, nun alles auf einmal angeht, während ich mich nach wie vor im puren, endlosen Nichts befinde. Natürlich war das mit der Schule eine Verlegenheitssache, irgend etwas muß man ja schließlich tun, aber nun, nach (beziehungsweise noch immer IN) diesem ganzen Krimidrama, habe ich auch keine Lust mehr, Postbotin zu werden, obwohl ich mit meinen neuerdings positiven Verbindungen zur Post wahrscheinlich sofort eine Lehrstelle bekäme.

Nach einer halben Stunde uferlosem Grübeln klingelt es endlich, und ich laufe nach unten, Hanne zu begrüßen.

»Wosch!« stöhnen wir gleichzeitig und können uns kaum mehr voneinander losreißen. Hanne sieht unglaublich gut aus, das inzwischen LKS-geschnittene Haar ist von der Sonne gebleicht und die Wangen, bei uns sagt man »Backen«, haben einen spitzbübischen Rotton.

»Was ist denn hier los?« fragt sie konsterniert, als sie Vati beobachtet, der sich gerade umständlich bemüht, seine dritte Flasche zu öffnen.

»Mama ist vor einer halben Stunde zur Entbindung gekrochen!« seufze ich und knabber an ihrem Ohr. »Wollen wir nicht nach oben gehen?«

Hanne mustert mich schockiert. »Und die Kinder?«

Vati versucht es mit einer beruhigenden Handbewegung. »Laß nur, Kleines, ich bringe sie gleich ins Bett!« lallt er. Hanne zeigt ihm einen Vogel, die beiden scheinen sich während meiner Abwesenheit näher angefreundet zu haben, und schnappt sich Gernold, der greinend und völlig übermüdet halb aus dem Kindersitz heraushängt. Es dauert eine Stunde, weil Hanne der Meinung ist, jedem noch etwas vorlesen und beim Zähneputzen zusehen zu müssen, bis alle bis auf Vati im Bett liegen. Der trinkt inzwischen das fünfte Bier, das Telefon bleibt still und selber anrufen kann er nicht mehr. Hanne übernimmt auch das, doch die zuständige Krankenschwester weiß nur zu berichten, daß die beiden Mädchen im Warteraum schlafen und Mama in der Badewanne liegt. Gerade als Hanne und ich, wieder eine Stunde später, endlich in meinem Zimmer angekommen sind, klingelt es natürlich prompt.

Vati grölt, man hört das hinabstürzende Telefon, und als ich unten angekommen bin, ist die Leitung tot. Ich rufe ziemlich genervt im Krankenhaus an und bekomme den rüden Befehl, meine Schwestern abzuholen. Ich schreibe Vati

Alles in Ordnung,
es sind drei Mädchen,
ihnen und Mama geht es gut!

auf einen Zettel. Er (Vati, nicht der Zettel) hängt schnarchend am Tisch, und ich fahre dann mit Hanne, die das ganze wahnsinnig aufregend findet, zum Krankenhaus. Meine Schwestern bekomme ich an der Pforte ausgehändigt, und Hanne besteht darauf, bei Mama vorbeizuschauen. Das zieht sich dann auch nochmal eine Stunde hin, weil Mama nun von Hanne gestützt den Gang auf und ab geht und sich keine Schwester bereit erklärt, diesen Job zu übernehmen. Als wir wieder nach Hause kommen, ist es sechs Uhr in der Früh; Vati liegt mit glückseligem Lächeln, den Zettel umarmend, im Bett, und wir hieven Gudrun und Gitti in die ihren. Dann endlich finden auch wir beide zueinander und schlafen, ohne auch nur einen Anflug von Erotik zu spüren, sofort ein.

Allen ist vermutlich klar, daß das dicke Ende und die Auflösung noch kommen muß. Selbst wenn ein derart konfuser und ungeklärter Kriminalfall durchaus realistisch ist, so läßt das doch keine Lektorin und gewiß keine Else zu; nur ich liege schläfrig mit Hanne im Bett und halte die Misere, in die ich da ohne mein eigenes Zutun hineingeraten und drin stecken geblieben bin, für erledigt. Ich finde es zwar ziemlich frustrierend, wie es endete, und vor allem, daß ich nach wie vor keine Ahnung habe, was nur geschehen ist (lebt Gisela noch?), aber zu Ende, abgeschlossen und finito ist es für mich allemal, wo doch selbst Richard Vorke anstandslos den Weg unter die Erde hinter sich gebracht hat! Ich bin wieder frei und werde nicht mehr verfolgt, was will ich mehr? Hanne schnorchelt putzig vor sich hin, und ich selbst bin auch noch längst nicht wach, da klopft jemand erbost gegen die verschlossene Zimmertür.

»Gabriele!« brüllt mein Alter und stöhnt gleich darauf: »Wir haben 'nen Termin, komm raus!« Ich brumme Unverständliches.

»Und zu zehnt, ich meine, zehn Kinder sind wir jetzt auch!« murmelt er ungläubig. Ich öffne die Tür. Vati, noch nicht ganz nüchtern, kommt rein und setzt sich aufs Bett, während ich mich anziehe.

»Stell dir vor, Gabrielchen; ich habe zehn Kinder!« Er trägt einen dunklen, er hat auch nur den, Anzug, die Krawatte ist nicht straffgezurrt.

»Was sollen wir denn bei dem Notar?« frage ich schlecht gelaunt und streife mir Hannes künstlich aufgeschlitzte Jeans über.

»Oma ist doch tot, und was sie hat, konnte selbst sie nicht mitnehmen.«

»Wau!!« rufe ich und werde schlagartig munter. »Oma war recht gut begütert, oder?« Vati nickt.

»Knaster, Zaster, Knete, Moneten, Kohlen, Mäuse, WAU!!« singe ich fröhlich. Wir gehen nach unten. Gunther sitzt am Küchentisch und hält den Kopf in seinen Händen. Seine drei neuen Schwestern scheinen ihm das Rückgrat gebrochen zu haben. Er sieht nur müde hoch, als ich ihm das Wurstbrot vom Teller klaue.

»Ich will nach Berlin, Gabriele!« Ich nicke friedfertig und leere die Milchtüte in einem Zug.

»Und anschließend«, meldet Vati sich strahlend, »fahren wir zu Mama und gratulieren ihr!« Gerade als wir die Haustür hinter uns zuziehen, klingelt das Telefon. Vati hechtet wieder ins Haus und reißt den Hörer von der Gabel.

»Nein!« schreit er kurz drauf und reißt sich die Krawatte ganz runter. »Zwei?« Als er auflegt, zeigt er mir eine hinausscheuchende Handbewegung. »Mama hat zwei Buben bekommen! Ich muß ganz dringend ins Krankenhaus!« Ich registriere, daß er bei drei Mädchen durchaus abwarten kann, und frage, wo ich hin muß, dann schwinge ich mich auf unser einzig normales Rad und fahre zu diesem Notar. Dem distinguierten Herrn entlockt meine Aufmachung einen bekümmerten Augenniederschlag. Mit einer veralteten Handbewegung lädt er mich zum Platznehmen ein, und nach einer vornehmen Pause spricht er mir sein Beileid aus.

»Ist nicht nötig«, sage ich und bemühe mich mühsam um ein betroffen trauerndes Gesicht. In seinen Augen blitzt es auf, dann nimmt er vier zusammengeheftete Seiten (Büttenpapier mit Wasserzeichen) aus einem graumelierten Umschlag und beginnt vorzulesen, als sei ich dessen nicht mächtig.

> Ich, Katharina Kellwig, ledig und katholisch, setze hier, im vollen Besitz meiner geistigen Fähigkeiten, am 22. März 1989 mein Testament auf: (Das ist exakt drei Monate nach meinem Geburtstag! Und bestimmt nicht ohne Grund hat sie an einem 22. ihre Güter verteilt, mal sehen, was da noch auf mich zukommt, denke ich vorsichtig.)

Mein dreistöckiges Haus mit einer Wohnfläche von 860 m^2, auf meinem Grundstück von exact 32000 m^2 stehend, vermache ich meiner einzigen Enkeltochter, Gabriele Gelien. Haus und Grundstück sind schulden- und hypothekenfrei, die Rechnungen für den noch nicht fertiggestellten japanischen Garten sind alle bezahlt. Detaillierte Anleitungen zu seiner Pflege befinden sich in meiner linken Nachttischschublade. Mein Barvermögen, das zur Zeit dieser Niederschrift exact 434479,68 DM beträgt, ist ebenfalls meiner Enkeltochter zu überschreiben. Zwei Drittel des Betrages sind angelegt, über den Rest darf meine Enkeltochter relativ frei verfügen.

Sowohl Haus als auch das Grundstück sind instandzuhalten und dürfen nicht verkauft werden.

liest er vor, und ich komme nun endlich dazu, einmal Luft zu holen. Der Notar betrachtet mich triumphierend, ich hingegen bin noch längst nicht zu einer Gefühlsregung fähig.

»Jetzt«, fährt er fort, »kommt ein etwas persönlicherer Abschnitt.« Ich nicke, solange nicht ihre Stimme lamentiert, werde ich es wohl ertragen können.

Da meine Tochter Hannelore Kellwig, Gott sei ihrer gnädig, mir sehr früh entrissen wurde, sehe ich mich gezwungen, meine weltlichen Güter meiner Enkeltochter zu vermachen, auch wenn sie sich, durch ihre Stiefmutter nachhaltig beeinflußt, schon vor vielen Jahren von mir abwandte. Mit ihrer, Gabrieles Freundschaft und Anteilnahme hätte ich den Tod meiner Tochter wohl eher bewältigen können!

An dieses Erbe, das natürlich nicht angenommen werden muß, knüpfen sich einige Bestimmungen, die ich, lange überlegt und wohlbedacht, zu Gabrieles Bestem festgelegt habe.

Der Notar sieht wieder auf, mein Herz pocht tief in meinem Magen. Vor meinem inneren Auge erscheint Oma. Szenen aus den Jahren unseres Zusammenlebens reihen sich ohne mein Zutun aneinander. Oma, die mir nach langem Jammern endlich das quietschgelbe Bonbon gibt und mit Serviette vor mir stehend abwartet, daß ich es endlich aufgelutscht habe. Sauberkeitserziehung. Oma, die mich jeden Abend zwang, vor meinem Bett auf die Knie zu gehen und an meine verstorbene Mutter zu beten.

»Ich habe vergessen, wie sie aussieht!« sagte ich irgendwann, nach drei oder vier Jahren einmal. Das war das einzige Mal, daß ihr die Hand ausrutschte, aber gewaltig. Bevor ich ganz darin versinke, raffe ich mich auf.

»Ist es unabänderbar, daß Sie mir das alles vorlesen?« frage ich forsch. Der Notar schüttelt den Kopf.

»Dann geben Sie mir den Krempel, ich melde mich, wenn ich zu einer Entscheidung gekommen bin!« Damit stehe ich auf, nehme Omas Nobelgeschmiere (natürlich nicht das Original) und gehe. Ziemlich betäubt fahre ich ohne nachzudenken zur Blutenburg. Das einzige, was mir unterwegs einfällt, ist, daß ich diese wunderschön angelegte Burg mit Oma kennenlernte, auch hier hatte sie vehement versucht, mich an meine Mutter zu erinnern. Ich sitze inzwischen — weiß kaum, wie ich dort hingekommen bin — zusammengekauert auf der harten Bank und schüttel entsetzt, weil ich Omas Stimme in mir höre, den Kopf. Ich habe auch ihr nicht verheimlicht, daß ich, wenn ich liebe, mich zu einer Frau hingezogen fühle, und Oma war niemals so eine Frau wie Frau Steiner, Hannes Mutter, die dazu peinlich berührt schwieg. Oma sagte unverblümt, unaufgefordert und konkret, was sie dazu dachte. Vielleicht ist es schrecklich schlimm, was ich in diesem Moment denke, aber im Vergleich zu Frau Steiner, die nach wie vor die Stuhlfläche vor Scham wetzt, war Oma wenigstens ansprechbar.

Ich habe wirklich einige Jahre unter Oma gelitten, aber sie

hat mir, nur weil sie ausgesprochen hat, was sie denkt, zumindest die Möglichkeit, anhand ihrer Äußerungen zu eigenen zu kommen, nicht genommen. Hanne ist mit Schweigen, Unwissenheit und Unformulierbarkeit, weil diese Frau nichts sagte, großgeworden.

Durch das Knarren der hölzernen Pforte werde ich aus meiner Gedankenversunkenheit gerissen. Eine ältere Frau, bieder gekleidet, tritt ein und nickt mir zu. Ich nicke abwesend zurück. Sie geht die schmale Wendeltreppe hinauf. Wieder sehe ich Oma vor meinem inneren Auge. Eine stolz aufrecht gehende Frau, die immer wußte, was richtig und gut, was falsch und böse war, und niemals ihre Meinung zurückhielt. Als ich mich sechzehnjährig bei Aktion Sühnezeichen bewarb, wußte Oma genau, das ist falsch, wir Deutschen haben nichts zu sühnen, nichts wiedergutzumachen, nichts zu entschuldigen. Wir stritten erbittert darüber; jeder dieser schrägen Wiedergutmachungsversuche ist eine Wiederjudmachung, und sühnen kann ich das Geschehene auch nicht, das war auch meine Meinung, aber was ich für wichtig hielt, konnte ich noch immer nicht formulieren, und damals war ich noch der Meinung, wenn ich erst genügend Argumente hätte, dann würde Oma mir auch zustimmen.

Plötzlich erfüllt Orgelmusik den Kirchenraum.

Oma fand Abtreibung mörderisch, schlimm; daß keine Frau sie »gut« findet, ist ihr nie klargeworden. Meine ständig mehr werdenden Geschwister brachten sie zumindest ein wenig in einen gedanklichen Zwiespalt, hätten meine Eltern auch nur eine Schwangerschaft unterbrochen, dann hätte sie die beiden endgültig verurteilt, doch im Grunde war es nur die Tatsache, daß Vati wieder geheiratet hat und Mama offensichtlich liebt, an sich, mit der sie haderte.

Es geschieht fast automatisch, daß ich nun aufstehe und die fürs Singen vorteilhaften Entspannungsübungen mache; tief ein-, tief durch- und tief ausatmen, Oma schüttelt vor meinem inneren Augen entschieden den Kopf. Ich habe mich noch nicht einmal erkundigt, woran sie letztendlich gestorben ist, mit ihren 87 Jahren. Die Organistin spielt sich allmählich ein. Ich wünsche mir ein Lied, das ich kenne, habe so viele Wochen nicht mehr gesungen. Während ich den Oberkörper mit locker schlenkernden Bewegungen weit nach vorne überbeuge, meine Muskeln entspanne, denke ich entsetzt, daß die Menschen, die einen von früh an geleiten (oder auch nicht, und nur durch ihre unterdrückende Anwesenheit glänzen), einen gehörigen Teil des Lebens prägen. Oma und ich in der Kirche, natürlich der katholischen, singend; ein reifer Alt, schön und zweistimmig mit einem jungen Sopran (der nicht mehr ist), den weiten Raum erfüllend. Singen; singen konnte ich wunderbar zusammen mit Oma. Dieses Lied, »Kommt ein Vogel geflogen, hat ein Zettel im Schnabel, von der Mutter ein Gruß«, das mich so nachhaltig geprägt hatte, war der Beginn meiner Faszination für mehrstimmigen Gesang. Oma fand immer eine zweite Stimme, wenn ich die erste beherrschte.

Die Organistin spielt mir Unbekanntes. Ergriffen gehe ich die Wendeltreppe nach oben, trete hinter sie und frage, als sie kurz pausiert, ob sie »Sancta mater istud agas« von Pergolesi kennt. Ich muß die Schmach meines letzten Auftrittes einfach für mich widerlegen. Erstaunt dreht sie sich zu mir, mustert mich und meine zerschlissene, verdreckte Aufmachung, nickt dann, stellt ein paar Knöpfe um und beginnt zu spielen. Ich setze den Bruchteil einer Sekunde zu spät ein und überhole sie dann plötzlich, bevor ich mich auf die richtige Geschwindigkeit einpendel, und dann erklingt dieser wunderschön bemalte und mit Gold überfrachtete Raum mit unserem Bemühen. So angstfrei, beherzt und locker habe ich selten zuvor gesungen. Die Organistin, später erfahre ich, daß sie nur deswegen dazu erkoren wurde, weil sich kein Mann, der ausreichend spielen kann, findet, fährt mit einem schwierigen Mezzosopransolo fort, das ich ebenfalls kenne (aber nicht beherrsche!). Ich weiß nicht, wieviel Zeit vergeht, irgendwann schießt mir durch den Kopf, daß ich wohl niemals von geistlicher Musik und auch nicht vom kirchlichen Geschehen loskommen werde, und wir spielen und singen weiter. Anschließend trinken wir noch einen Kaffee zusammen, und erst auf dem Rückweg fällt mir ein, daß ich noch immer nicht das gesamte Testament gelesen habe. Ich gehe in die nächste Kneipe, meine feierliche Stimmung wird durch das Publikum schnellstens behoben. Ich bin bis auf die Bedienung (klar) die einzige Frau im bayerisch-rustikalen Kellergewölbe, bestelle mir einen Doppelbock und nehme Omas letzte Botschaften entgegen.

> Sollte meine trotz allem von mir geliebte Enkeltochter Gabriele das Erbe annehmen, so bestimme ich hiermit, daß sie ihr Leben in Altdorf mit einer männlichen Bezugsperson zu verbringen hat und mit diesem Mann zusammen dort lebt. Es mag auf den ersten Blick hart erscheinen, doch wird es letztendlich zu ihrem Glück führen, wenn sie zu dem zurückkehrt, was unser Leben in seinem wahrhaften Ursprungsgedanken, nämlich dem anteilnehmenden Miteinander von Mann und Frau, ausmacht und wozu wir bestimmt sind. (Da käme jetzt zwar noch einiges, aber nichts Relevantes mehr.)

Schockiert leere ich das Bier. »Eine männliche Bezugsperson!« murmel ich, mit einem Schlag restlos ernüchtert, diese gottverfluchte Pißflitsche, DAMIT habe ich nun wirklich nicht gerechnet. Ich sehe mich um, Suffköppe sitzen, jeder für sich, vor einem Bier, blind in die Maßkrüge stierend. 'Eine männliche Bezugsperson!' Wenn ich auf diesem Gut in Altdorf bei Nürnberg leben will, brauche ich eine 'männliche Bezugsperson', und ich kann mir noch nicht einmal unter der bloßen Wortkombination etwas vorstellen. Zudem kenne ich keine,

— Boris Alexej? Damit habe ich zugleich ein Katzenmonster am Hals, nein danke!

— Kunzilein? Der ist überglücklich in Amiland, auch nicht verfügbar, zudem bin ich mir sicher, daß er nicht gerade scharf darauf ist, sein Leben mit mir zu »teilen«, selbst wenn er mir absolut verziehen hat, und ich bin auch nicht scharf drauf.

Grübelnd bestelle ich ein weiteres Bier, diese gottverdammte Mistprietsch'n! Wenn ich keine männliche Bezugsperson (ich kann mir noch nicht einmal vorstellen, daß es so etwas heutzutage überhaupt noch gibt), wenn ich keine finde, ist das gesamte Erbe für mich passé, es ist nicht zu glauben!

Schließlich zahle und gehe ich. Zu Hause sind alle in einer erbitterten Diskussion um die Namen der zwei Neugeborenen engagiert.

»Der eine heißt Gabriel, das ist beschlossen und verkündet!« bestimme ich und gehe nach oben, hoffentlich ist Hanne noch da! Die liegt in der Badewanne, hastig entkleide ich mich und lasse mich zu ihr ins Wasser gleiten.

»Ich habe ein Haus mit japanischem Garten und riesigem Grundstück geerbt!« seufze ich.

Hanne, die sich gerade die Schamhaare kratzt, was mich nur an Oma erinnert, sieht erstaunt auf. »Wosch!« stöhnt sie. »Ist ja bombastisch! Warum ziehst du so 'ne Leichenmiene?«

Ich richte mich auf, lasse mich dann seufzend auf Hanne fallen und vergrabe mein Gesicht zwischen ihren Brüsten. »Es gibt eine Klausel, nach der ich das Erbe nur dann bekomme, wenn ich mit einer männlichen Bezugsperson dort gemeinsam residiere!«

»Aha!« Wir seifen uns gegenseitig ein und planschen herum.

»Ich meine, Vati ist die einzig männliche Bezugsperson, die ich kenne, aber wenn ich den nach Altdorf verfrachte, zieht das einen Rattenschwanz von zur Zeit ungefähr und mindestens acht Kindern und Mama nach sich, damit werde ich nicht alt.« Draußen wird immer wieder gegen die Badezimmertür gedonnert, aber wir lassen uns nicht stören.

»Vielleicht solltest du ein Inserat aufgeben?« schlägt Hanne kichernd vor. Ich nicke und werde von Minute zu Minute, je verzweifelter ich nach einer »männlichen Bezugsperson« suche, leerer in der Birne. So ein Scheiß!

Hanne krabbelt mit ihren langen schmalen Fingern auf meiner Kopfhaut herum. Lisa, die mir immer die Haare wusch, als ich noch welche hatte, fällt mir dabei ein. Nachdem ich wieder meinen obligatorischen LKS hatte, ergab sich auch gar keine Gelegenheit mehr, daß sie mir eine halbe Flasche Shampoo hätte auf den Kopf klatschen können. So wahnsinnig viel hat sich in so kurzer Zeit verändert! Ich komme gar nicht hinterher.

»Hej«, flüstert Hanne, und ich bin frustriert darüber, endlich bei ihr zu liegen und nun so abwesend zu sein. »Hej, ich habe gestern die Prüfungsergebnisse bekommen!«

»Echt?« Ich richte mich auf, wenigstens etwas!

Hanne strahlt mich an, küßt und drückt mich. »Ich hab's Mama noch gar nicht erzählt, aber inzwischen müßte sie ja an einiges gewöhnt sein.« Ich nicke, über Frau Steiner hatte ich mir ja in der Blutenburgkapelle heute auch schon den Kopf zerbrochen. Hanne umfängt meinen Kopf mit ihren Händen und betrachtet mich schelmisch grienend. »Also hätte ich dich doch in Berlin besuchen können, hab' ich doch gleich gesagt!«

»Häh???«

»Durchgefallen!« sagt Hanne kurz und prägnant.

Ich nicke. »Wenn du mir 'ne 'männliche Bezugsperson' organisierst, die mir nicht auf den Wecker geht, und Männer gehen mir verdammt schnell auf'n Sender, dann gehen wir zusammen nach Altdorf!« Mehr fällt mir dazu im Moment nicht ein.

»Und jetzt muß ich erstmal telefonieren!« Damit springe ich auf, schmeiße mir Vatis Bademantel über und hechte nach unten. Boris wird beauftragt, meine sämtlichen Möbel, Klamotten, meinen gesamten Krempel im Keller zu verstauen, dabei überlasse ich ihm gleich die Wohnung; ich bin fest entschlossen, nach Altdorf ins wunderschöne Frankenland zu ziehen. Suse bekommt Bescheid, sie ist sofort mit von der Partie, obwohl sie sich auch keine männliche Bezugsperson für mich vorstellen kann, und besteht darauf, mit ihrer diplomiert arbeitslosen Traumfrau Dagmar zu kommen. Irgendwie muß das doch zu regeln sein! Anschließend suche ich den nächsten Zug nach Nürnberg raus, sattel ein Tandem mit Brotzeit, Flickzeug (man erinnere sich daran, wieviel Mühsal es mir bescherte, daß ich es einmal nicht dabei hatte!) und Regenklamotten, und dann setzen Hanne und ich uns in den Zug.

Von Nürnberg nach Altdorf sind es dreißig Kilometer Hügellandschaft, die wir noch bewältigen müssen, aber nach drei Stunden stehen wir vor einem wirklich herrschaftlichen Bauerngut. Schmucke Geranien in grünen Holzkästen vor jedem Fenster und ein monströses, schmiedeeisernes, zweieinhalb Meter hohes Tor.

»Es gehört mir!« stottere ich, nicht wirklich begreifend, was das für mein zukünftiges Leben zu bedeuten hat. Meine Suche nach dieser männlichen Bezugsperson wird zunehmend verzweifelter. Eine Viertelstunde später merken wir, daß es unmöglich ist, in den Garten zu gelangen. Oma hat sich massiv verbarrikadiert, und einen Schlüssel habe ich natürlich noch nicht. Wahrscheinlich bekomme ich den erst dann in die Hand gedrückt, wenn ich meine »männliche Bezugsperson« präsentiere.

Uns bleibt gar nichts anderes übrig, als die gesamte Strecke zurückzuradeln.

Nun müßte ich ja wirklich nicht mehr weiterschreiben, da ich mit meinem Erbe die Schulden, die ich bei Suse hatte, bezahlen konnte. Ich werde mich wohl niemals daran gewöhnen, daß es auf meinen Kontoauszügen in der Zeile »Haben« gar nicht auffällt, wenn ein Betrag von 2000 DM abgebucht wird.

Es ist Mitte Oktober. Dagmar steht mit gegrätschten Beinen, die Hände auf die Hüften gestützt, ungeduldig am Tor. (Meine Aversion gegen monströse Gartentore, die früher rote Tücher für mich waren, hat sich im Nu erledigt; mir ist noch nicht einmal eingefallen, daß ich je eine Abneigung gegen sie hatte!) Schließlich pfeift Dagmar auf vier Fingern nach Suse. Es ist die letzte Ladung Sperrmüll, die weggebracht werden muß, und Dagmar ist die einzige von uns, die einen Führerschein hat. Es war wirklich unvorstellbar, wie wir das Haus vorfanden. An jeder Wand jedes Zimmers, und es sind unzählige, hing mindestens eine gerahmte Photographie meiner Mutter. Sie ruhen inzwischen alle in einer Holztruhe auf dem geräumigen Speicher. Es ist ja nicht so, daß ich meine leibliche Mutter aus meinem Leben verbannen will, aber es gibt nur ein Photo von ihr, das ich schätze, und das bewahre ich in meinem Poesiealbum auf. Suse, die Frau meines Lebens (ich glaube, das habe ich jetzt oft genug hinzugefügt!), rast auf Dagmar zu, die beiden sehen zusammen aus wie, ja, so ähnlich wie Dick und Doof. Suse ist klein und zierlich und Dagmar zwei Köpfe größer und kräftig gebaut.

Hanne hat Geranienblumenkästen auf eine Schubkarre gestapelt und schiebt das ganze soeben fluchend zum hinteren Kellereingang. Geranien muß man einkellern, das steht im fünften von siebenundzwanzig Blumenbüchern, die ebenfalls zu Omas Erbe gehören. Im nächsten Frühjahr, haben wir beschlossen, pflanzen wir da irgendwas anderes rein, wir können uns den ganzen langen Winter noch Gedanken darüber machen, was unsere Fenster nächstes Jahr zieren soll. Nach fast zwei Monaten intensiver Arbeit wird das Haus nun allmählich für unseren Geschmack bewohnbar. Dagmar und Suse, die überhaupt nicht aus dem Bett finden würden, wenn ich nicht täglich brüllende Aufstände veranstalten würde, haben den hinteren Trakt im zweiten Stock bezogen. Hanne und ich residieren im vorderen Teil des ausgebauten Speichers mit traumhaftem Blick über die hügelige, fränkische (es ist ein niemals entschuldbares Sakrileg, Franken Bayern einzuverleiben!) Landschaft, und meine »männliche Bezugsperson«, die ich nach mehr als zweiwöchigem Grübeln doch noch aufgetrieben habe, wohnt im Erdgeschoß. Ein Haustier haben wir leider auch schon. Dieser Chaosbraut von Suse fiel nichts besseres ein, als sich mit dem Geld, daß ich an sie zahlen mußte, einen Affen zu kaufen. Ein Totenkopfäffchen! Ich dachte anfangs, es würde funktionieren, den Speicher zur Tabuzone zu erklären, aber auch Hanne ist von dem Vieh angetan, und außerdem kommt er übers Dach rein. Ansonsten hat sich bis heute nichts getan, und ich muß gestehen, ich kann recht gut damit leben, nach wie vor unwissend darüber zu sein, wer was verbrochen hat. Selbst den bis heute frei herumlaufenden Verbrechern ist unter Garantie klar, daß ich nie wieder das Bedürfnis entwickeln werde, Geheimnisse zu lüften, solange sie nicht mich persönlich betreffen. Ob Gisela noch lebt, beschäftigt mich jedoch ziemlich, aber eher deswegen, weil ich mich für den Fall, daß sie tatsächlich noch existiert, vor ihr fürchte. In diese träge fließenden Gedanken versunken sehe ich also meinen arbeitenden Freundinnen zu und warte auf den Postboten. Ich habe tatsächlich ein weiteres Mal Glück mit der Post. Der Mensch, der hier meinen Kasten füllt, ist ein äußerst zuverlässiger Säufer. Er bekommt seinen Wacholderschnaps nur dann, wenn ich Post von ihm bekomme. Schon sehe ich ihn den Hügel erklimmen und gehe leise, um meine männliche Bezugsperson nicht aufzuschrecken, in die Küche. Jedesmal wenn er mitbekommt, daß der Briefträger ein Schnäpschen bekommt, möchte er nämlich auch eines, und das paßt mir aus gesundheitlichen Gründen nicht in den Kram. Ich bin ganz einfach nicht gewillt, innerhalb der nächsten zehn Jahre noch einmal eine männliche Bezugsperson auftreiben zu müssen, und so bekommt der Herr nichts, was der Gesundheit auch nur im entferntesten abträglich sein könnte. Ganz außer Atem nimmt Heribert Platz, und wir tauschen aus. Ein blaues Kuvert, dessen Entgegennahme ich schriftlich bestätigen muß, befiehlt mich nach Berlin. Jubilierend springe ich auf. Völlig egal, warum ich dorthin soll, es ist ein Fest wert, endlich wieder mal nach Berlin zu kommen! Wie ich diese Stadt, meine Kneipen, die durchgemachten Nächte dort und vieles, vieles mehr vermisse! Kurz und gut, drei Tage später bin ich also in Berlin, mir bleibt nichts anderes, als bei Boris Alexej und seinem Scheißvieh zu residieren. Ich bin als Zeugin und Angeklagte zugleich vorgeladen, und um jede romantische Hoffnung gleich im Keim zu ersticken: das Happy-End besteht nicht darin, daß sämtliche sogenannten »Kinderbefreier« in den Knast kommen, obwohl das ganze natürlich am Landgericht verhandelt wird, das heißt die Bestrafung bei mindestens zwei Jahren Freiheitsentzug liegt. Außerdem hat der Raum, in dem die Verhandlung stattfindet, eine ganz normale Zimmerhöhe, ist überhaupt nicht imposant, und die Gefangenen werden auch nicht durch einen Kellergang, der direkt in den Gerichtssaal führt, in den Zeugenstand oder auf die Anklagebank gebracht wie im Kino; sie tragen noch nicht einmal Handschellen. Die Verteidiger von Hans, Wiemgke und Riedel sind unter Garantie ebenfalls Fans desselben sexuellen Verbrechens.

Das ganze beginnt damit, daß die Öffentlichkeit — dreißig Frauen vom Notruf (der erste spektakuläre Auftritt ohne Lisa!), die Presse, Wildwasser und mehr — aus mehreren Gründen ausgeschlossen wird:

1. Zum Schutz der Intimsphäre der Angeklagten und

2. aus mangelndem Interesse der Öffentlichkeit — bis es soweit ist, vergeht eine Stunde, die nächste halbe Stunde wird

vor der Tür dermaßen laut protestiert, daß die drinnen nicht anfangen können. Ausschlaggebend für den endgültigen Ausschluß ist dann der Vortrag eines Psychologen, der über die gesellschaftlich tragische Situation der Kinderbefreier als der am schärfsten verurteilten Minderheit überhaupt ausführlich referiert. Dieser Psychologe begleitet als »Sachverständiger« den gesamten Prozeß. Da ich in das ganze verwickelt und vorgeladen bin, werde ich nicht ausgeschlossen, allerdings muß ich täglich mehrmals die Seiten von angeklagt links, in den Zeugenstand Mitte und dann wieder auf die anklagende Seite rechts wechseln. Der ganze Prozeß beginnt mit Gisela, die trotz ihrer anstrengenden Schwangerschaft (Ich bin völlig durch den Wind deswegen, war ich mir doch so sicher, daß sie Lesbe ist! Die arme Ce Punkt nun noch um ein weiteres betrogen!) die Nebenklage in Anspruch nimmt und, zusätzlich durch ihre Rechtsanwältin vertreten, Hans beschuldigt, sie am Ermitteln gehindert zu haben. Akten verschwanden, zu observierende Verdächtige waren von ihm gewarnt und daraufhin wie vom Erdboden verschwunden, zum Beispiel Heinrich Güll. Ich werde niemals herausbekommen, wer damals die sieben Päckchen entgegennahm, Heinrich Güll war es jedenfalls nicht. Hans kann nachgewiesen werden, daß er dies alles tatsächlich getan hat, daraufhin zieht sein Verteidiger ein polizeiliches Führungszeugnis aus der Fischgrätjackentasche (wirklich!) und weist nach, daß Hans bisher dem Staat treu und redlich gedient hat, erwähnt den Kirchenchor, in dem er seit dreißig Jahren singt, stellt fest, daß er unbescholten und nicht vorbestraft ist und sowieso bald pensioniert werden würde, und so bekommt Hans eine zweijährige Haftstrafe auf drei Jahre Bewährung und wird frühzeitig in den Ruhestand versetzt. Ein Wunsch, den er bereits in Kapitel 2/5 geäußert hat, geht damit in Erfüllung. Allein bis es zu diesem grandiosen Abgang kommt, vergehen fünf Tage, dann kommt J. Riedel, mein Ex-Postbote, an die Reihe. Gisela, obwohl sie mich, wenn überhaupt, nur sehr abschätzig mustert, weist in einem gründlichen, nicht widerlegbaren Kräftetest nach, daß ich aufgrund meiner schwächlichen körperlichen Konstitution Richard Vorke nicht umgebracht haben kann. Der Gerichtssaal sieht zwischenzeitlich aus wie ein Fitneßstudio; ein Gerät mißt, sowohl bei Riedel als auch bei mir, ob wir wirklich mit unserer gesamten Kraft stemmen, zuschlagen und treten (letzteres wegen der demolierten Eier des Verstorbenen). Riedel ist stärker als ich, obwohl ich wirklich das Allerletzte aus mir heraushole, mein Abgang also ein weiteres Mal beschämend! (Ich berichte den Herren Richtern nicht, daß ich zwischen Tatzeit und Vernehmung zehn Kilo abgenommen habe, um den Prozeß nicht weiter in die Länge zu ziehen.) Das Ehepaar, welches schon mich in die Sackgasse flüchten sah, erkennt auch ihn wieder, und der Obdachlose kann nicht mehr vernommen werden, weil er an einer Leberzirrhose verstorben ist. Riedels oberster Chef, also der, der sich bei mir mit Schmucktelegramm, Gebührenbefreiung und einem Postfach bedankt hat, bescheinigt dem Angeklagten, seinen Dienst sieben Jahre lang vorzüglich versehen zu haben, zudem lassen sich keine Videos, auf denen Riedel zu sehen ist, auftreiben. Am Rande bemerkt: Sämtliche Videos und anderweitige Aufzeichnungen sind verschwunden! Jedenfalls wird er wegen Mord zu drei Jahren ohne Bewährung verurteilt. Ich, die ich eigentlich triumphieren müßte, weil ich in ihm von Anfang an den Mörder vermutet habe, finde es jedoch eher beschämend, zudem noch keiner mir deswegen anerkennend auf die Schulter geklopft hat. Ein anständiger Krimi besteht nun einmal darin, daß der Detektiv sich entweder erstmal irrt oder wenn nicht (weil weiblichen Geschlechtes), dann nur aufgrund ihres genialen Instinktes, ihrer Kombinationsfähigkeit oder Menschenkenntnis. Keine dieser Eigenschaften würde mir jemand anheim stellen.

Horst Wiemgke schließlich wird an das Amtsgericht verwiesen und dort, er ist Grundschullehrer, vom Dienst suspendiert und zu einer Geldstrafe von 500 DM, zu zahlen an den

»Verein zur Mäßigung der Aggressivität von Hunden«, verurteilt. Das einzige, was ihm nachgewiesen werden kann, ist, daß sein Hund mich gebissen hat. (Eine Photographie meiner linken Brust, unmittelbar nach der Tat, wird den Herren Richtern als Beweis vorgelegt.) Lydia fährt mit allem auf, was sie weiß, und das ist unheimlich viel, doch sämtliches Beweismaterial, das sie und Sybille in jahrelangem Engagement mühselig zusammengetragen haben, ist von unzähligen Otto Normalpädos gesucht, gefunden und vernichtet worden, das heißt, daß ihre mündlichen Beschuldigungen nicht ausreichen, die Verurteilung zu verstärken.

Lydia und Gisela gehen umarmt und mit gesenkten Köpfen wirklich gebrochen aus diesem kläglichen Prozeß.

»Das war's!« seufzt Gisela fast heulend, und Lydia, deren beste Freundin schließlich dabei umgekommen war, nickt zustimmend. Gisela verabschiedet sich sogar von mir, immerhin meint sie großzügig, sei das, was ich gelöst hatte, den Code und die wahre Adresse, nicht wenig gewesen.

»Ich dachte«, platze ich unzusammenhängend heraus, »ich dachte wirklich, du bist 'ne Lesbe! Echt du, das haut mich um!« Gisela mustert mich mit einem Blick, den ich ihr ebenfalls nicht zugetraut hätte, so unglaublich schwachsinnig.

»Gabriele«, meint sie aufseufzend und klopft mir tröstend auf die Schulter, »es ist wirklich ungeheuerlich tragisch, daß du nichts anderes in dein pralles Hirn reinkriegst. Aber wenn es dich tröstet, so trage ich unter meinem Herzen eine parthenogenetische Schwangerschaft aus!« Ich versuche möglichst wissend zu blicken, versuche mir dieses angsteinflößende Wort zu merken und schlage innerlich drei Kreuze, ihr nie mehr begegnen zu müssen. Lydia allerdings sieht sich durch mein Verhalten endgültig darin bestätigt, daß die »bodenständige Liberalfraktion« von LIEBe nicht nur die allerletzten und beschämendsten Lesben beherbergt, sondern sieht in mir gar die Krönung.

Als der psychologische Sachverständige, der zum Schluß

noch einen eineinhalbstündigen Vortrag über Kinderbefreiung, ihre unermeßliche Wichtigkeit und die Tragik des gesellschaftlichen Urteils darüber hält, mit tosendem Applaus der Angeklagten und der Hälfte im Zuschauerraum belohnt wird (eine Urteilsverkündung, die immerhin »Im Namen des Volkes« ausgesprochen wird, muß öffentlich sein), nicken Lydia und Gisela nur mehr müde und protestieren nicht einmal. Mit diesem mageren Ergebnis darf ich dann Berlin wieder verlassen. Interessant ist vielleicht noch, daß die Sexualverbrecher, die bei dem großen internationalen Treffen in Berlin sl geschnappt worden sind, teilweise

1. von den diplomatischen Vertretern ihres jeweiligen Heimatlandes dorthin überführt und dann per Kaution, und in mehreren Fällen auch ohne, freigelassen oder pseudoverurteilt wurden. In einem Fall war die Zeugenaussage von Ehefrau und den vier minderjährigen Töchtern ausschlaggebend dafür, dem geschnappten Verbrecher die Unschuld zu bescheinigen;
2. sich psychologische Gutachten von wegen unzurechnungsfähig und natürlich haftunfähig ausstellen ließen, und
3. vier Fälle tatsächlich zu mehrjähriger Haftstrafe verurteilt wurden, die dann im Knast für eine weitere Vernetzung und Verbreitung ihrer Mission als »Kinderbefreier« sorgen, und somit, von außen unterstützt, selbst hinter Gittern noch das fortsetzen, woran die Verurteilung sie gerade hindern soll. Einer der verurteilten Herren ist geradezu dankbar dafür, nun ohne abgelenkt zu werden endlich die Zeit zu haben, sein Buch über die psychologisch immens wichtigen Erfahrungen praktizierter und durch Erwachsene begleiteter und geförderter Sexualität von Kindern schreiben zu können. Ich bin der felsenfesten Überzeugung, daß die Knastleitung es bei diesem Menschen durchaus für leistbar hielt, ihm eine Schreibmaschine zur Verfügung zu stellen.

Ich stehe ganz mutterseelenalleine an der Trämperstelle, es gießt in Strömen, ist »für die Jahreszeit zu kalt«, und ich beschließe soeben, daß Berlin mich nach diesem unwürdigen Abgang so schnell nicht mehr zu sehen bekommt, als ein kleines grünes Auto mir zuhupt und dann nach links in den Parkplatz biegt. Ihm entsteigt ein großgewachsener Herr mit einem Strauß Geranien. Lächelnd tritt er auf mich zu, überreicht mir das Gebinde mit einer vornehmen Verbeugung. Das letzte Mal war es eine Pistolenmündung, mit der er mir zu nahe kam, diesmal scheint er sein Unheil dekorieren zu wollen.

»Keine Angst, Madame, noch ist es nicht soweit. Doch wir werden einander wiedersehen, das versichere ich Ihnen!« Ich bin dermaßen schockiert, daß ich zu keinem Wort fähig den Strauß tatsächlich entgegennehme und ihm in einer Mischung aus Dummheit und Höflichkeit zunicke.

»Das wäre es vorerst, auf Wiedersehen«, sagt er lächelnd, und ich erwidere allen Ernstes dieses lebensbedrohliche »Auf Wiedersehen«. Mein angstvoll klopfendes Herz ahnt in diesem Moment, daß es niemals zu Ende sein wird. Mit einer Literflasche Wodka lasse ich mich einige Zeit später von einer forschen jungen Dame mitnehmen und kipp sie mir im Schnelldurchlauf hinter die Binde.

8/3 ANFANG NOVEMBER: GRANDE FINALE

An einem verregneten Nachmittag bin ich alleine zu Haus und sitze, gedankenlos und friedlich aus dem Fenster stierend, in meiner Schreibstube. Es lohnt nicht, nach Heribert Ausschau zu halten, da Allerheiligen hier ein Feiertag ist. Trotzdem kann ich es nicht lassen. 'Ich', denke ich soeben amüsiert, 'werde spätestens im Alter zu diesen unausgelasteten Lästerweibern gehören, die sich über an ihrem Fenster vorrübergehende Leute permanent das Maul zerreißen!', als ein pinklilafarbener Reisebus am Horizont auftaucht.

Merkwürdig, diese Straße führt nur zu unserem Haus und endet dort. Die Touristensaison ist auch vorbei, es ist bereits empfindlich kalt, und wir waren deswegen die ganze letzte Woche damit beschäftigt, den japanischen Krempel abzudecken. Der Bus hupt und kommt direkt vor dem Tor zu stehen. »Schwangere unterwegs!« steht in revolutionärem Schriftzug, lila, über die gesamte Seitenlänge. Die Tür öffnet sich, und eine Frau mit drallem Bauch kommt keuchend die Stufen runter.

»Ach du liebes bißchen!« stöhne ich und würde mich am liebsten verstecken — GISELA! Sie stützt sich auf eine andere Frau, ebenfalls mit dickem Bauch, und geht auf das Haus zu. Ich ergebe mich, verlasse meine sichere Stube, gehe nach unten und öffne gequält lächelnd die Tür.

»Das ist Ce Punkt, Claudia!« stellt Gisela mir die Frau, auf die sie sich stützt, vor und drückt mir ein Päckchen in die Hand. »Das ist diesmal aber nicht von deinen Eltern!« Zwanzig weitere Frauen, mit teils monströsen Gewölben vor sich, entkommen stöhnend dem Bus.

»Gibt es hier ein Zimmer, in das wir alle reinpassen?« fragt Gisela. Ich nicke konsterniert und gehe ins Wohnzimmer. Kaum hat Gisela die Tür hinter uns geschlossen, ziehen alle, bis auf sie, Kissen aus ihren Umstandskleidern.

»Es ist eine Tarnung!« meint Gisela kichernd. Ich nicke. Plötzlich erkenne ich Lydia, als sie ihre brünette Perücke vom Kopf nimmt. Auch Lisa ist unter den Frauen. Wir nicken uns zu. Lisa zieht ihre Gesundheitslatschen aus und kommt auf mich zu. Schweigend nehmen wir einander in die Arme. Nach einer Weile zeigt sie auf eine der Frauen.

»Das ist Berta, meine neue Freundin!« stellt sie sie vor. Ich nicke und halte noch immer das Paket an meinen Bauch gedrückt.

»Kapierst du, worum es geht?« fragt Gisela. Diese Frage kenne ich ja inzwischen.

»Natürlich nicht!« sage ich, verlegen kichernd, vermutlich hätte es schon wieder mindestens dreimal »Klick!« machen müssen in meinem Hirn.

Lydia reißt schockiert die Augen auf. »Du glaubst also allen Ernstes, wir, Gisela und ich, hätten mit diesem miesen Prozeß aufgegeben?« kreischt sie fast.

Ich nicke. Gisela stöhnt theatralisch auf, die anderen unterstützen sie dabei.

»Du dachtest wirklich, wir hätten uns alles, was wir wissen, und alles, was wir gesammelt haben, klauen lassen, wie es im Prozeß schien?« Ich nicke. Es wird gestöhnt.

»Selbst wenn ihr noch genügend habt, um einen neuen Prozeß anzuleiern, das bringt doch nichts, so wie die Lage ist!« Kopfnicken.

»Richtig, bei der jetzigen Situation, so wie zur Zeit noch mit derartigen Verbrechen umgegangen wird, beziehungsweise wie die Aufklärung umgangen und vermieden wird, bringt es herzlich wenig, einen Prozeß aufzurollen!« sagt Feli, meine Rechtsanwältin. Zwanzig Frauen starren mich an, ich starre, mit diesem Paket bewaffnet, zurück.

»Wir müssen wieder einmal deutlicher werden, sonst schnallt die« — (ICH!) — »das nie!« meint Lydia. »Gabriele, wir haben uns dem Verband 'Schwangere unterwegs' angeschlossen, um unauffällig für die Pädos hier herkommen zu können. Alles, was wir wissen und haben, um gegen sie vorzugehen, ist im Gepäckraum des Busses. Es wird bei dir im Weinkeller deponiert werden, und zwar wirst du die alten Holzfässer, die da rumstehen, aufmachen, mit kleineren metallenen Fässern auslegen, und in den so entstehenden Hohlräumen wird alles untergebracht!«

»Aha!« sage ich, woher weiß diese Frau von dem Weinkeller?

»Es wird noch einige Jahre dauern«, fährt Gisela fort, »bis jede von uns in ihrem Job soweit aufgestiegen ist oder sich zumindest so gut darin etabliert hat, bis der nächste, und zwar glückende, Prozeß stattfinden kann! Wir sind Polizistinnen, Rechts- und Staatsanwältinnen, Richterinnen, im Notruf, Frauenhaus, bei Wildwasser oder ausschließlich im Untergrund. Wir sind Reporterinnen, teils im Fernsehen, teils beim Rundfunk, sind ausländische Korrespondentinnen und noch vieles mehr. Wir sind alle nebenbei und gut kaschiert damit beschäftigt, den Pädos auf den Leib zu rücken. Verstehst du?«

»So ungefähr«, murmel ich.

Lisa strahlt mich an. »Weißt du schon, daß ...?«

Ich beherrsche mich aufzustöhnen. »Nein«, sage ich, »erzähl!«

»... daß wir die weltweiten Verknüpfungen dieser Verbrecher ausfindig gemacht haben und in nicht gar so ferner Zukunft wahrscheinlich den ganzen Edel- und Nobelpädos den Garaus machen können?! Und du deponierst das gesamte Material in deinem Weinkeller, mehr brauchst du nicht zu tun, und unterstützt uns damit unermeßlich! Du hast dich in diesem Prozeß, mit dem ganzen Humbug, den du da verzapft hast, und auch schon vorher derart idiotisch benommen, daß die Verbrecher der felsenfesten Überzeugung sind, daß du überhaupt nichts mehr mit der ganzen Angelegenheit zu tun hast, deswegen ist das Zeug perfekt bei dir aufgehoben!« Ich nicke und betrachte das Paket in meinen Armen, als sei es eine Bombe, was mich an den Herrn mit dem Geranienstrauß erinnert. Der ist leider nicht der Überzeugung, daß ich ausgestiegen bin.

Lisa und Berta halten einander in den Armen, auch die anderen Frauen strahlen vor sich hin.

Gisela betrachtet mich mit hochgezogenen Augenbrauen, ich fühle mich zunehmend unwohl. Hätte ich doch bloß an dem kulturellen Ausflug meiner Mitbewohnerinnen teilgenommen!

»Okay!« sage ich, und die nächste Stunde schaffen sie den Krempel in den Weinkeller, damit ist so ziemlich klar, was den ganzen Winter über gemacht werden muß. Gisela, deren Bauch echt ist, betrachtet mich unverwandt.

»Komm, laß uns ein wenig in deinem japanischen Garten spazieren gehen!« schlägt sie vor. Ich nicke hilflos. Das Schweigen, dem sie mich aussetzt, ist ziemlich unaushaltbar, und ich krame verzweifelt nach einer belanglosen Frage. Als wir den Komposthaufen entlanggehen, entfährt Gisela ein erstauntes: »Was, du magst Geranien nicht?« Ich erwidere die Frage mit einem angewiderten Kopfschütteln und erinnere mich an meine arbeitswütige Raserei unmittelbar nach der Rückkehr aus Berlin. Mit dem Strauß dieses ominösen Herren schleppte ich alle unsere sorgfältig eingekellerten Geranienkästen zum Kompost, entleerte sie und entfachte nur deswegen kein großes Fegefeuer, weil es ökologisch unvorteilhaft gewesen wäre.

Gisela beginnt zu grinsen. »Weißt du, ich hatte mir das so schön ausgemalt. Du solltest deinen Eltern in einem kahlen Besuchszimmer, durch eine Glasscheibe getrennt, erzählen müssen, wie es mit ihrer Tochter soweit kommen konnte. Leider, leider hat mir deine Großmutter einen Strich durch diesen wunderschönen Plan gemacht. Ich habe deswegen wirklich geheult vor Wut, das kannst du mir glauben!« Ich mustere sie erstaunt.

»Ich hätte dir das SO gegönnt. Das sollte meine Rache für dein verdammtes Plappermaul sein, du ordinäre Quasselstrippe. Und laß die Scheißfluppe stecken, ich habe dir schon zigmal gesagt, daß ich den Rauch nicht mehr vertrage!« 'Bloß keine Widerworte, kein Aufbegehren und kein anstößiges Verhalten, solange sie derart geladen ist!' denke ich angstvoll und drücke die Zigarette am Boden aus. Gisela schnaubt wütend, stellt sich mir entgegen und ergreift hart meinen linken Oberarm.

»Sowohl Lydia als auch ich haben dir doch klarzumachen versucht, daß es bei der Polizei einige gibt, die diese Sexualverbrecher decken! Herrgott nochmal, wie blöde und schwer von Begriff bist du eigentlich?«

»Aber ich habe nichts von berlin sl am Kudamm 12 erzählt!« versuche ich mich in Schutz zu nehmen.

»Tausend Dank aber auch!« höhnt Gisela und fährt gleich darauf fort: »Himmel, ich habe dir doch gesagt, daß du zu deinem eigenen Schutz bis nach dem Treffen im Knast bleiben mußt und nicht erwähnen darfst, zu meinem Schutz, daß wir beide Kontakt hatten! Werte Gabriele, deine Aussage wanderte in die Abteilung, in der ich gearbeitet habe und in der Hans saß. Hast du immer noch nicht geschnallt, daß Lydia mich hat auffliegen lassen, mit dem Anruf bei Claudia, damit ich nicht mehr polizeiintern am Ermitteln gehindert werden konnte? Daß ich deswegen, weil einigen nicht gefiel, was ich herausgefunden habe, abgesägt werden mußte, um ungehindert weitermachen zu können???«

(Das ganze Gespräch ist nur deswegen aufgeführt, weil Else mir nicht einmal zum Ende hin vergönnt, in einem etwas besseren Licht dazustehen als die Hunderte von Seiten zuvor!)

»Lydia hat behauptet«, antworte ich schließlich, »daß Sybille polizeilich gedeckt um die Ecke gebracht worden ist, und das habe ich nicht geglaubt. Sie vermutete sogar, daß du es gewesen sein könntest!«

Gisela stöhnt. »Es geht hier einfach nicht um Glaubensfragen, du kannst doch nicht wahllos glauben, daß Sybille polizeilich gedeckt ihr Leben ließ und andererseits mir dann unterstellen, ich arbeite im Grunde mit diesen Verbrechern zusammen. Lydia hat mich da ins Spiel gebracht, damit du ... ach, das verstehst du eh wieder nicht!« Schweigend gehen wir durch den Garten. »Bitte«, stöhnt Gisela, »bitte erinnere dich an dein Treffen mit Lydia in der Olga!« Ich bemühe mich krampfhaft, an diesen Abend zurückzudenken.

Schließlich hilft Gisela mir. »Lydia hat dir verklickert, daß bei den Ermittlungen in der Mordsache Kühl nichts rauskommt, genau dasselbe hat Hans erzählt. Hans hat außerdem gesagt, daß seit dem Auffliegen der V-Lady die Weiber wie

Pech und Schwefel zusammenhalten.« Ich nicke, an diese Formulierung kann ich mich erinnern.

»Von mir weißt du, daß Lydia selbst mich hat auffliegen lassen.« Ich nicke, weil ich denke, es hat eine beruhigende Wirkung auf sie, bei schwangeren Frauen weiß man ja nie.

»Und«, brüllt Gisela prompt los, »während der ganzen Zeit eures Gespräches werkelte im Hintergrund eine Frau an den Waschmaschinen, den Alkautomaten und dem Getränkeautomat herum, und zwar in Hörweite!« Bei mir macht es »Klick«!

»Das warst du!« sage ich, und Gisela stöhnt erneut.

»Ich war 'Kille Bille', du Pflaume. Lydia und ich, wir waren uns sicher, daß du das kapiert hast. Die Frau im Hintergrund war eine eifrige Zivilbullin; die hat sofort kapiert, daß hinter Kille Bille diejenige steckt, die nicht an dem Fall weiterarbeiten darf, weil es sonst einigen Herren bei uns mächtig an den Kragen geht. An diesem Abend hat sich dein Verfolger an Lydia gehängt, die bis dahin weitgehend ungefährdet ermittelt hat, und diese Zivilbeamtin hat sich an mich geheftet und Hans Bescheid gegeben, daß ich nach wie vor aktiv bin. Hans hat zwar nicht herausbekommen, wie weit ich mit meinen Ermittlungen gekommen bin, aber nachdem er das Protokoll deiner Aussage in der Hand hatte, hatte er drei Wochen Zeit und scheute keine Mühe, sämtliche Pädos hinter mir herzuschicken. Es galt, mich umzubringen, damit dieses Treffen stattfinden kann!« Ich nicke gerädert.

»Weißt du eigentlich, was mir das Leben gerettet hat?« Ich schüttel den Kopf.

»Ich habe mir, weil die Herrschaften geschnallt haben, daß ich schwanger bin, einen Termin in einer holländischen Abtreibungsklinik organisiert, und dorthin ließen sie mich auch fahren. Denen war klar, daß ich nach dem ambulanten Abbruch körperlich so angeknackst bin, daß sie mich im Nu schnappen. Ich konnte, weil mir der Auftrag entzogen worden ist, auch gar nichts anderes tun, als zu flüchten. Ich habe zwei Tage in einer Rumpelkammer des Krankenhauses verbracht, bin dann mit den menschlichen Abfällen von Operationen, Amputationen und mehr dergleichen durch die halbe Stadt zur Leichenverbrennung gekarrt worden; das ist ein so irre angenehmer Zustand, während einer Schwangerschaft, in der dir nur kotzübel ist, mit sowas zusammengepfercht stundenlang durchgeschaukelt zu werden.« Kopfschüttelnd hält sie inne und betrachtet mich, tief durchatmend. Mir ist aufrichtig danach zumute, mich zu entschuldigen, denn all das tut mir wirklich leid, doch ich bin mir sicher, daß es ihre Wut nur verstärken würde, also belasse ich es beim betretenen Schweigen.

»Du, sag mal«, fällt mir plötzlich ein (wäre das, was mir soeben durch Mark und Bein schießt, inhaltlich nicht so beunruhigend, dann wäre ich jetzt geradezu glücklich darüber, ein anderes Thema gefunden zu haben), »was ist denn das nun, eine parthenogenetische Schwangerschaft?« (Ich habe in den letzten Wochen mehrmals von diesem Begriff geträumt, aber nichts dazu gefunden und bin wirklich ein wenig beunruhigt deswegen.) Gisela beginnnt schallend zu lachen und mustert mich fast triumphierend.

»Für dich und die vielen Geschwister, mit denen du schon geschlagen bist, wäre es das absolut Schlimmste, aber andere Frauen warten wie wahnsinnig, daß sie dieses seltene Ereignis trifft! Paß auf! Hast du ’ne Ahnung, wie Maria zu ihrem Jesus-Schratz gekommen ist?«

Ich mustere Gisela erstaunt, sie gibt sich Mühe, ernsthaft zu wirken. »Ziemlich jungfräulich, oder?«

Sie nickt. »‘Partenos’ heißt Jungfrau und ‘Genese’ bedeutet Erzeugung, Ursprung. ‘Jungfrau’ hieß in seiner ursprünglichen Bedeutung: die, die sich selbst gehört, die vom Manne unabhängig Gebärende. Aus der gesamten patriarchalen Geschichte ist ja bekannt: wirkliche männliche Helden mußten parthenogenetisch geboren werden, wollten sie als weise und heilige Männer anerkannt werden. Pythagoras, Plato, Buddha, Alexander der Große, auch Christus und nicht wenige mehr berufen sich auf diese Art der Zeugung. Stammesgeschichtlich ist die Frage der Parthenogenese nie ein Problem für die Menschheit gewesen. Die 'große Mutter alles Lebenden' unserer frühesten Vorfahrinnen zeugte Leben parthenogenetisch, ohne Mann, aus sich selbst heraus für den ganzen Kosmos. Das Wort 'zeugen' in der heutigen Bedeutung entstand in der Zeit, als die Frauen die Männer an ihrem Wissen und ihren Fähigkeiten teilnehmen ließen und sie in der großen Hoch-Zeit, das heißt in ihrer fruchtbarsten Zeit, Zeugen des heiligen Vorgangs sein ließen, in dem die Frauen ihre Kinder aus sich selbst heraus erschufen.«

»Hast du das auswendig gelernt?« frage ich entsetzt und verwirrt.

Nickend fährt Gisela fort. »Der letzte große Schlag gegen die 'Künste der Frauen' wurde in unserer westlichen Kultur mit der Hexenverbrennung im Mittelalter geführt. Insbesondere die sexuelle Unabhängigkeit der Frau und ihre parthenogenetische Potenz wird systematisch zunichte gemacht, wobei ihre parthenogenetischen Fähigkeiten für die männlichen Herrschaftsvertreter weiterhin von großem Interesse sind. Damit wären wir bei der Biologie angelangt: 'Potentielle Möglichkeiten, die zur Entwicklung unbesamter Eizellen führen könnten, sind bei allen Lebewesen vorhanden. Dies ist eine Tatsache, die experimentell vielfach gesichert ist', das ist ein Zitat nach dem Direktor des zoologischen Instituts der Universität Zürich. Bis jetzt wurden 1000 Tierarten festgestellt, die sich parthenogenetisch fortpflanzen.«

Wir sind am Ende des Gartens angelangt. Giselas Mimik droht immer wieder zu entgleisen. Es scheint ihr gut zu gehen. Ich bekomme schlagartig Unterleibsschmerzen, und mein Bauch fühlt sich gequollen an. Gisela fährt unbeeindruckt fort.

»Das parthenogenetische Produkt ist ein weibliches oder vielleicht ein abnormal männliches. Wenn heute die Behauptung gemacht wird, daß Parthenogenese vorkommt, kann das bewiesen werden. Jetzt kommt das Zitat einer englischen Ärztin, die wissenschaftlich zu diesem Thema mit Medizinern zusammenarbeitete. 'Das Vorkommen menschlicher Parthenogenese ist bei weißen Amerikanerinnen so häufig wie eineiige Zwillinge, bei Farbigen häufiger.'« Mein Herzschlag versagt; Mama hat eineiige Zwillinge bekommen, es ist noch keine fünf Monate her!

»Welche Faktoren sind nun die notwendigen Voraussetzungen? In den Mythen aller Länder werden Sonne und Mond für Leben, Wachstum, Schwangerschaft und Geburt verantwortlich gemacht. Die Verbots- und Reglementierungsliste patriarchaler Verhinderungsstrategien ist lang. Beginnend bei Naturvölkern, bei denen Mädchen vor und während ihrer Pubertät der Sonne entzogen werden, bis hin zu Türkinnen, die ein Kopftuch tragen müssen und dem Mondlicht nicht ausgesetzt werden dürfen, weil der Mond die Frauen schwängert. Lichteinflüsse verändern nämlich über die Hypophyse den weiblichen Zyklus!«

»Mein Gott«, unterbreche ich Gisela rabiat, »ich habe zwei Jahre in Nordnorwegen mit zweieinhalbmonatiger Polarnacht gelebt! Was für'n Schwein, daß sie mich nicht erwischt hat, diese jungfräuliche Dingensgenese!« Gisela legt den Arm um mich, so wohlgesonnen ist sie mir plötzlich, und wir wenden. Ich sehe mich um, glücklicherweise geht die Sonne gerade unter und der Mond ist noch nicht zu sehen!

»Ein weiterer wichtiger Punkt ist die Ernährung. Rohe frische Nahrung, also Nahrung, die die vitale Lebensenergie enthält und kein tierisches Eiweiß, scheint Grundlage für die volle weibliche Körperpotenz zu sein. Hier wird auch klar, warum die Amazonenstämme, deren Fortentwicklung durch Parthenogenese gesichert war, derart bekämpft wurden. Ihre 'widerwärtige rohe Ernährung' wurde in allen Schilderungen und Schriften in den Vordergrund gerückt und findet jetzt erst eine sinnvolle Erklärung. In unserer westlichen zivilisierten Kultur ist für die Nichtbeachtung der Möglichkeit parthenogenetischer Fortpflanzung wohl in erster Linie die Ablehnung solchen 'Aberglaubens' als eingebranntes Wissen aus der Zeit der Hexenverbrennung verantwortlich, sowie die ständige Bestrahlung unseres Körpers mit künstlichen Lichtquellen, die unseren Zyklus irritieren, das 'nächtliche Ausgehrisiko', wollen wir uns dem Mondlicht aussetzen, und unsere degenerative Ernährungsweise.«

»Ist der Text noch lang?« frage ich gequält. Suse ist furchtbar scharf auf Gesundes und Vegetarisches, das ist der Hauptstreitpunkt in unserem gemeinsamen Haushalt! Hanne ist da noch dazu genauso schräg drauf. Dagmar und ich ergreifen mindestens zweimal die Woche die Flucht zum siebzehn Kilometer entfernten Pommes-Stand. Jedesmal ein halbes Hähnchen (darüber streiten wir beide uns dann, weil ich Hähnchen sage und Dagmar auf Hühnchen besteht!) und Pommes rot-weiß, welches die Franken noch nicht kennen. Gisela fährt kopfschüttelnd fort.

»Zum Schluß aus einer noch endlos fortzuführenden Folge von Beweisführungen ein Zitat eines amerikanischen Wissenschaftlers 1973: 'Pünktchen, Pünktchen, Pünktchen — aber durch Parthenogenese wären Frauen mit solchen Einstellungen durchaus in der Lage, sich fortzupflanzen und ihren Töchtern eine sich immer weiter anhäufende Abscheu vor Männern weiterzugeben. Das könnte in einigen Generationen zur Schaffung eines Matriarchats führen und mit der Forderung nach einem eigenen Staat verbunden sein.'!«

Ich mustere Gisela skeptisch: »Und deswegen hast du 'nen dicken Bauch?« Gisela platzt bald vor Lachen.

»Nein«, japst sie, »ich glaube da nicht dran!« Heftig vibrierend vor Lachen hängt sie sich bei mir ein. Ich kann mich nicht entscheiden, ob das 'ne bösartige Verarschung ist oder nicht; man durfte mir noch nie von irgendwelchen Wehwehchen erzählen, ich bekam sie immer und prompt, das hat sich auch bis heute nicht gelegt. Angstvoll drücke ich die Hände gegen meinen schmerzenden Bauch.

»Du meinst, das ist ’ne Glaubensfrage?« suche ich mich zu beruhigen.

»Weiß ich nicht so genau, ich finde es jedenfalls witzig!«

»Ich nicht!« stöhne ich, der kalte Schweiß bricht mir aus. Wir kommen wieder zum Haus, die anderen Frauen sind gerade dabei, ihre Bäuche auszupolstern, und verkleiden sich kichernd.

Lisa und ich nehmen einander wohlwollend in die Arme. »Mehr Glück mit deiner neuen Berta wünsch’ ich dir!« raune ich ihr ins Ohr.

Lisa nickt, leise aufseufzend. »Ich mir auch!« antwortet sie, und dann steigen allesamt wieder ein.

»Gisela!« schreie ich im letzten Moment. »Du willst doch bestimmt kein zweites Kind, oder?« Gisela schüttelt den Kopf.

»Ja, mußt du dann, auch wenn du nie wieder mit ’nem Typen vögelst, wegen dieser parthenogenetischen Geschichte verhüten, oder wie willst du das verhindern???« Gisela bricht fast über dem Lenkrad zusammen, so sehr wird sie von einem Lachanfall durchgeschüttelt.

»Gabriele, vergiß es einfach! Hörst du: Vergiß es!« stöhnt sie schließlich und läßt die Tür per Knopfdruck zugleiten. Ich stehe noch lange wie erstarrt in der Hofeinfahrt. Von manchen Problemen, hatte ich bis eben noch gedacht, seien Lesben de facto verschont. Zwar schießt mir in den Kopf, daß Gisela sich nachträglich, weil das mit dem Besuch meiner Eltern nicht geklappt hat, damit bei mir für die Verfolgung rächen will, der ich sie durch meine Plapperei ausgesetzt hatte, aber, obwohl das sogar sehr wahrscheinlich ist — der berühmte ‘Samen’ des Zweifels ist gesät, und so wie ich mich kenne, ist mein Hirn der fruchtbarste Boden, den man sich überhaupt dafür vorstellen kann!

Als das Achtzehn-Uhr-Läuten aus Altdorf an meine Ohren dringt, kann ich mich endlich von dieser mich lähmenden, keimenden Angst losmachen, das nächste Problem wartet bereits auf mich! Omas Klausel führt wirklich eine nicht endende Kette von Sorgen mit sich. Immerhin habe ich schließlich eine männliche Bezugsperson aufgetrieben, und im nachhinein ist selbst mir nicht mehr verständlich, wo ich mein nicht-denken-wollendes Gehirn doch wirklich kenne, daß ich satte zwei Wochen benötigte, bis ich auf IHN kam. Aber lange würde er's wohl nicht mehr machen. Zwar kommt der Dorfarzt alle drei Wochen und kann gar nicht verstehen, daß wir vier Frauen, einander im Arm haltend, ihn mit sorgenden Blicken fast erschlagen, und wir haben auch extra wegen ihm im zweiten Wohnzimmer eine Toilette eingebaut — nachher stürzt er sich, vom Klo im ersten Stock kommend, noch zu Tode —, aber noch immer gibt es tausende von Gefahren, die nur einer Gelegenheit auflauern, um zuschlagen und uns erneut heimatlos machen zu können!

Gerädert gehe ich ins Haus und setze Wasser für seinen Nachmittagskaffee auf, er bekommt nur sehr schwachen Kaffee, eigentlich schmeckt man nicht, daß es Kaffee ist, aber ich sehe nicht ein, ihn durch einen von mir hervorgerufenen Herzinfarkt zu verlieren! Meine Unterleibsschmerzen erinnern mich an Giselas Vortrag über die Möglichkeit der parthenogenetischen Schwangerschaft. 'Wann', frage ich mich, 'wird mein Leben ansatzweise sorgenfrei sein?'

Der Durchschnittsmann wird 71,8 Jahre alt, fällt mir noch ein — auch das ist alles andere als beruhigend! Seine tapsenden Schritte kommen näher, wenigstens seine innere Uhr funktioniert noch auf die Sekunde genau. Eigentlich sollte mich das beruhigen, aber ich bin wirklich ziemlich aufgewühlt im Moment, zudem meine Damen nicht vor morgen nachmittag zurückkommen. Es ist keine da, um mich zu beruhigen!

Wie immer hat er seine Zeitung unter den rechten Arm geklemmt, ich kann mir auch darunter eine Unfallgefahrenquelle vorstellen: sie entgleitet ihm, er stolpert darüber und stürzt sich so zu Tode!

»Na?« begrüßt er mich, wie jeden Tag, ich kann ihn wirklich

gut leiden, und schiebt sich das Gebiß in den Mund (er könnte es verschlucken und dann daran ersticken!). Der Kaffee ist fertig, ich setze mich zu ihm, dreh mir eine Zigarette, schenke ihm Kaffee ein und inhaliere tief. Mit zittrigen Händen sucht er den Tisch nach dem Kassettenrekorder ab, drückt dann die 'Spiel' taste.

»Na, soll ich dir die neuesten Kontaktanzeigen vorlesen?« versucht er den Radetzkimarsch zu übertönen. Ich nicke, habe es noch immer nicht drauf, spontan laut zu antworten, aber bei mir dauert es ja mit allem ziemlich lange.

»Ja«, sage ich, mich ergebend, »schieß los, Opa Müh!«

Klar Else: es ist die pure Boshaftigkeit, weswegen ich
jetzt die letzte Seite eigenhändig vollkritzel. Auch
die beste Brille, hilft dir mit meiner Sauklaue nicht
weiter.
Mit meinem unerschöpflichen Erbe, habe ich mir natürlich
Computer + Laserdrucker zugelegt, und zwar die
allerturbostärkstenschaffergeilsten die es derzeit auf'm
Markt gibt.
Eigentlich gibt es ja gar keine Notwendigkeit mehr,
dir mein Manuskript zu schicken; - ich gründe
einfach 'nen eigenen Verlag, wenn ich mich danach
sehne, die Öffentlichkeit mit meinen geistigen Ergüssen
erschlagen zu wollen.
Wahrscheinlich-(mit hundertprozentiger Sicherheit kann
ich das nicht sagen, weil ich keine Therapie mehr
machen will) - will ich dir bloß vor Augen führen,
daß selbst ich mich im Lästern befrauschen kann.
Ich habe mich fast jeglicher Kommentare über
⚢ + (-) ♀ Zeichengeschlüngel und einigem mehr enthalten,
obwohl ich felsenfest entschlossen war, mich bis zum
Geht-nicht-mehr auszumähren. (Daß ich nicht
über die Prollesben gelästert habe ist ja klar
weil ich mich da mit Leib und Seele eingereiht
habe.
Um es kurz zu machen:
Sollte ich dich trotzdem verärgert haben:

Dann

Hau weg den Scheiß!!!

Eine Lesbe macht noch keinen Sommer: Das Ungewöhnliche

Inzwischen erhält die Ariadne-Redaktion mehr und mehr Krimi-Manuskripte von deutschsprachigen Autorinnen. Aber selbst wenn der Plot stimmt und die Hintergründe gut recherchiert sind, windet sich die Sprache nur zu oft mit einer Wohnzimmerträgheit dahin, daß ich schon geneigt war, das Paradox zu glauben, das Deutsche eigne sich einfach nicht für Krimis, jedenfalls nicht in der Originalsprache, sondern nur leihweise bei Übersetzungen. Im Gegensatz dazu war das Manuskript von Gabriele Gelien eine wunderbare Entdeckung. Grau sah es aus, in Rauhfasertapete verpackt und seitenweise fast ohne Farbband getippt. Aber unablässig fließen Wortströme, ergreifen Alltägliches, ziehen es auf witzige Weise ins Abseits. Vor lauter Vergnügen konnte ich vergessen, den Plot genau zu suchen, auf ordentlicher Krimiführung zu bestehen. Endlich eine, die wirklich schreiben kann, und die noch dazu unveröffentlicht ist bisher. Der Traum scheint wahr geworden.

Als Gabriele diesen Roman schrieb, war sie gerade Anfang 20. Als Motiv gibt sie an, daß ihre Liebste schon seit geraumer Zeit im Bett neben ihr allnächtlich Ariadne-Krimis verschlang, die sie erotischer fand als die lebende Person neben sich. Diese nahm das Problem wörtlich und erotisierte sich, indem sie selbst zum Krimi wurde bzw. ihn schrieb. Verwandlung von Geschehen in Sprache, Verwechslung von Traum und Wirklichkeit, Vermischung von Realitätsebenen, Vertauschung von Zumutungen und Erwartungen sind Arbeitsweisen von G.G., die Arbeit zu nennen ganz unzutreffend scheint, weil sie in einem Meer von Alltags- und Szenesprache ein selbständiges Eigenleben zu führen scheinen.

G.G. hat schon einiges mehr geschrieben als diesen Krimi, an dessen Fortsetzung sie arbeitet. Für ihre Prosatexte *Prolog der Echo* und *Lotte* erhielt sie den Berliner Jugendliteraturpreis. Ein Jugendbuch, welches die Verletzungen von Kindern beschreibt und ihre Träume als unendliche Suche nach Übergängen, nach eigenen Räumen und Zeiten verarbeitet, ist im Rohmanuskript fertig. Seit Jahren arbeitet sie an einer Umschreibung des Echo-Mythos.

Es wäre ungerecht, an dieser Stelle, an der wir Geliens erste größere Erzählung im Genre der Popularliteratur veröffentlichen, nur über diese zu schreiben, also ein Kriminachwort hinterherzuschicken. Wichtiger scheint mir, etwas zur Person zu sagen, die uns bereits jetzt so Unterschiedliches zumutet und weiter schreiben wird.

Gabriele Gelien dichtet unaufhörlich am Alltag. Ihre Berichte über sich und die Welt, in der sie lebt, sind niemals ganz ernst, aber immer subversiv. Sie arbeitet als Kinderpflegerin in Kreuzberg. Über die Kinder berichtet sie, es komme vor, daß Achtjährige drogensüchtig seien oder mehrere Selbstmordversuche hinter sich hätten. Indem sie so ihren normalen Alltag beschreibt, stellt sie gesellschaftliche Normalität ins Zwielicht. Und genau dies ist auch eine geradezu leidenschaftlich verfolgte Umgangsweise G.G.s mit Realität, d.h. mit dem für normal gehaltenen gesellschaftlichem Umfeld und seinen Konsequenzen. Die Anstrengung, mit der sie versucht, dagegen das Nicht-Normale als das ganz Alltägliche und Selbstverständliche erscheinen zu lassen, erscheint nur deshalb nicht als Anstrengung, weil ihr die Sprache auch in unterschiedlichen Kontexten meisterlich zur Verfügung steht. G.G. dekonstruiert unaufhörlich Normalität, nicht nur in der Literatur, sondern ebenso in Berichten über sich und ihr Leben. Bürgerlich-sein als unlebbare Form, als Zerstörung, aber auch als Fehlwahrnehmung dessen, was ist und sein kann — Dekonstruktion als Subversion. In ihrem Leben waren alle Weichen anders gestellt; diese Erfahrung übersetzt sie in Literatur, in der sie Weichen anders stellt. Sie hatte nicht eine, sondern drei Mütter, von denen sie sich die letzte selbst adoptierte, und lebte dennoch auf eigenen Wunsch zeitweilig in einem Heim. »Wegen lesbischer Umtriebe« wurde sie aus diesem selbsterwählten Ort der Ordnung gewiesen. Nicht weil ihre Eltern sie zum Lernen zwingen wollten, sondern weil sie selbst die Mittlere Reife gegen den Willen des Vaters machen wollte, war sie dorthin gegangen. Das Mißlingen führt zu trotziger Umkehr. Schule und Bildung und ihre Vertreter spricht sie als »Pack« und versucht, sich den Anschein von hartnäckiger Unbelesenheit zu geben. Fast könnte sie überzeugen, daß Bücher ihr fremde Produkte überflüssiger Art sind und das eigentliche Leben anderswo, Sprache angeboren und ihre Meisterung Zufall, wäre da nicht diese Zuneigung, mit der sie eine Bibliothek betritt und das rastlose Versinken in Buchseiten, von denen sie Erfahrungen aus allen Zeiten zu ziehen sucht, um sie wiederum in diese Gegend zu schicken, in der Normalität zum Alptraum wird und Visionen vom besseren Leben sich langsam herausarbeiten.

Frigga Haug

In der Ariadne-Reihe sind bisher erschienen:

Ariadne 1001 Anthony Gilbert: Das Geheimnis der alten Jungfer
Ariadne 1002 Marion Foster: Wenn die grauen Falter fliegen
Ariadne 1003 Joy Magezis: Untergetaucht
Ariadne 1004 Anthony Gilbert: Fette Beute
Ariadne 1005 Lauren Wright Douglas: Lauernde Bestie
Ariadne 1006 Jessica Mann: Das Gewerbe der Mrs. Knox
Ariadne 1007 Katherine V. Forrest: Die Tote hinter der Nightwood Bar
Ariadne 1008 Josephine Bell: Mord im Ruhestand
Ariadne 1009 J.R. Hulland: Der Tod studiert mit
Ariadne 1010 Masako Togawa: Der Hauptschlüssel
Ariadne 1011 Sarah Dreher: Stoner McTavish
Ariadne 1012 P.M. Carlson: Vorspiel zum Mord
Ariadne 1013 Val McDermid: Die Reportage
Ariadne 1014 Kim Småge: Die weißen Handschuhe
Ariadne 1015 Katherine V. Forrest: Amateure
Ariadne 1016 Dorothy Cannell: Die dünne Frau
Ariadne 1017 Kim Engels: Zur falschen Zeit am falschen Ort
Ariadne 1018 Dolores Komo: Clio Browne, Privatdetektivin
Ariadne 1019 Barbara Wilson: Der Porno-Kongreß
Ariadne 1020 Sonja Lasserre: Gestern, heute und kein Morgen
Ariadne 1021 Val McDermid: Das Nest
Ariadne 1022 P.M. Carlson: Sicher ist nur Mord
Ariadne 1023 Sarah Dreher: Schatten (Stoner McTavish 2)
Ariadne 1024 Joan Hess: Rufmord
Ariadne 1025 Sarah Schulman: Ohne Delores
Ariadne 1026 Dorothy Cannell: Der Witwenclub
Ariadne 1027 Barbara Wilson: Ein Nachmittag mit Gaudí
Ariadne 1028 Joy Magezis: Schüttelfrost
Ariadne 1029 Katherine V. Forrest: Beverly Malibu
Ariadne 1030 Susan Kenney: Zuchtrosen
Ariadne 1031 Mary Wings: Sie kam zu spät
Ariadne 1032 P.M. Carlson: Versuch mit Mord
Ariadne 1033 Val McDermid: Der Fall
Ariadne 1034 Anthony Gilbert: Schwarze Bühne
Ariadne 1035 Marion Foster: Wenn die Macht ihr Netz auswirft
Ariadne 1036 Rosie Scott: Tage des Ruhms
Ariadne 1037 Katherine V. Forrest: Tradition
Ariadne 1038 L.A. Taylor: Das liebe Geld
Ariadne 1039 Gabriele Gelien: Eine Lesbe macht noch keinen Sommer

Zornig, zärtlich, straßenscharf

Roman, edition ariadne
270 Seiten. Gebunden. DM 25,-

»Sarah Schulman ist die spannendste Neuentdeckung aus Amerika. *Leben am Rand* ist ein Roman über AIDS, über das Leben der Obdachlosen in New York und über drei Menschen, einen Mann, seine Frau und deren Geliebte. Geschrieben in einem atemlosen Tempo, mit witzigen Dialogen und politischen Aktionen zum Nachahmen. Sehr empfehlenswert.« *Xantippe*

Außerdem in der edition ariadne:

Barbara Wilson
Unbescheidene Frauen
Roman, edition ariadne
320 Seiten. Gebunden. DM 27,-

»Beeindruckend die Dichte und Intensität der drei Charaktere, die trotz ihrer Stellvertreterinnenfunktion für typische Frauenrollen nie plakativ werden. Beeindruckend auch der Spannungsbogen der Geschichte, der die sachlich-reale Story zum Politthriller macht ... Ein faszinierender Roman, eine reine Lesefreude und wieder Futter für Verstand und Herz.« *Antenne Ruhr*

edition ariadne bei argument
Rentzelstraße 1 · 2000 Hamburg 13